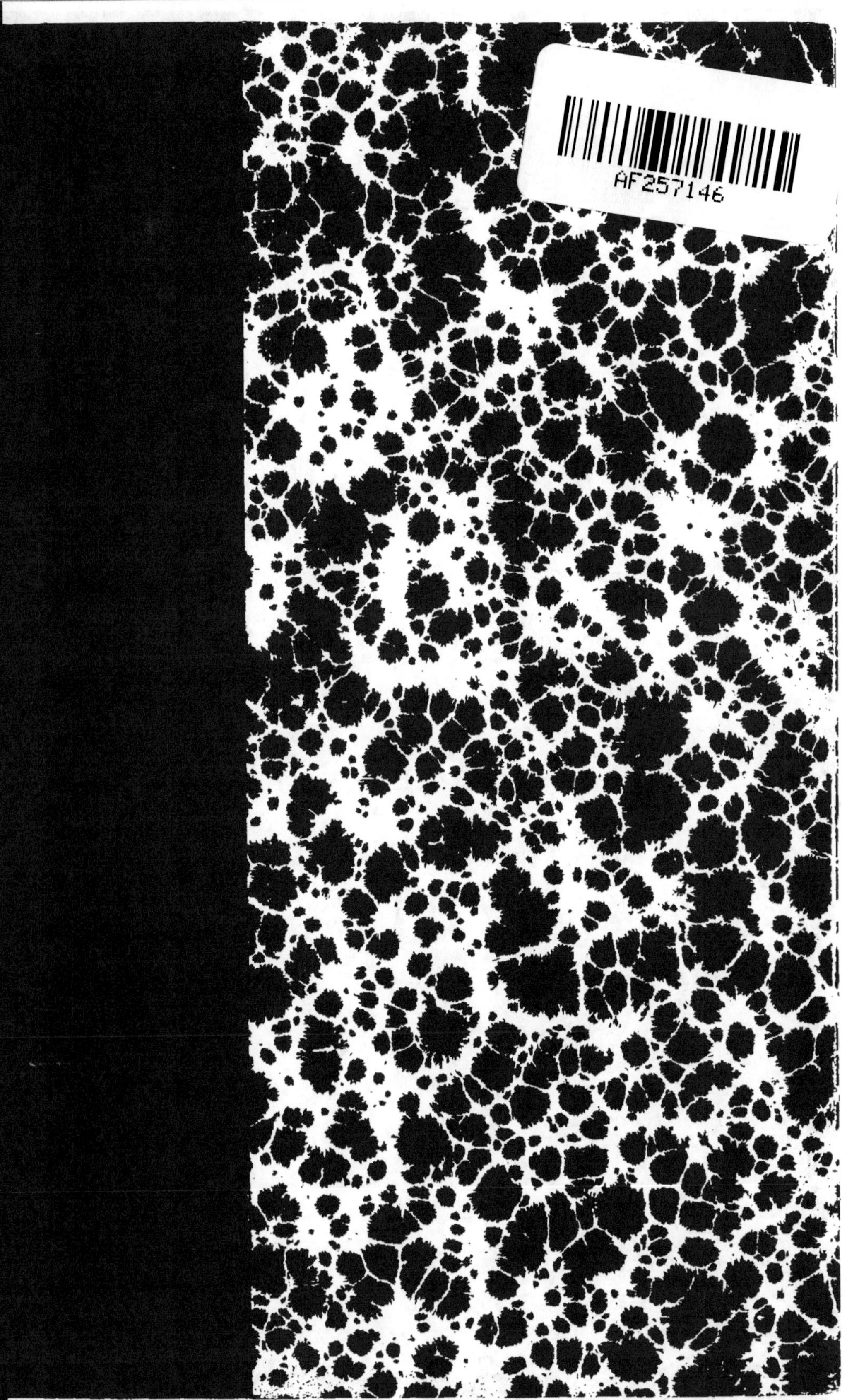
AF257146

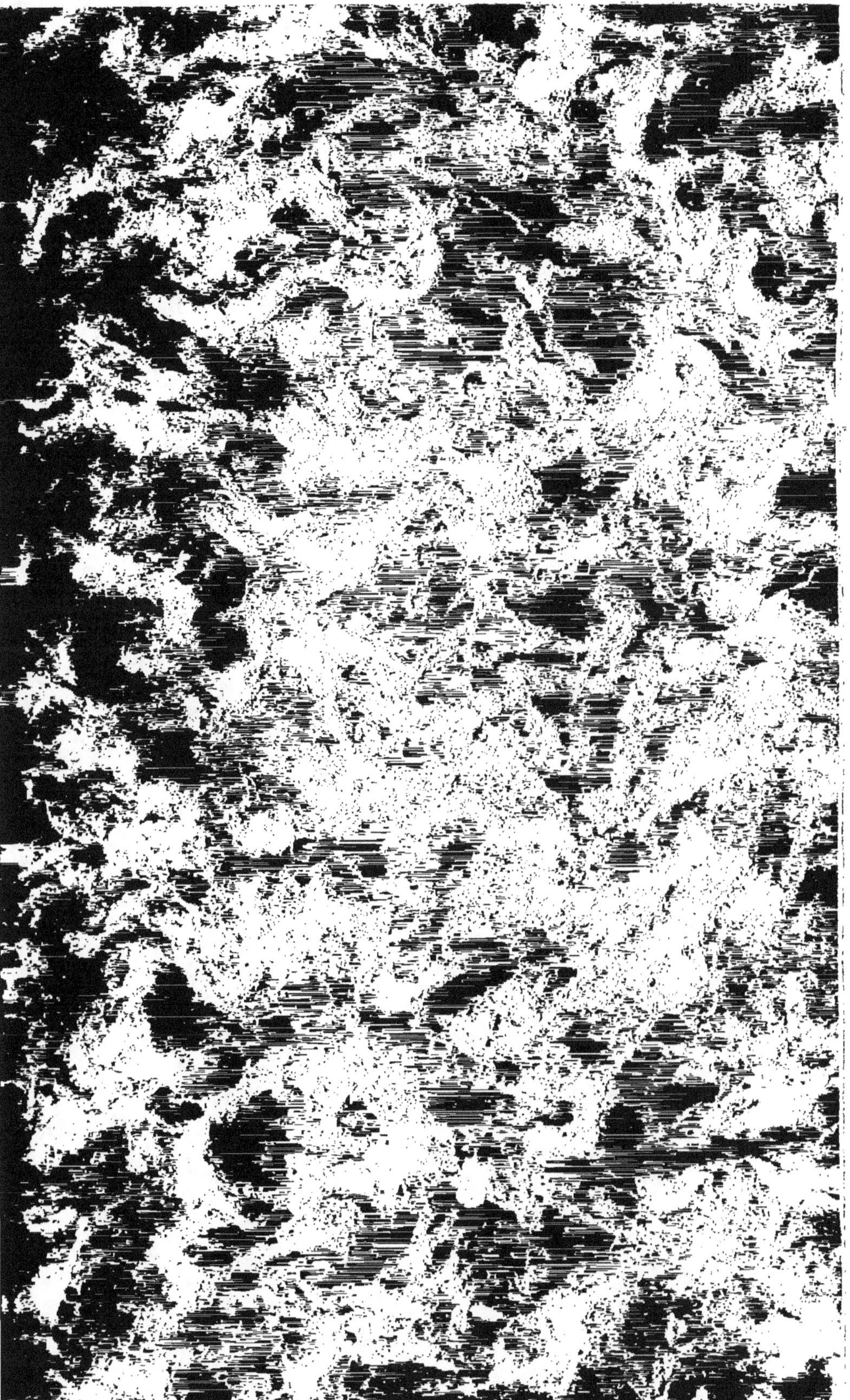

THÉORIE ET PRATIQUE

DE LA

TIERCE OPPOSITION

Châteauroux. — Typ. et Stéréotyp. A. MAJESTÉ.

THÉORIE ET PRATIQUE

DE LA

TIERCE OPPOSITION

PAR

ALBERT TISSIER

DOCTEUR EN DROIT
AVOCAT A LA COUR D'APPEL DE PARIS

OUVRAGE COURONNÉ PAR LA FACULTÉ DE DROIT DE PARIS

(Prix Rossi)

PARIS

LIBRAIRIE NOUVELLE DE DROIT ET DE JURISPRUDENCE

ARTHUR ROUSSEAU, ÉDITEUR

14, RUE SOUFFLOT, ET RUE TOULLIER, 13

—

1890

PRÉFACE

Ce traité sur la *Tierce Opposition* a été écrit en vue d'un concours ouvert en 1888 par la Faculté de droit de Paris. Les difficultés multiples de la matière, sa réputation depuis longtemps établie d'obscurité, d'aridité et de sécheresse, étaient bien de nature à faire hésiter devant cette publication : la bienveillance avec laquelle la Faculté a accueilli et récompensé ce travail nous a seule décidé. On nous permettra donc de donner, ici, afin de nous placer sous son indulgent patronage, un extrait du rapport lu à la séance du 30 juillet 1889, par M. Larnaude, professeur agrégé de la Faculté. Ce rapport exprime, d'ailleurs, sur la tierce opposition, des idées différentes des nôtres, d'un très grand intérêt, et bien faites pour dissiper l'impression quelque peu rebutante qu'on se crée en général de cette matière ; nous nous reprocherions de ne pas les reproduire en tête de cet ouvrage.

« Le concours de *législation civile*, dit le rapport de
» M. Larnaude, a provoqué une œuvre d'un grand mérite
» à laquelle la Faculté donne la récompense dont elle dis-
» pose. Son auteur, M. Tissier, comme l'atteste le rapport
» de M. Planiol, se place à une telle distance des deux au-

» tres mémoires envoyés au concours, que ceux-ci n'ont
» même pas paru mériter d'être l'objet d'une mention·
» D'une valeur, d'ailleurs, très inégale, ils sont restés tous
» les deux bien au-dessous du niveau particulièrement
» élevé auquel nous maintenons les récompenses du con-
» cours Rossi. M. Tissier a, au contraire, écrit un livre où
» rien ne manque des qualités que nous demandons aux
» œuvres qui sont soumises à notre examen.

« Il a, on peut le dire, creusé jusqu'au roc une matière
» sur laquelle se sont exercés les meilleurs jurisconsul-
» tes, sans parvenir à l'élucider d'une manière complète
» La *Tierce opposition* (tel était le sujet du concours),
» constitue presque une énigme dans notre législation,
» et des jurisconsultes, comme Merlin et Proudhon, ne
» sont pas parvenus à la déchiffrer. Ceux qui s'y sont
» attaqués ensuite et dont plusieurs, encore vivants et
» même présents, ne peuvent être nommés, bien qu'ayant
» à leur disposition de plus nombreux documents de ju-
» risprudence, ne sont pas arrivés non plus à faire dispa-
» raître l'antinomie que semble présenter l'existence de
» cette voie de recours, avec le principe de la relativité
» quant aux personnes de la chose jugée. Si, en effet, un
» jugement ne peut être opposé à un tiers, quel intérêt
» peut avoir ce tiers à l'attaquer ? L'histoire du droit, si
» précieuse pour la connaissance de la législation actuelle,
» ne fournit malheureusement pas d'indications bien com-
» plètes, en notre matière, car cette institution est de date
» relativement récente. Elle n'a fait son apparition que
» dans l'ordonnance de 1667. Ni le droit romain, ni la lé-
» gislation canonique ne l'ont connue. M. Tissier, qui
» analyse, avec quelque brièveté, les textes romains et les
» dispositions du droit canonique, cette source immédiate
» de notre procédure, fait remarquer avec raison que
» d'autres institutions servaient à atteindre le même but,
» l'appel plus largement ouvert qu'aujourd'hui, notam-

» ment. Il y a là un phénomène qui n'a rien de spécial à
» la tierce opposition et sur lequel il aurait été bon d'in-
» sister quelque peu. C'est insensiblement, en effet, et au
» fur et à mesure des besoins de la pratique et des pro-
» grès du droit, que les institutions juridiques se déve-
» loppent suivant la loi de la différenciation progressive
» de leurs éléments. Aux débuts de toute institution, un ou
» deux procédés suffisent à tous les besoins. C'est ce qu'on
» a appelé si bien la loi de l'Économie juridique. De même
» dans un mariage pauvre, comme le faisait si finement
» remarquer notre regretté maître Paul Gide dans ses inou-
» bliables leçons de droit romain, un même ustensile, à la
» différence de ce qui se passe dans les cuisines riche-
» ment montées, sert aux usages les plus divers. Puis la
» loi de différenciation produit insensiblement ses résul-
» tats. On classe, on catégorise, on distingue. La techni-
» que juridique devient plus savante et plus riche. Elle le
» devient trop quelquefois, et c'est ce qu'on peut notam-
» ment se demander pour la tierce opposition. N'est-elle
» pas un instrument de luxe, un de ces instruments plus
» gênants qu'utiles et qui embarrassent sans profit une
» pratique suffisamment armée par ailleurs ? C'est ce que
» croit tout au moins M. Tissier. Prenant pour point de
» départ l'absence de cette voie de recours dans de vieilles
» législations, comme celle de l'Angleterre, aussi bien que
» dans des Codes tout récents, comme le Code de procé-
» dure civile allemand, M. Tissier en demande la suppres-
» sion chez nous. S'agit-il de sa première fonction, qui,
» pour lui, consiste à mettre en œuvre le principe de l'art.
» 1351 du C. civ., elle lui semble inutile. Distinguant très
» bien, ce que ne font pas toujours les arrêts, l'effet de la
» chose jugée et celui de l'exécution du jugement, il croit,
» qu'à ce double point de vue, le droit commun suffit.
» Reste sa seconde fonction. M. Tissier a fortement établi,
» en effet, que la tierce opposition constitue aussi une voie

» de recours au profit des personnes représentées au pro-
» cès, mais qui ont été victimes de la fraude des parties en
» cause. A celles-là la chose jugée serait opposable si
» elles n'attaquaient pas le jugement. La tierce opposition
» joue alors pour elles le même rôle que l'action pau-
» lienne, en matière civile. M. Tissier, lui, veut les proté-
» ger autrement. Il propose de faire de cette hypothèse
» un cas de requête civile en élargissant l'art. 481 du Code
» de procédure.

     » Voilà M. Tissier législateur ; je vais jouer ce rôle à
» mon tour pour quelques instants, et combattre la revi-
» sion qu'il propose. On a bientôt dit qu'une institution
» juridique est de pur luxe. Le mémoire de M. Tissier,
» si nourri de jurisprudence, prouve bien cependant que
» la tierce opposition est fréquemment employée. Elle
» répond donc à un besoin réel. Mais ce besoin peut être
» satisfait par d'autres procédés, nous répondra-t-il.
» D'accord, mais quelle utilité peut-il y avoir à en
» changer ? Le moyen que nous avons a fait ses preuves,
» il est connu, pratiqué depuis longtemps. Il ne donne
» lieu à aucune plainte sérieuse, sauf, peut-être, du côté
» des théoriciens qui aiment la logique et la symétrie, d'un
» amour quelquefois excessif. A quoi bon aller en chercher
» un autre, sur lequel il faudra qu'une nouvelle jurispru-
» dence se fonde, avec les tâtonnements irréparables de
» toute œuvre de ce genre et les inconvénients pratiques
» qui en résultent ? C'est l'idée qui a prévalu au sein de la
» commission chargée de préparer la refonte depuis si
» longtemps attendue de notre Code de procédure civile.
» Elle améliore le fonctionnement de la tierce opposition,
» elle ne la supprime pas.

     » J'ai laissé de côté, jusqu'ici, la partie purement juridi-
» que du mémoire, celle où l'auteur nous montre le fonc-
» tionnement de la tierce opposition. Il faut y signaler
» avant tout le chapitre consacré à la nature et aux carac-

» tères de cette voie de recours. Il y a là une trentaine de
» pages, au texte serré, d'une discussion excellente.
» M. Tissier ajoute à la liste déjà longue des auteurs qui
» ont abordé ce difficile et obscur problème un nom qu'il
» faudra désormais citer avec eux ».

.   .   .   .

.   .   .   .

Ces éloges trop indulgents nous faisaient un devoir de tenir compte des critiques qui ont été faites
sur plusieurs points de ce travail; nous avons cherché à en combler les lacunes, et à le mettre au courant de la jurisprudence la plus récente.

Nous n'en avons pas modifié la conclusion : l'idée
à laquelle nous nous étions arrêté sur la raison d'être
et l'utilité de la tierce opposition nous paraît, encore
aujourd'hui, la plus exacte. Nous nous permettrons
d'ajouter que si les décisions de jurisprudence re-
cueillies sur cette matière sont aussi nombreuses,
cela tient moins, peut-être, aux services qu'elle rend
qu'aux nombreuses difficultés qu'elle ne manque jamais de soulever. L'incertitude qui règne sur le mécanisme de l'institution est la source de controverses sans fin.

Il faut bien reconnaître, d'ailleurs, que la tierce
opposition ne paraît pas près de disparaître de notre
procédure : la Commission extraparlementaire de
revision en a, à l'unanimité et sans discussion, voté
le maintien. Aussi, tout en formulant nos critiques
sur la législation actuelle, nous sommes-nous efforcé

de faire surtout un commentaire complet des règles en vigueur, sur cette voie de recours. Son application donne lieu, chaque jour, à des questions
multiples et des plus délicates : notre but sera rempli si cet ouvrage peut aider, si peu que ce soit, à
les éclaircir.

THÉORIE ET PRATIQUE

DE LA

TIERCE OPPOSITION

INTRODUCTION

1. — Principe de l'irrévocabilité de la chose jugée.
2. — Principe de la relativité de la chose jugée.
3. — De la tierce opposition. — Définition. — Difficultés auxquelles donne lieu sa conciliation avec la règle qui précède.
4. — Distinction proposée de la tierce opposition ordinaire et de la tierce opposition basée sur le dol ou la fraude.
5. — Suite. — Division.

1. — On retrouve, dans toutes les législations quelque peu avancées, deux principes qu'on peut considérer comme également importants, également nécessaires à une bonne administration de la justice.

Le premier, c'est que la chose jugée — quand elle l'a été dans les formes voulues, par les tribunaux régulièrement institués, et que les voies de recours ménagées par la loi ne sont plus ouvertes aux plaideurs, — doit être irrévocable. Il faut bien, dans un procès, qu'il arrive un moment où le dernier mot soit dit, le jugement définitivement rendu, sans qu'il

y ait possibilité de recommencer le débat. L'ordre social, la marche des affaires veulent que la sentence prononcée par la juridiction compétente, avec les garanties déterminées par le législateur, soit considérée, même mauvaise, même injuste, comme l'exacte vérité, et soit respectée et exécutée par les parties qui ont plaidé. Cette vérité judiciaire est évidemment une chose toute différente de la vérité philosophique, de la vérité scientifique. C'est une vérité essentiellement humaine, contingente, fragile, établie dans un intérêt d'ordre public, parce qu'il faut que les procès aient un terme, que les contestations s'apaisent. On ne doit pas se flatter que des juges faillibles pourront et sauront toujours découvrir la solution exacte des procès ; mais l'intérêt supérieur veut qu'on s'arrête à un moment donné, et qu'on tienne pour vrai ce qu'ils ont décidé. « Dans
» l'ordre judiciaire qui n'est qu'une pièce du gou-
» vernement, a dit de Maistre, dans un passage sou-
» vent cité, ne voit-on pas qu'il faut absolument en
» venir à une puissance qui juge et qui n'est pas
» jugée, précisément parce qu'elle prononce au nom
» de la puissance suprême dont elle est censée n'être
» que l'organe et la voix ? Qu'on s'y prenne comme
» on voudra, qu'on donne à ce haut pouvoir judi-
» ciaire le nom qu'on voudra, toujours il faudra
» qu'il y en ait un auquel on ne puisse dire : vous
» avez erré ! Bien entendu que celui qui est con-
» damné est toujours mécontent de l'arrêt, et ne
» doute jamais de l'iniquité du tribunal ; mais le po-
» litique désintéressé qui voit les choses d'en haut
» se rit de ses vaines plaintes. Il sait qu'il est un

» point où il faut s'arrêter ; il sait que les longueurs
» interminables, les appels sans fin, et l'incertitude
» des propriétés, sont, s'il est permis de s'exprimer
» ainsi, plus injustes que l'injustice [1]. »

2. — Une limite s'imposait cependant au législateur dans l'application de ce principe ; il l'a établie en formulant une autre règle également importante : la chose jugée est essentiellement relative ; son effet se restreint aux personnes entre lesquelles elle est intervenue. C'est une idée élémentaire que les droits d'une personne ne peuvent être atteints, lésés, diminués, sans qu'elle ait été entendue et mise à même de les défendre. Ce qui a été dit par le juge comme étant à ses yeux l'expression du droit et de la vérité, l'a été après une discussion soutenue par d'autres personnes, d'après les moyens qu'elles ont présentés. On ne peut l'opposer à celui dont la défense n'a pas été faite, dont les moyens n'ont pas été plaidés.

On a souvent basé cette règle sur l'idée d'un contrat ou quasi-contrat intervenu entre les plaideurs et dont, par suite, les effets doivent être restreints à eux seuls. En d'autres termes, on a dit que, dans notre droit, l'article 1351. C. civ., en limitant aux parties en cause l'autorité de la chose jugée, ne fait qu'appliquer et continuer les dispositions des art. 1165 et 1322. Il y a là, sans doute, un moyen clair et ingénieux de faire comprendre l'idée de la relativité des jugements. Mais si l'on veut être rigoureusement exact, on ne saurait guère accepter ici ces expressions de contrat ou de quasi-contrat. La vérité est

---

1. De Maistre, *Du Pape*, 1819, t. I, p. 3.

qu'entre les plaideurs, il n'y a rien de tel. Ils obéissent aux lois qui leur imposent de soumettre leur litige à un juge : ils n'ont pas l'intention de s'obliger. « Ces mots *contrat judiciaire*, a très bien dit » M. Valette, n'expriment chez nous aucune idée » particulière. Ce n'est là qu'une formule bonne pour » faire entendre que le jugement oblige. Il n'en résulte nullement que la partie ait donné son assentiment à la prétention de l'adversaire, se soit volontairement obligée. » M. Griolet, dans sa remarquable étude sur *la chose jugée*, présente la même idée d'une façon très nette : « Le jugement n'est qu'un » arbitrage imposé aux personnes qui sont en désaccord sur l'application qui doit leur être faite des » lois civiles. La sentence n'a d'autre but que de leur » faire accepter une solution de cette question. Elles » seules sont obligées de s'en tenir à la décision d'un » homme désigné par la loi qu'elles mêmes ont dú » éclairer et convaincre. » En un mot, il faut dire, en repoussant, dans cette matière, les notions de contrat ou de quasi-contrat qu'on veut à tort y faire intervenir, que la chose jugée est relative, parce que, le juge se prononçant sur les prétentions respectives de deux plaideurs, il est d'une justice élémentaire que sa sentence doive se restreindre à ces seuls plaideurs, sans pouvoir être appliquée à d'autres personnes qui n'ont pas fait valoir leurs droits devant lui.

3. — Cette règle de la relativité de la chose jugée apparaît à l'esprit si nette et si nécessaire, qu'elle rend la notion de la tierce opposition difficile et obscure.

Comme son nom l'indique, la tierce opposition est le recours formé contre un jugement [1] par une personne qui, n'y ayant pas été présente ou représentée, prétend que ce jugement porte atteinte à ses droits [2].

C'est là une définition facile à donner, mais qui ne jette pas une grande clarté dans l'esprit, sur le rôle de l'institution à laquelle elle s'applique. Au point de vue rationnel, on se demande, dès qu'on entreprend de faire l'étude de la tierce opposition, comment un jugement peut porter atteinte aux droits d'un tiers, alors que le Code civil ne lui attribue qu'un effet purement relatif. Qu'est-il besoin d'organiser pour ce tiers une voie de recours, puisque le jugement ne lui est pas opposable ? Que lui importe une décision qui, forcément, doit lui rester étrangère ? Cette question, qui se pose à un point de vue simplement théorique et sur le terrain des principes abstraits, aussi bien qu'au point de vue de l'application de l'art. 474, C. proc. civ., est la grosse difficulté de la matière. Tous les commentateurs du Code de procédure civile en ont laborieusement cherché la solution. L'accord ne s'est pas fait entre eux ; et il semble que, de guerre lasse, on soit décidé à la laisser à l'état de problème [3].

1. Le mot jugement est pris ici dans un sens large.
2. Il faut, d'ailleurs, supposer que cette personne n'est pas directement et expressément visée par la condamnation. Elle aurait alors, comme partie, la voie de l'opposition ordinaire ; et, si elle n'avait pas été régulièrement appelée, elle pourrait demander la nullité de la procédure et du jugement (Voy. art. 480, C. pr. civ., et art. 7, L. 21 avril 1810). La tierce opposition suppose donc qu'un jugement ayant été rendu entre certaines personnes, qui sont les parties à ce jugement, un tiers prétend que ce jugement lui fait grief. Nous aurons, au surplus, à revenir sur cette distinction.
3. V. M. Garsonnet, *Précis de procéd. civ,*. N° 802.

4. — Quant à nous, et pour éclairer, dès maintenant, la route que nous entendons suivre, nous pensons que, pour trancher cette difficulté, et d'une façon plus générale, pour étudier d'une façon complète la tierce opposition, il est nécessaire de faire une distinction fondamentale, essentielle, qui nous apparaît comme l'idée dominante de cette matière.

Sous la dénomination commune de tierce opposition, le Code de procédure civile, les auteurs, et la jurisprudence réunissent deux voies de recours bien distinctes l'une de l'autre, et, à un point de vue purement rationnel, d'une valeur très inégale.

Deux catégories de personnes, bien différentes, peuvent, en effet, se plaindre d'un jugement rendu en dehors d'elles, et se servir de la tierce opposition.

D'abord, des personnes étrangères aux plaideurs, des tiers dans l'exacte acception du mot, peuvent soutenir qu'en fait, et par son exécution actuelle ou éventuelle, le jugement rendu est de nature à nuire à leurs droits. La loi leur donne, par la tierce opposition, la faculté de demander que le jugement soit rétracté, réformé, ou annulé, en tant qu'il leur préjudicie. C'est l'application directe de l'art. 474, C. proc. civ. ; c'est la *tierce opposition proprement dite*, ou, si on préfère, la *tierce opposition ordinaire*. Elle est d'une valeur discutable, en législation. Nous croyons fermement que la règle de la relativité des jugements est suffisante pour protéger les tiers contre les décisions portant atteinte à leurs droits et que la tierce opposition, dans cette première application, est une voie de recours superflue qui pourrait, sans inconvénient, disparaître (V. *infra*, N° 205).

D'un autre côté, il y a des personnes qui ne sont pas étrangères aux plaideurs, qui ont été représentées par eux, soit qu'elles leur aient succédé depuis, soit qu'elles leur aient précédemment donné mandat, mais qui peuvent cependant soutenir que leurs droits ont été compromis par le dol ou la fraude de celui dont elles avaient suivi la foi. Ces personnes doivent évidemment avoir le moyen d'obtenir la réparation du préjudice que leur causent cette fraude ou ce dol. C'est encore par la tierce opposition qu'elles demanderont la rétraction ou la réformation du jugement dont elles se plaignent. Cette tierce opposition, que nous pouvons appeler *tierce opposition extraordinaire,* pour la distinguer de la précédente, a ses règles propres. Elle diffère essentiellement de la première, et quant aux personnes qui peuvent la former (ce sont précisément celles qui ne peuvent user de la tierce opposition ordinaire parce qu'elles n'ont pas la qualité de tiers), — et quant aux moyens sur lesquels elle s'appuie (tandis que la première se base sur ce que le jugement porte préjudice à une personne étrangère au procès, la seconde suppose l'existence d'un dol ou d'une fraude nécessaires pour faire échec aux règles ordinaires de la représentation). Sa raison d'être et son utilité ne sauraient être mises en question comme celles de la tierce opposition ordinaire : on peut dire, au contraire, qu'elle est nécessaire, indispensable, dans une législation. La première est, dans notre droit, de création assez récente ; bien des législations étrangères ne l'ont pas organisée ; elle pourrait disparaître sans laisser les droits des tiers dépourvus de protection. L'autre a toujours existé, avec des dénominations différentes ; sous une forme quelconque, toutes les législations l'autorisent ; elle sera toujours maintenue, soit sous le nom de tierce opposition, soit sous celui de requête civile, soit sous celui de revision, soit sous celui de restitution en entier, soit, enfin, sous tel autre qu'il plaira au législateur lui donner.

5. — La distinction que nous venons d'indiquer des deux voies de recours réunies sous la même appellation, juxtaposées, par suite d'une analogie plus artificielle que réelle, n'est pas indiquée par les textes du Code de procédure civile. La plupart des auteurs ne la font pas. Quelques-uns l'ont signalée, mais n'en ont pas, à notre avis, tiré tout le parti possible, ni déduit toutes les conséquences logiques. Quant à la jurisprudence, il serait difficile de trouver dans ses décisions nombreuses sur cette matière un enchaînement rationnel de solutions. Il y a nombre de questions que les auteurs agitent toujours, et que la jurisprudence a tranchées une fois pour toutes, dans un sens qu'elle ne veut plus remettre en discussion. Au point de vue pratique, on ne saurait toujours l'en blâmer. Mais il ne semble pas, dans cette matière de la tierce opposition, qu'elle se soit attachée à choisir un ensemble de solutions concordantes, pour s'y tenir définitivement : elle s'est plutôt laissée aller à la remorque de règles confuses, de formules vagues qui l'ont conduite à des solutions souvent contradictoires. On peut dire que tout est discuté et discutable, dans l'application de la voie de recours que nous voulons étudier. C'est pour cela que, si fouillée qu'elle ait été, elle prête encore à d'intéressantes recherches, et est susceptible de quelques éclaircissements utiles.

Nous étudierons successivement, après avoir fourni sur la tierce opposition quelques notions historiques, d'abord sa nature et ses caractères, ensuite les jugements auxquels elle peut s'appliquer, ses conditions de recevabilité, les règles de procédure à suivre, enfin les effets du jugement rendu. — Nous donnerons, en terminant, quelques idées sommaires des législations étrangères sur ce point, et nous indiquerons comment, à notre avis, le Code de procédure civile devrait être modifié.

CHAPITRE PREMIER

NOTIONS HISTORIQUES

SOMMAIRE

6. — La tierce opposition est une voie de recours qui a une origine relativement récente et qui n'existe que dans quelques législations. Sans doute, on a toujours admis et on admet partout cette idée que nul ne peut être condamné sans avoir été entendu, comme aussi on trouve partout cette règle que les jugements rendus par suite du dol ou de la fraude d'un plaideur pourront être attaqués par ceux dont il était le représentant au procès et qu'il a voulu tromper. Mais ces principes ne conduisent pas nécessairement à l'établissement de voies de recours spéciales, comme la tierce opposition. En d'autres termes, la tierce opposition n'est qu'un moyen de procédure, que la mise en pratique de principes dont l'application peut être sauvegardée autrement. D'une façon plus générale, d'ailleurs, il est permis de dire que, si les principes essentiels auxquels obéit la procédure varient peu, les procédés d'application sont susceptibles de modifications nombreuses, suivant les tendances, le tempérament et les coutumes de chaque pays.

A un autre point de vue, on doit remarquer que c'est dans les institutions qui se rattachent à la procédure que la tradition joue le rôle le plus considérable; une fois certaines formes établies, souvent d'une façon arbitraire et sans fondement bien sérieux, le besoin d'ordre et de fixité dans la marche des procès fait qu'on les conserve longtemps, sans les soumettre, comme les principes de droit, à une critique et à un examen continuels. Elles attirent moins l'attention des théoriciens et des savants, et on sait que les praticiens, loin d'être des novateurs hardis, ont été de tout temps les plus ardents conservateurs des formes de procédure que leur profession leur a fait appliquer.

Ces considérations peuvent expliquer comment la tierce opposition, introduite par la pratique judiciaire, a été conservée par les praticiens qui ont eu le rôle prépondérant, dans la rédaction du Code de procédure, sans qu'ils l'aient étudiée d'une manière bien approfondie, sans qu'il l'aient soumise à une analyse bien sérieuse et à une critique bien savante. On pourrait, au surplus, en dire autant de bien d'autres règles de ce code qui n'a été, sur nombre de points, qu'une réédition de l'ordonnance de 1667. Nous exposerons, dans ce chapitre, quelle était, dans le droit romain et dans notre ancien droit, la situation faite aux personnes lésées par un jugement auquel elles n'avaient pas été parties. Nous dirons ensuite quelques mots des travaux préparatoires qui ont précédé et amené la rédaction des art. 474 et s., C. proc. civ.

SECTION I. — DROIT ROMAIN.

7. — Les Romains ne s'étaient pas préoccupés de mettre à la disposition des tiers subissant une atteinte à leurs droits, par suite d'un jugement intervenu en dehors d'eux, une voie de recours spéciale pour le faire tomber. L'action que nous avons appelée tierce opposition *ordinaire* ou tierce opposition *proprement dite* n'existait pas. Les droits des tiers paraissaient suffisamment sauvegardés par le principe général de la relativité de la chose jugée. Du moment qu'une personne n'avait pas été partie à une décision judiciaire, elle ne pouvait en subir aucun grief dans ses droits. Que si, en fait, l'exécution du jugement était de nature à lui nuire, les voies ordinaires d'action lui étaient ouvertes.

Cependant il faut ajouter que, si les tiers n'avaient pas de recours analogue à notre tierce opposition, ils avaient le droit d'appel qui, chez nous, n'appartient qu'aux parties en cause. En parcourant au Digeste les titres *de appell. et relat.* (49. 1.) *quando appell. sit* (49. 4), et *de appell. recip.* (49. 5), on acquiert la conviction que les règles sur la recevabilité de l'appel n'étaient pas aussi étroites que dans notre organisation judiciaire actuelle [1].

8. — Mais il y a, avons nous dit, des cas dans lesquels une personne qui n'a pas plaidé est obligée de s'attaquer d'une façon directe au jugement qui porte

---

1. Les lois 4, § 2. D. *De appell et relat.*, 2, § 1. D. *Quando appell. sit*, et 1 pr. *De appell. récip.* sont notamment très générales. Cette idée de l'appel recevable de la part des tiers, dans le droit romain, est aussi soutenue par Merlin (*Quest. de droit*, vo *Appel* § 11).

atteinte à ses droits : il s'agit d'un ayant cause qui allègue le dol ou la fraude commis à son préjudice. C'est la seconde des applications que nous avons distinguées de la tierce opposition. Ici encore le droit romain n'avait pas organisé d'action spéciale. Il admettait bien, évidemment, que l'effet de la représentation s'arrêtait lorsqu'il y avait dol ou fraude. Mais ce principe était sauvegardé par d'autres moyens assez larges pour rendre superflu l'établissement d'une voie particulière de recours.

Les créanciers ou autres ayants cause d'un plaideur, avaient, comme dans notre droit, et indépendamment de tout dol ou fraude, le droit de faire appel du jugement. Mais, en outre, dans l'hypothèse spéciale du dol ou de la fraude, il nous semble bien qu'ils avaient aussi la ressource de l'action Paulienne ordinaire, assez large pour comprendre le recours contre les jugements. Ulpien lui donne un champ d'application très vaste : « *Gesta fraudationis causa acci-* » *pere debemus, non solum ea quæ contrahens ges-* » *serit aliquis, verum etiam si forte data opera ad* » *judicium non adfuit, vel litem mori patiatur,* » *vel a debitore non petit ut tempore liberetur,* » *aut usumfructum vel servitutem amittat.* » (L. 3, § 1. D. *quæ in fraud.*)[1].

1. Dans l'hypothèse spéciale de l'action *faviana* donnée au patron contre les actes faits par son affranchi, en fraude de ses droits, Ulpien s'exprime en termes plus précis encore : « *Quid si in lite vinci voluit ?* » *Si quidem condemnatus data opera, vel in jure confessus, di-* » *cendum erit, favianam locum habere ; quod si noluit obtinere, cum* » *peteret ; hic videndum. Et puto hunc deminuisse de patrimonio :* » *actionem enim de bonis deminuit, quemadmodum si passus esset* » *actionis diem abire.* » (L. 1, § 7, D. *Si quid in fraudem patroni.*)

Nous ne voyons pas non plus pourquoi, suivant les cas, les ayants cause d'une personne, victimes d'une fraude commise par elle, n'auraient pu user de l'action *de dolo*, ou de l'exception *doli mali*, ou enfin de la *restitutio in integrum*. Ces moyens étaient aussi assez larges pour atteindre les jugements frauduleusement obtenus [1].

En résumé, il n'y avait pas, à Rome, de voie de recours spéciale pour ceux qui voulaient attaquer un jugement, soit comme n'y avant été ni parties ni représentés, soit comme y ayant été victimes d'un dol ou d'une fraude, de la part du plaideur qui devait les y représenter. Dans la première hypothèse, les tiers n'avaient, en réservant le point de savoir s'ils pouvaient faire appel, qu'à exercer les actions afférentes à leurs droits, sauf à écarter le jugement, si on le leur opposait, comme étant pour eux *res inter alios acta*. Dans la seconde, les victimes de la fraude ou du dol, avaient, outre les voies de recours que le plaideur avait lui-même, certaines voies plus générales pour demander réparation du préjudice à elles causé ; elles pouvaient, suivant les circonstances, se servir de l'action paulienne, de l'action *de dolo* ou de l'exception *doli mali*, enfin de la *restitutio in integrum*.

---

1. M. Griolet, dans son traité *de la chose jugée*, présente aussi cette idée : « La *restitutio in integrum* directe ou indirecte, par le moyen de l'exception *doli mali* ne semble avoir été accordée contre l'exception *rei judicatæ* positive qu'aux personnes favorisées, aux mineurs, aux femmes, *ou en cas de dol*. L'exception *doli mali* aurait toujours suffi pour repousser l'exception *rei judicatæ* positive. Nous avons expliqué au contraire que la fonction négative, se produisant quelquefois *ipso jure*, rendait alors nécessaire l'action *de dolo* ou la *restitutio in integrum*. » — V. encore M. Accarias, *Précis de dr. rom.*, t. II, p. 1069.

SECTION II. — ANCIEN DROIT FRANÇAIS.

§ 1er. Avant l'ordonnance de 1539.

9. — La tierce opposition n'est apparue qu'à une époque déjà avancée dans notre pratique judiciaire. Jusqu'au XVIe siècle, les ouvrages de droit féodal, de droit coutumier, de droit canonique ne la mentionnent pas, à notre connaissance, du moins, parmi les voies de recours. Quant aux nombreuses ordonnances de nos rois sur le fait de la justice, sur l'effet et l'exécution des sentences, elles n'organisent pas, jusqu'à cette époque, d'action spéciale permettant aux tiers d'attaquer les jugements. Comme en droit romain, ils étaient protégés par le caractère de relativité de la chose jugée et, en outre, pouvaient user de voies de recours plus générales, dont les conditions étaient assez larges, les exigences assez élastiques pour se prêter à cette application.

Nous avons déjà, à cet égard, parlé de l'appel. Imbert, dans sa *pratique judiciaire* (p. 548), en donne une définition très large : « La plainte qu'on fait de » quelque tort qui a été fait par un juge siégeant ou » autre publique personne sous forme ou ombre de » justice ou moyen judiciaire ». Le même auteur cite des arrêts admettant l'appel formé par des tiers [1].

La règle formulée par le droit romain nous paraît donc maintenue, au moins pour certains cas, dans notre ancienne procédure. On voit même, sur ce point, les lois romaines encore discutées et visées dans deux arrêts de la cour de cassation des 21 brum. an IX et

---

1. V. encore *l'Enchiridion* d'Imbert, p. 88 et 153.

2 germ. an X (S. chr.)[1]. On peut ajouter que le droit canonique admettait certainement l'appel de la part des tiers. Un passage des Décrétales de Grégoire IX parait bien formel en ce sens : « *Ab eadem sententia potest appellare nedum reus victus, sed etiam tertius cujus interest ; et potest sententia quoad reum nil de suo jure docentem confirmari, respectu vero tertii rationabiliter appellantis infirmari.* » (*De sent. et de re judic.* cap. XVII). En outre, la requête civile qui tenait lieu de la *restitutio in integrum* du droit romain, n'était pas alors, comme aujourd'hui, strictement délimitée dans son application ; elle se donnait, *causa cognita*, dans les hypothèses non prévues par les textes ; les tiers pouvaient sans doute être admis à l'exercer. Enfin il semble aussi que dans une certaine mesure, difficile à préciser, on admettait les tiers à se servir, comme les parties elles mêmes, de l'opposition ordinaire. Imbert cite encore, sur ce point, quelques arrêts. C'est dans ce droit d'opposition étendu aux tiers qu'il faut voir sans doute l'origine première du recours qui fut plus tard spécialement organisé à leur profit[2].

Il faut reconnaître, au surplus, qu'à cette époque, les idées n'étaient pas nettement arrêtées sur les

---

1. Dans notre droit, il n'est pas douteux que l'appel est une voie de recours à la disposition des parties seulement. (V. Poitiers 19 févr. 1889, *Gaz. pal.* 24 févr. 1889.)

2. V. encore sur l'opposition formée par un tiers, *le livre des droits et commandements d'office et de justice* (1424, édit. Beautemps-Beaupré, t. I. p. 276) ; les coutumes d'Anjou et du Maine, (éd. Beautemps-Beaupré, t. II, p. 319 et t. IV, p. 523). — V. aussi le *Speculum juris*, de Guill. Durand et la *Nouvelle pratique civile et criminelle*, de Lange. Ce dernier donne de l'opposition une définition également très large qui devait la rendre le plus souvent accessible aux tiers.

difficiles questions auxquelles donnent lieu la chose jugée et l'exécution des sentences judiciaires. On peut notamment voir dans la *pratique* de Masuer (chap. XXXIII) que l'on discutait sur l'effet et la force des jugements au point de vue des rapports entre acheteur et vendeur, fermier et bailleur, débiteur et créancier, usufruitier et nu-propriétaire, et on était loin d'être d'accord[1].

§ II. — De l'ordonnance de 1539 à celle de 1667.

10. — Les ordonnances royales avant 1539 s'étaient minutieusement attachées à assurer l'exécution des sentences judiciaires. Dans cet ordre d'idées, celle de 1539 vint spécialement viser l'opposition que des tiers peuvent apporter à cette exécution. Après avoir disposé, dans son art. 96, que « où le condamné sera trouvé appelant, opposant ou autrement, frivolement et induement empêchant l'exécution du jugement ou arrêt, par lui ou par personne suscitée ou interposée, il sera condamné en l'amende ordinaire de 60 livres parisis; et, en outre, en autre amende extraordinaire envers nous et en grosse réparation envers sa partie, » cette ordonnance prévoit, dans son art. 108, l'opposition des tiers, pour la frapper également, si elle est mal fondée. Cette disposition a pour rubrique : « Comment seront mulctés tiers » opposants téméraires aux exécutions d'arrêts et de » sentences exécutoires nonobstant l'appel, » et est ainsi conçue : « Les tiers opposants contre les arrêts » de nos cours souveraines, s'ils sont déboutés de

1. V. encore Beaumanoir (*éd. Beugnot*), t. I, p. 34, 113 126.

» leur opposition, seront condamnés envers nous en
» l'amende ordinaire de fol appel et la moitié moins
» envers la partie, et plus grande, si mestier est, se-
» lon la qualité et malice des parties, et contre l'exé-
» cution des sentences non suspendues par appel,
» seront condamnés en vingt livres parisis d'amende
» envers nous, et la moitié moins envers la partie,
» et plus grande, si mestier est, comme dessus. »

11. — Cette ordonnance se contente, comme on le voit, de punir les tiers qui mettraient obstacle à l'exécution des jugements et arrêts : « Les tiers oppo- » sants aux exécutions d'arrêts, dit le commentateur » du *Code du roi Henri III*, méritent pareilles pei- » nes et amendes que ceux qui interjettent folles ap- » pellations, parce qu'ils éludent l'autorité des juge- » ments. » Nous hésitons beaucoup, quant à nous, à croire que cette ordonnance a créé, ou même qu'elle a entendu viser une voie de recours nouvelle spécia- lement mise à la disposition des tiers. On a écrit qu'on voit « apparaître dans cette ordonnance la dis- » tinction entre deux sortes de tierce opposition, » l'une tendant à la rétractation et à la réformation » des arrêts eux-mêmes, l'autre n'ayant d'autre but » que d'arrêter leur exécution [1] ». Cela n'est pas exact. L'ordonnance de 1539 ne fait certainement pas de distinction entre plusieurs sortes de tierce opposition. Nous croyons même qu'elle ne fait pas allusion à un recours particulier pouvant être exercé par les tiers, mais se propose, d'une façon générale, de punir le fait d'un tiers mettant obstacle à l'exécu-

---

1. **M.** Amigues, *Thèse doct.* 1886, p. 93.

tion des sentences, sans indiquer en quoi consiste cet obstacle, et sans faire pressentir qu'il doive résulter de l'exercice d'une action déterminée. On peut concevoir qu'on ait entendu, à cette époque, punir d'une amende le tiers qui, soit au moyen de l'opposition ordinaire qui semble lui avoir été ouverte, dans certains cas, comme à la partie, soit au moyen de l'exercice d'une action quelconque, essayait d'apporter des entraves à l'exécution des sentences.

12. — L'ordonnance de 1566 vint prévoir à son tour l'hypothèse des tiers opposants pour décider qu'ils ne pourraient arrêter l'exécution d'un jugement emportant condamnation à délaisser un héritage. Comme la précédente ordonnance, elle s'occupe d'abord des obstacles apportés par les parties elles mêmes à l'exécution d'un pareil jugement et décide qu'elle aura lieu, nonobstant les oppositions qui seraient formées par les parties, leurs femmes, enfants et famille, pour quelque cause que ce soit, « sauf à se pourvoir sur icelles oppositions, ainsi » qu'il appartiendra ». Puis, arrivant à l'hypothèse des tiers, l'art. 51 ajoute : « Et s'il y a opposition » formée par autres personnes, sera néanmoins celui » qui a obtenu jugement mis en telle possession en » laquelle était le condamné, sans préjudice des » droits desdits opposants. »

De cette ordonnance encore nous croyons pouvoir dire quelle ne démontre pas l'existence, à cette époque, d'une voie de recours spéciale aux tiers. Elle se propose simplement de les empêcher de mettre obstacle, même provisoirement, à l'exécution des décisions ordonnant délaissement d'un héritage. « Autrement,

» dit encore le commentateur du *Code du roi*
» *Henri III*, serait, sous prétexte de telles oppositions
» que par aventure le condamné susciterait, rendre les
» jugements illusoires et inexécutés. » Nous serions
donc disposé à conclure que la tierce opposition n'é-
tait pas encore, au XVIe siècle, organisée et usitée
comme action particulière, ayant des règles propres.
Les recueils d'arrêts de cette époque n'en parlent pas [1].

Sans doute, on peut nous dire que si les tiers pouvaient faire opposition, c'est pure subtilité de notre
part que de vouloir soutenir que la tierce opposition
n'existait pas. Mais nous pouvons faire remarquer,
d'abord, qu'il s'agit ici de rechercher à quel moment
précis la voie de recours spéciale, distincte, que nous
appelons tierce opposition, a été introduite. De plus,
on ne peut dire que la tierce opposition existât réellement, alors que les tiers n'étaient admis à faire opposition que par une sorte d'extension de l'opposition ordinaire. Bien évidemment, selon nous, c'est
cette extension qui constitue l'origine de la tierce opposition. Mais ce que nous voulons dire, c'est que les
ordonnances de 1539 et 1566 visaient l'opposition
des tiers, sans faire allusion à une action spéciale, à
eux réservée, par laquelle elle se serait manifestée.

§ III. — Sous l'ordonnance de 1667.

13. — C'est, pensons-nous, vers le XVIIe siècle

---

1. On peut notamment se reporter, sur ce point, au recueil d'arrêts de Papon. Le commentaire du *Code du roi Henri III*, que
nous avons déjà cité, et qui contient des indications nombreuses
de jurisprudence, ne fait pas non plus allusion à la tierce opposition.

que la pratique judiciaire vit s'introduire et se développer peu à peu, avec un caractère spécial et des
règles particulières, le recours des tiers contre les
jugements et arrêts. Il est certain, en tous cas, que,
quoique d'un usage encore assez restreint, la tierce
opposition était admise et pratiquée, quand fût faite la
grande ordonnance sur la procédure de 1667.

Cette ordonnance contient sur la matière qui nous
occupe trois dispositions qu'il est important de bien
connaître. Ce sont d'abord les articles 10 et 11
du titre 26, sur l'exécution des jugements. Le premier reproduit à peu près l'art. 108 de l'ordonnance
de 1539 : « Les tiers opposants à l'exécution des
» arrêts qui auront été déboutés de leurs oppositions
» seront condamnés en 150 livres d'amende, et ceux
» qui seront déboutés des oppositions à l'exécution
» des sentences en 75 livres, le tout applicable, moi-
» tié envers nous, moitié envers la partie. » L'article
suivant reproduit de même, en substance, l'art. 51
de l'ordonnance de 1566 : « Les arrêts et jugements
» portant condamnation de délaisser la possession
» d'un héritage seront exécutés contre le possesseur
» condamné, nonobstant les oppositions des tierces
» personnes et sans préjudice de leurs droits. »
Enfin l'ordonnance de 1667 contient une troisième
disposition, plus importante, qui, à notre avis, est
véritablement la première loi visant d'une façon directe la voie de recours que nous étudions. L'art. 2
du titre 35 sur les requêtes civiles s'exprime ainsi :
« Permettons de se pourvoir par simple requête à fin
» d'opposition contre les arrêts et jugements en der-
» nier ressort auxquels le demandeur en requête

» n'aura été partie ou directement appelé, et même
» contre ceux donnés sur requête. »

14. — Ces trois articles forment l'ensemble des dispositions de l'ordonnance de 1667 sur la tierce opposition ; le dernier en organise le fonctionnement ; les deux autres empêchent que des tiers opposants téméraires ne fassent obstacle à l'exécution des décisions de la justice. On peut voir, dans Denizart, dans Pothier, dans Merlin, que c'est bien l'art. 2 du titre 35 qui pose le principe de la tierce opposition [1]. Denizart dit qu'il fait la loi sur la matière. Les arrêts rendus avant le Code de procédure le visent et l'appliquent expressément.

Cependant cette solution rencontre des adversaires. Des auteurs modernes citent seulement les art. 10 et 11 du titre 26 comme s'appliquant à la tierce opposition et ne mentionnent pas l'art. 2 du titre 35 [2]. En se reportant aux auteurs qui ont écrit sous l'ancien droit, on voit qu'ils n'étaient pas non plus d'accord sur la combinaison de ces différentes dispositions. Rodier, dans ses questions sur l'ordonnance de Louis XIV, distingue d'une façon subtile le recours donné par l'art. 2 du titre 35 de celui auquel font allusion les art. 10 et 11 du titre 26 : « Par ces mots : » tiers opposants, dit-il, l'ordonnance entend parler

---

1. Denizart, *Rép.*, v° *Opposition tierce* ; Merlin, *Rép.*, v° *Tierce opposition* ; Pothier, *éd. Bugnet*, t. X, p. 171. — Bornier (*Confér. des ordonn.*) et Sallé (*Esprit des ordonn.*) appliquent aussi les trois dispositions que nous avons citées à la tierce opposition. — Despeisses fait évidemment allusion à l'art. 2 du titre 35 quand il écrit : « Celui qui n'est nommé ni compris dans un arrêt et qui n'a droit » et cause de celui qui y est nommé doit avoir des lettres royales » en opposition pour se pourvoir contre lui. »

2. V. not. M. Amigues, *Thèse doct.* p. 94 et 95.

» de ceux qui non-seulement n'ont pas été parties ni
» appelés dans le procès sur lequel l'arrêt ou la sen-
» tence ont été rendus, mais qui n'y sont pas nommés
» *et ne paraissent y avoir aucun intérêt ;* les uns
» ni les autres ne peuvent former opposition en jus-
» tice envers l'exécution des arrêts ou sentences,
» sans s'exposer, en cas de succombance, en l'amende
» portée par ces articles dont l'objet a été de réfréner
» par la crainte d'une peine ces oppositions chicaneu-
» ses hasardées par des personnes qui, d'ordinaire, ne
» font que prêter leur nom à celui qui est condamné,
» pour traverser l'exécution des condamnations. Mais
» il y a d'autres opposants qui ne sont pas sujets à
» l'amende quand même ils viendraient à succomber.
» Ce sont ceux *contre qui la condamnation porte*
» *directement,* c'est-à-dire qui *sont compris et con-*
» *damnés* dans l'arrêt ou sentence, quoiqu'ils n'aient
» pas été appelés, ou contre qui on a obtenu quelque
» ordonnance sur pied de requête et par conséquent
» sans leur en faire part ; c'est de ceux-là dont parle
» l'art. 2 du titre des requêtes civiles où il n'est pas
» question d'amende. [1] »

Cette opinion ne nous paraît pas exacte. Que
l'art. 2 du titre 35 puisse s'appliquer aux parties condamnées personnellement sans avoir été appelées,
nous n'y méconnaissons pas, bien qu'elles aient, en
général, pour les protéger, un autre moyen plus efficace, le droit de demander la nullité d'une procédure
suivie et d'un jugement rendu contre elles, sans qu'une
assignation à comparaître leur ait été donnée, comme

1. V. Dans le même sens : Boutaric, Jousse, Duval, dans leurs
commentaires sur l'ordonnance de 1667.

la loi l'exige. Cet article est rédigé en termes assez larges pour les comprendre, et l'art. 3 qui vient ensuite permettre l'opposition de ceux qui ont été condamnés par défaut, faute de se présenter ou faute de conclure, semble confirmer cette interprétation. Mais certainement aussi, l'art. 2 s'applique aux tiers dont les droits sont lésés par un jugement rendu en dehors d'eux; ils sont bien dans le cas qu'il prévoit. Les expressions qu'il emploie les visent également, sans qu'on puisse faire la distinction proposée par Rodier [1].

15. — Nous n'hésitons pas, non plus, à rejeter comme trop absolue la distinction proposée par Dalloz [2], sur l'application des trois dispositions que nous avons rappelées. D'après lui, les art. 10 et 11 du titre 26 prévoient la tierce opposition à l'exécution des décisions, et l'art. 2 du titre 35 la tierce opposition aux décisions elles-mêmes, la première seule étant punie d'amende, en cas d'échec. C'est là une distinction qui, aussi tranchée qu'il la présente, nous paraît peu exacte. Toute tierce opposition, en réalité, est faite pour empêcher, actuellement ou éventuellement, l'exécution d'une décision judiciaire susceptible de préjudicier aux droits du tiers opposant. Autrement elle n'aurait pas d'intérêt. On peut seulement, en se plaçant à ce point de vue, considérer les art. 10 et 11 du titre 26 comme plus larges, peut-être, que

---

1. Il faut remarquer, d'ailleurs, à ce point de vue, que les tiers, pour user de la tierce opposition, devaient, dans notre ancien droit, *avoir dû être appelés* (V. *infra.* n. 21). Cette exigence nous paraît rapprocher singulièrement les deux catégories d'opposants que Rodier veut distinguer pour l'application de l'art. 2 du titre 35.

2. *Rép*, v° *Tierce opposition.*

l'art. 2 du titre 35, et se demander si les peines par eux édictées n'auraient pas pu atteindre tous ceux qui, par une voie quelconque, directement ou indirectement, auraient mis obstacle à l'exécution des sentences.

16. — Les dispositions de l'ordonnance de 1667 que nous avons rapportées ne s'appliquent, d'ailleurs, qu'à la tierce opposition proprement dite, et non à celle que nous admettons, dans notre droit, de la part des ayants cause d'un plaideur qui allèguent le dol ou la fraude. Il nous semble que cette seconde application de la tierce opposition n'était guère usitée. Poullain du Parc, à propos des créanciers qui se prétendent victimes d'une fraude de leur débiteur, dit qu'ils peuvent faire appel, sinon se pourvoir par requête civile[1]. C'est aussi ce qui paraît résulter d'un arrêt du parlement du 21 juillet 1777. On peut, en effet, remarquer que l'art. 1er du titre 35 sur les requêtes civiles était rédigé d'une façon plus large que notre art. 480, C. proc. civ. On peut ajouter que, rationnellement, le recours des ayants cause qui allèguent le dol ou la fraude se rapproche davantage de la requête civile que de la tierce opposition proprement dite[2]. Au surplus, il faut bien reconnaître que, sous l'empire de l'ordonnance de 1667, le champ d'application de la tierce opposition ne fût jamais bien délimité. Les différentes voies de recours n'étaient pas encore nettement distinguées. L'art. 2 du titre 35, que l'on considère comme ayant posé le principe de la tierce opposition, se

1. T. VII, p. 292 et s.
2. Comp. art. 481, C. proc. civ.

sert simplement du mot *opposition*, il est placé au titre des *requêtes civiles*. Au point de vue d'une rédaction précise et d'une rigoureuse classification, l'ordonnance de 1667 laissait à désirer. Il semble bien que ces différentes procédures, opposition, tierce opposition, requête civile, se confondaient quelquefois. Les praticiens ne parvinrent pas, sans doute, à faire disparaître ces confusions, puisque dans les travaux préparatoires du Code de procédure civile sur cette matière, on voit les orateurs discuter sur l'emploi de ces voies de recours, sans bien s'entendre, et les uns parler de requête civile incidente dans des hypothèses où d'autres voyaient des cas de tierce opposition.

17. — Sous l'empire de l'ordonnance de 1667, la tierce opposition devint plus usitée, et les recueils d'arrêts nous fournissent, sur son application, dans notre ancienne jurisprudence, des données intéressantes. Nous croyons utile de rappeler brièvement, avant d'aborder l'étude de cette voie de recours, dans notre droit actuel, quelles étaient les règles principales admises par les Parlements et par nos anciens auteurs. Nous examinerons successivement, comme nous aurons à le faire dans la suite de ce travail pour ce qui concerne notre procédure moderne : *a)* quels étaient la nature et les caractères de la tierce opposition ; *b)* contre quels jugements elle était admise ; *c)* qui pouvait en user : *d)* quelles étaient les règles de procédure ; *e)* quels étaient les effets du jugement rendu.

18. — *a) Nature et caractère de la tierce opposition.* — « On nomme tierces oppositions, dit Deni-
» zart, celles qui sont *formées à des sentences, ju-*

» *gements ou arrêts*, par des personnes qui n'y
» étaient pas comprises ou dénommées comme par-
» ties, et qui ont pour objet de faire changer les dis-
» positions qui leur font préjudice. » Ferrière s'exprime en termes un peu différents : « La tierce oppo-
» sition est celle qui est *formée à l'exécution d'un*
» *jugement* par un tiers qui n'a point été partie dans
» la contestation qui a été décidée par ce juge-
» ment. » Enfin Pothier, plus simplement et plus
clairement, dit : « La tierce opposition est celle qu'un
» tiers qui n'était point partie dans l'instance *a for-*
» *mée contre un jugement* qui lui préjudicie[1]. » Il
résulte de ces définitions que la tierce opposition était
une voie, tantôt de rétractation, tantôt de réformation, suivant que le recours était porté devant la juridiction qui avait rendu la décision attaquée, ou devant une autre juridiction. Elle était donnée, non pas,
comme le dit Ferrière, *contre l'exécution seule des*
jugements, mais, comme le disent Denizart et Pothier, *contre les jugements eux-mêmes*, en tant, bien
entendu, que leur exécution pouvait nuire au tiers opposant, et dans le but de les faire rétracter ou réformer dans cette mesure.

19. — On ne semble pas avoir discuté, dans notre
ancien droit, la célèbre et difficile question que nous
aurons à étudier et qui s'est élevée, au commence-
ment de ce siècle, sur le caractère facultatif ou obli-

---

1. On peut rapprocher de ces définitions la règle formulée par
Voët (*ad Pandectas*, liv. XLII, tit. I, n° 27, *in fine*) : « *Si quis demum*
» *post latam in lite inter alios sententiam intelligit eam sibi quodam-*
» *modo per consequentiam nocere posse, libello significare potest eam, se*
» *ignorante ac non citato, latam esse, ac desiderare per judicem de-*
» *clarari sententia illa nullum sibi præjudicium generandum esse.* »

gatoire de la tierce opposition. Il nous paraît certain que le caractère obligatoire ne fût jamais soutenu par personne, et qu'on resta attaché aux conséquences logiques de la relativité des jugements. Si l'autre idée avait prévalu, ou avait même été sérieusement soutenue, elle aurait donné évidemment lieu à un débat qui aurait laissé des traces parmi les auteurs et dans la jurisprudence. Nulle part la difficulté n'est étudiée. Sans doute les formules des auteurs ne sont pas toujours très précises, et on a pu leur attribuer un sens absolu. Ferrière écrit, par exemple, que « ceux qui » n'ont point été parties dans un jugement et qui ont » intérêt d'en empêcher l'exécution n'ont point d'au- » tre moyen de se pourvoir contre. » On a pu conclure que, pour lui, la tierce opposition était une voie nécessaire. Nous ne pensons pas que la règle qu'il formule ait une portée aussi radicale. Il veut dire, et cela n'est déjà pas exact, suivant nous, que, pour empêcher l'exécution, le tiers aura une seule voie de recours, la tierce opposition, mais il ne dit pas que, pour écarter en droit l'autorité du jugement qui lui nuit, si on le lui oppose, il lui sera toujours indispensable de prendre l'offensive et de se servir de cette voie, sans pouvoir se borner à opposer que le jugement lui est étranger [1].

20. — *b). Jugements susceptibles de tierce opposition.* La tierce opposition était admise contre tous jugements, contradictoires ou par défaut, en premier ou dernier ressort, sur ajournement ou sur re-

1. V. d'ailleurs, dans le sens du caractère facultatif, Bornier, *Conf. des ordonn.* sur l'art. 11 du titre 26 de l'ordonn. de 1667 et Merlin, *Rép.*, vᵒ *Tierce opposition*, § 6.

quête (art. 2, titre 35, ordonn. de 1667). Elle était même admise par la jurisprudence contre les décisions des tribunaux criminels[1] et contre les arrêts du Conseil (Règlement du 28 juin 1728, titre X, art. 7).

21. — *c) Conditions de recevabilité de la tierce opposition*. Pour être recevable à faire tierce opposition contre une décision, il fallait d'abord n'y avoir point été partie[2], ni représenté[3], en second lieu, avoir dû y être appelé[4], enfin en souffrir un préjudice.

La jurisprudence eût surtout à se prononcer sur les questions de représentation qui sont encore, en cette matière, une source inépuisable de difficultés et de controverses. La représentation du créancier par le débiteur ne parût pas, en principe, susceptible d'être contestée[5]. Dans les hypothèses plus délicates qui se présentèrent à juger, on chercha surtout à s'inspirer des solutions et des distinctions laissées par les jurisconsultes romains. C'est ainsi qu'on décida qu'il y

1. Cela fut jugé par arrêts du parlement de Paris des 15 juin 1744, 3 septembre 1759, 13 août 1783. (Ces arrêts et ceux qui seront indiqués plus loin dans ce chapitre sont extraits des répertoires de Denizart, Guyot et Merlin). — V. aussi Rousseau de Lacombe, *Mat. crim.*, p. 569 ; Merlin, *Rép.*, v° *Tierce opposition* § 1.

2. V. arrêt parl. Paris, 5 février 1777. — Quant à celui qui était dénommé au jugement, n'y ayant pas été dûment appelé, nous avons vu que c'est une question obscure que de savoir si c'est par tierce opposition qu'il devait agir (v. n. 14). Ferrière paraît ne pas le comprendre dans sa définition (t. X. p. 944). On peut consulter en ce sens un arrêt du 17 janvier 1767 cité par Poullain du Parc, et un autre du 16 juin 1673, cité par Augeard.

3. Comme successeur ou ayant cause, ou comme ayant donné mandat. V. Poullain du Parc, t. X, 937.

4. Denizart, *Rép.*, v° *Opposition tierce* ; Guyot, *Rép.*, v° *Tierce opposition* ; Poullain du Parc, *loc. cit.*

5. *Sic*, sur le principe, Arrêt du Sénat de Chambéry, 15 mars 1594 ; arrêts du Parl. de Paris, 22 février 1701, 9 juillet 1708 ; Cass. 12 fruc. an IX.

avait représentation (mettant obstacle à la tierce opposition) : du successeur à un bénéfice par son prédécesseur quant aux jugements rendus antérieurement à l'acquisition [1], de l'héritier par le curateur à la succession vacante [2], du substitué par le grevé quant aux procès ne mettant pas en jeu la substitution en elle-même [3]. A l'inverse, et toujours par application des lois romaines, on admit la tierce opposition de ceux qui, au jour du procès, avaient acquis un droit propre sur la chose en litige, par exemple d'une veuve ayant un droit réel résultant de son douaire coutumier sur des biens qui avaient été jugés en dehors d'elle ne pas appartenir à son mari [4], de l'acquéreur d'un office, d'un usufruitier [5]. Cette seconde règle était d'ailleurs tempérée dans son application par la loi 63 D. *de re judic.*, laquelle était interprétée en ce sens que celui qui avait eu connaissance du procès et n'était pas intervenu pouvait être considéré comme y ayant été représenté. C'est ainsi qu'on admit souvent que le tiers acquéreur devait être considéré comme ayant été représenté par son auteur dans les procès soutenus par ce dernier, postérieurement à la vente, s'il en avait eu connaissance [6].

Il fallait, comme seconde condition de recevabilité, avoir dû être appelé. La jurisprudence ancienne paraît bien précise sur ce point. Des arrêts du Conseil,

1. Parlement de Paris, 19 déc. 1761.
2. Parlement de Paris, 28 mars 1702 et 5 avril 1751.
3. Parlement d'Aix, acte de notoriété du 30 oct. 1673.
4. Parlement de Paris, 6 févr. 1778.
5. Parlement de Paris, 11 juin 1693, 10 juill. 1777.
6. Cochin, 6.537, cite en ce sens un arrêt du Parlement de Paris du 31 mai 1726; Denizart en rapporte trois autres de ce même Parlement, des 2 août 1692, 31 mai 1743, 6 septembre 1750.

des 27 juillet 1775 et 6 avril 1784 déclarèrent non recevable la tierce opposition d'une compagnie d'officiers contre le jugement qui attaquait ses privilèges,
dans la personne d'un de ses membres [1].

Enfin il fallait, en troisième lieu, subir un préjudice réel. Il ne suffisait pas d'un simple préjugé pour
être admis à faire tierce opposition [2].

22. — *d). Règles de compétence et de procédure*. En principe, la tierce opposition devait être
portée devant les juges qui avaient rendu la décision
attaquée. Mais la tierce opposition incidente, c'est-à-
dire formée au cours d'une autre instance, était valablement portée devant le tribunal saisi de l'instance
principale [3]. Il n'en était autrement que si les juges

1. Sur ce point encore discuté aujourd'hui, un arrêt contraire
avait été rendu par le Parlement de Douai, 12 mai 1780.

2. Ce principe est formellement consacré par un arrêt du Parlement de Paris du 21 juillet 1777, rapporté par Guyot. Il nous paraît très raisonnable. Autrement, et c'est une critique qu'on peut
adresser à la jurisprudence actuelle, on ne saura jamais où s'arrêter dans l'admission de notre voie de recours. Dans le débat, qui a
été terminé par l'arrêt de 1777, l'avocat du défendeur, dont Guyot
cite la plaidoirie, répondait très exactement à son adversaire : « Cet
» arrêt, dites-vous, forme un préjugé contre moi; j'ai donc intérêt
» à l'attaquer. Cet arrêt, sans doute, est décisif contre le sieur H.
» Il rend sa prétention insoutenable, improposable, s'il est permis
» d'user de ce terme. Mais, parce que le sieur H. a une mauvaise
» cause, s'ensuit-il que, pour lui plaire, il faille détruire un bon ar-
» rêt ? Le sieur H. n'y réfléchit pas. Dans presque toutes les affai-
» res, on oppose des arrêts. Lorsqu'ils sont absolument décisifs, on
» les produit, on en argumente avec force. La partie contre la-
» quelle on s'en sert serait, sans doute, intéressée à ce qu'ils fus-
» sent détruits. Cet intérêt suffit-il pour l'admettre à les attaquer ?
» Non, sans doute, et, si l'on écoutait de pareilles demandes, il n'y
» a pas d'arrêt, dans le journal des audiences et dans tous nos re-
» cueils, qui n'eut été déjà 1000 fois attaqué, car il n'en est aucun
» dont on n'argumente tous les jours. »

3. *Sic*, arrêt du Parlement de Paris, du 9 juillet 1698, et acte de
notoriété du Parlement d'Aix, du 4 mai 1728.

saisis étaient inférieurs à ceux qui avaient rendu la décision attaquée. On décida ainsi qu'un arrêt du Conseil ne pouvait faire l'objet d'une tierce opposition incidente devant le Parlement.

La tierce opposition se formait par voie de requête sur laquelle intervenait un jugement ou un arrêt permettant d'assigner[1].

Elle n'était pas soumise à un délai quelconque[2].

En principe, la tierce opposition ne suspendait pas l'exécution du jugement attaqué : « Comme la tierce » opposition à un jugement est absolument étran- » gère à la partie condamnée, elle ne peut servir de » prétexte pour se dispenser de s'y soumettre. »[3] C'é- tait au juge à apprécier[4]. Dans l'hypothèse spéciale d'un jugement portant condamnation au délaissement d'un héritage, l'ordonnance de 1667, comme celle de 1566, défendait, nous l'avons vu, d'attacher un effet suspensif à la tierce opposition.

23. — *e*). *Jugement rendu sur la tierce opposition*. En cas d'échec de la tierce opposition, le plaideur téméraire encourait l'amende. Une déclaration du 21 mars 1671 enjoignait de prononcer la condamnation telle qu'elle était fixée par la loi, sans pouvoir la modérer. Il fut même jugé que l'amende était due sans que la condamnation eût été prononcée par le juge[5].

---

1. Art. 2, du titre 35 de l'ordonn. de 1667. V. Lagier, *Traité sur les différentes procédures qui s'observent dans toutes les juridictions de l'enclos du Châtelet*, 1780.

2. V. Lagier, *op. cit.*

3. Sallé, *Esprit des ordonnances.*

4. Bornier, *op. cit.*; Lagier, *op. cit.*

5. Arrêt du Parlement de Paris du 12 mars 1698, rapporté par Merlin, *Rép.* v° *Tierce opposition.*

En cas de succès, la rétractation ou réformation
du jugement était strictement relative, en principe,
au tiers opposant; le jugement était maintenu *inter
partes*. Il en était autrement, lorsqu'il y avait indivisibilité dans l'exécution des deux décisions. D'ailleurs, Guyot, qui rappelle ces règles, ajoute qu'il est
arrivé souvent « qu'on a préféré la voix de l'équité à
» la rigueur de la règle ». Il cite en ce sens un arrêt
du Parlement de Paris, du 6 février 1778, et un autre
du Conseil d'Artois, du 6 mai 1784 [1].

SECTION III. — TRAVAUX PRÉPARATOIRES DU CODE DE PROCÉDURE

24. — Nous venons de résumer sommairement les
règles suivies dans notre ancienne jurisprudence sur
la tierce opposition. C'était, on l'a vu, une procédure
qui avait fait son apparition assez tard, et dont le rôle
et l'emploi n'étaient pas bien nettement déterminés.
Lorsque cette matière vint en discussion, pour la rédaction du Code de procédure civile, il faut bien dire
que les législateurs ne paraissent pas en avoir eu une
idée précise. Le titre de la tierce opposition n'est pas
de ceux pour lesquels il peut être utile de recourir
aux travaux préparatoires. On peut rappeler ici ce que
M. Bonnier a écrit, très justement, d'une façon plus
générale, à propos de la rédaction de tout le Code de
procédure: « Le Conseil d'Etat a été trop souvent sous

1. V. Guyot, *Rép.*, v° *Tierce opposition*. La régle de la relativité
de la rétractation du jugement frappé de tierce opposition n'était
pas, d'ailleurs, admise partout. D'après Poullain du Parc, t. X,
p. 942, elle ne l'était pas, notamment en Bretagne.

» l'influence du préjugé vulgaire qui regarde la pro-
» cédure comme une affaire de pure pratique ; il a
» trop négligé les lumières que pouvaient lui fournir
» l'ancienne doctrine ou même la simple raison pour
» s'abandonner à une routine aveugle. » Cette critique trouve certainement sa place dans une étude
sur la tierce opposition. Dans le plus récent travail
sur cette matière, on lit que, « malgré l'absence de
» dispositions et de règles antérieures, la procédure
» de notre voie de recours fût rapidement orga-
» nisée, » et, plus loin, que « le Code a comblé les la-
» cunes des ordonnances et créé de toutes pièces la
» procédure de cette voie de recours [1]. » Cela n'est
pas très exact. La vérité est que les difficiles pro-
blèmes auxquels la tierce opposition peut donner lieu,
même en ne s'attachant qu'à sa nature et à son principe, et sans entrer dans les détails d'application,
n'ont pas été abordés, même entrevus.

Il est facile de donner une idée de la confusion
à laquelle a abouti la discussion sur ce point. L'un
des orateurs avait proposé, comme hypothèse, le
cas d'un procès relatif à la propriété d'une chose
et continué par le vendeur de la chose après l'a-
liénation, sans que l'acquéreur soit appelé. On vint
soutenir, sur ce point, les solutions les plus diverses. Un membre du Conseil d'Etat avança cette idée
qu'un arrêt ne prononce qu'entre les parties en
procès, et que, s'il déclare le demandeur propriétaire, ce n'est qu'au regard du seul défendeur. Le
Ministre lui répondit que son système était con-

---

1. **M. Amigues**, *Thèse doct.* p. 96 et 97.

traire aux principes admis par tous les jurisconsultes. L'archichancelier crut éclaircir la discussion en rappelant qu'autrefois on attaquait les arrêts par requête civile incidente. Enfin Treilhard soutint, sur l'hypothèse proposée, cette opinion qu'un jugement rendu en l'absence d'une personne, statuant sur la propriété de sa chose, ne peut lui nuire, et que « cela n'a même rien de commun avec la tierce op- » position, parce que tout est nul pour dol et fraude. » Le Ministre clôtura la discussion en disant qu'il ne connaissait pas d'exemple de cette manière de procéder. La question telle qu'elle était posée, est restée sans solution, et toutes les idées émises, pendant la discussion, qui indiquaient combien on était peu d'accord sur le principe même de la tierce opposition, sur son utilité, ne furent pas davantage approfondies. En relisant le compte rendu qui nous a été conservé de ces débats si sommaires, si superficiels, si confus, on se rappelle encore l'appréciation sévère, certainement exagérée d'ailleurs, formulée par Troplong, dans la préface de son commentaire de *la vente :* « Combien de fois ne descend-on pas dans une mé- » diocrité fatigante et dans un vide décourageant ? » Des questions graves sont soulevées; mais, malgré » leur importance, elles tombent de tout leur poids » dans l'oubli et l'inattention où le Conseil d'Etat les » laisse dormir. Des réponses qui ne répondent à » rien, des petits mots sans portée, des phrases qui » se croisent sans se rencontrer, des propositions de » remaniement dont on ne voit pas la suite, remplis- » sent un trop grand nombre de procès verbaux. »

25. — En présentant au Corps législatif l'exposé

des motifs du projet, Bigot Préameneu est resté dans le vague, et n'a formulé que des idées générales insuffisantes pour faciliter l'étude des caractères et des conditions d'application de la tierce opposition. Il s'est contenté de répéter qu'un jugement « ne doit » faire loi qu'entre ceux qui ont été entendus ou ap- » pelés ; il ne peut statuer que sur les conclusions » prises par une partie contre l'autre. Si le jugement » préjudicie à une tierce personne qui n'ait pas été » appelée, elle doit être admise à s'adresser aux » mêmes juges, afin qu'après l'avoir entendue, ils » prononcent à son égard en connaissance de cause ». Plus loin, pour caractériser la tierce opposition, il se borne à dire « qu'elle ne peut être considérée » que comme une intervention pour arrêter ou pré- » venir l'exécution d'un jugement [1] ».

Le discours du tribun Albisson est plus insignifiant encore. On est surpris notamment de le voir affirmer « que le nouveau projet pourvoit à tout ce » qui restait à faire à la loi, sur un point assez impor- » tant pour qu'elle pût s'en occuper avec plus de » détails [2] ».

En résumé, on doit dire que si l'étude de l'ancien droit n'éclaire pas beaucoup cette matière, les travaux préparatoires ne sont pas faits non plus pour sortir le commentateur d'embarras. Si nous avons insisté sur ces préliminaires, c'est plutôt dans le but de rendre cette étude à peu près complète que dans celui d'en tirer un parti sérieux. Bien que les art. 474

1. Locré, t. XXII, p. 126.
2. Locré, t. XXII, p. 158.

et s. du Code de procédure civile ne soient pas une innovation dans notre droit, c'est surtout des principes généraux sur la chose jugée et sur les recours que peut comporter la répression du dol ou de la fraude, que nous entendons nous inspirer, dans ce travail.

CHAPITRE II

NATURE ET CARACTÈRES DE LA TIERCE OPPOSITION

SOMMAIRE

26. — Aux termes de l'art. 474, C. proc. civ., « une » partie peut former tierce opposition à un jugement » qui préjudicie à ses droits et lors duquel ni elle » ni ceux qu'elle représente n'ont été appelés ». Si on se rappelle l'obscurité de notre ancien droit et la confusion des travaux préparatoires sur cette matière, on ne sera pas étonné que la détermination de la nature, du rôle, des caractères de la tierce opposition aient soulevé, en présence du texte assez vague et assez équivoque de l'art. 474, C. proc. civ. de très grandes difficultés. La tierce opposition est-elle bien, d'abord, une voie de recours proprement dite? Est-elle donnée contre les jugements ou seulement contre leur exécution? Est-elle facultative ou obligatoire? De ces trois questions que nous avons à trancher, les deux premières sont assez simples; la dernière est la grosse difficulté de la matière; nous devrons nous y arrêter longtemps.

27. — I. La tierce opposition n'est pas une simple voie d'interprétation des jugements mise à la disposition des tiers, contre les parties qui les appliqueraient mal. C'est une véritable voie de recours. C'est la première dont s'occupe le livre IV du Code de procédure civile, sous cette rubrique : « *Des voies* » *extraordinaires pour attaquer les jugements.* » Cette voie de recours aboutira soit à une rétractation, soit à une réformation, soit à une annulation, suivant qu'elle sera jugée par le tribunal qui a rendu la décision attaquée, par un tribunal supérieur, par un tribunal égal.

Dans tous les cas, il résulte de cette première règle, que la tierce opposition n'est pas une mesure conservatoire et ne rentre pas dans les actes qu'un créancier sous condition suspensive est autorisé à faire par l'art. 1180, C. civ.

28. — II. Est-elle donnée seulement contre l'exécution des jugements ? Non ; mais contre les jugements eux-mêmes. A l'origine, il semble bien qu'elle ait été considérée comme une simple opposition d'un tiers survenant au cours de l'exécution d'une sentence. Tel n'est plus son caractère. C'est le jugement que le tiers opposant attaque, d'après la rubrique même du livre IV, C. proc. civ. Ce n'est pas une simple difficulté d'exécution qu'il soulève [1].

Mais il faut ajouter que la tierce opposition n'est donnée contre un jugement qu'autant que son exé-

---

1. Tel est le droit actuel. Mais au point de vue rationnel, il est certain que la tierce opposition ordinaire n'a pas d'autre utilité que de protéger le tiers contre *l'exécution* du jugement. Elle ne joue pas le rôle et n'a pas la raison d'être des autres voies de recours. (V. sur ce point la note de la page suivante, et les Nos 36, 52, 205.)

cution est susceptible de lui nuire[1]. Bigot de Préameneu l'a qualifiée d' « intervention pour arrêter ou pré-» venir l'exécution d'un jugement ». Pour être exact, il faut dire que c'est une voie de recours donnée *contre les jugements dont l'exécution pourra nuire aux tiers opposants*[2].

---

1. V. *Infra*, chap. ıv, les développements sur ce point. (Nᵒˢ 132 et s.)

2. L'un des membres de la commission extra-parlementaire pour la révision du Code de procédure civile demandait qu'on modifiât en ce sens le texte de l'art. 474. Nous croyons qu'il avait pleinement raison. On a repoussé son idée en disant que c'était bien *du jugement* que dérivait le préjudice et *non de l'exécution*, que, dans la langue juridique, il y a préjudice quand il y a possibilité d'un dommage, et qu'un jugement constitue pour le tiers *contre lequel, en fait, il pourra s'exécuter* la certitude d'un préjudice. Il y a sans doute, dans notre raisonnement, une distinction quelque peu subtile : mais, cependant, en droit, pour être absolument exact, il faut dire, il nous semble, que ce n'est pas *du jugement* que résulte le préjudice. Ce jugement, d'après le principe admis par la commission, est *res inter alios acta* pour le tiers ; il ne lui nuit pas. C'est *son exécution* seule qui pourra lui nuire. En réalité, en voulant combattre la rédaction proposée, on a cependant affirmé la même idée : *le jugement* ne nuit que *par son exécution*, actuelle ou éventuelle. Pour rendre notre opinion plus saisissable, nous n'avons qu'à rappeler l'hypothèse sur laquelle la Commission a spécialement discuté. Il s'agit de la revendication jugée contre un fermier au profit d'un tiers. On a dit que le bailleur éprouvait un préju, dice, non-seulement par l'exécution du jugement, mais par le jugement lui-même considéré comme *trouble de droit*. Nous ne le croyons pas. L'art. 1351, attribuant un effet relatif au jugement, empêche qu'il *préjudicie au droit* du bailleur. Le *trouble de droit* peut sans doute résulter contre le fermier d'une prétention élevée par celui qui soutient avoir un droit : mais le bailleur du fonds, qu s'en dit propriétaire, n'est pas *troublé dans son droit* par la seule décision rendue en dehors de lui, entre deux étrangers. C'est plutôt le *trouble de fait* possible, sinon actuel, qui lui cause un préjudice, qui nuit à l'exercice de son droit ; c'est à raison de ce *trouble de fait*, résultant de *l'exécution* ou de la menace d'exécution, que le bailleur pourra faire tierce opposition. Quant au *jugement* lui-même, il ne constitue qu'un préjugé, par lui seul insuffisant pour créer le préjudice requis comme condition d'ouverture de l'action. (V. *infra*, p. 132 et s.) Dans la même commission, notre éminent

29. — III. Nous arrivons à la difficulté si souvent examinée, et qui, pourtant, depuis qu'on la discute, ne fait que diviser de plus en plus les interprètes. La tierce opposition est-elle une voie nécessaire ou une voie facultative pour les tiers auxquels un jugement porte préjudice? Le point de départ de cette question est bien connu. Il réside tout entier dans la contradiction apparente présentée par les art. 1351, C. civ. et 474, C. proc. civ. L'art. 1351, C. civ. appliquant l'idée ancienne, souvent formulée par les lois romaines, de l'effet purement relatif de la chose jugée, dit qu'elle n'a autorité qu'entre les mêmes parties, agissant en la même qualité. C'est là une vérité incontestable, sur laquelle nous avons déjà insisté. S'il faut, dans l'intérêt social, que les jugements soient considérés comme l'expression de la justice, et que les parties ne puissent plus remettre en question ce que le juge a définitivement prononcé, cela n'est vrai qu'entre elles. Le juge n'a statué que sur leurs défenses respectives, d'après leurs seules conclusions. Il ne peut, d'ailleurs, procéder autrement, et il ne lui appartient pas de décider des droits d'une personne qui n'a pas plaidé. A l'égard des tiers, le jugement est donc *res inter alios acta :* suivant l'énergique expression de Chauveau, il n'a pas plus de valeur contre eux qu'une feuille de papier blanc.

maître, M. Garsonnet, a ajouté qu'en matière immobilière, le préjudice pouvait résulter *du seul jugement* considéré comme juste titre pour prescrire. Nous voulons simplement faire remarquer que c'est là une solution qui est loin d'être fermement assise en jurisprudence, et qui, en doctrine, est assez généralement repoussée pour des raisons qui nous paraissent d'ailleurs péremptoires. (V. not. Aubry et Rau, t. III, p. 372.)

L'art. 474, C. proc. civ. dit cependant que ces mêmes personnes qui n'ont pas plaidé, qui n'ont pas été parties au jugement, peuvent y faire tierce opposition, s'il leur cause un préjudice. Comment concilier ces dispositions ? Quel préjudice peut leur être causé, puisque le jugement leur est étranger ? Si son exécution peut les atteindre, pourquoi les obliger à faire tierce opposition, au lieu de résister à des mesures prises contre elles, en vertu d'un titre qu'elles ne connaissent pas et auquel elles n'ont pas à obéir ? Si ce n'est que dans quelques hypothèses que la tierce opposition est une voie nécessaire, quelles sont ces hypothèses ? Si elle n'est pas nécessaire, mais n'est qu'un moyen de plus accordé aux tiers pour protéger leurs droits, quelle est l'utilité de ce moyen ? Ce sont là les faces principales de la même difficulté : quel rôle le législateur a-t-il entendu faire jouer à la tierce opposition ?

Les systèmes proposés pour concilier les deux dispositions que nous avons rappelées et faire connaître le but et la raison d'être de la tierce opposition, dans notre organisation judiciaire, sont presque aussi nombreux que les auteurs qui ont été amenés à examiner cette question. La difficulté est si complexe, les éléments de solution si vagues, que peu d'esprits se sont trouvés d'accord.

On peut cependant arriver à grouper les différentes opinions soutenues et les ramener à cinq :

La première décide que la tierce opposition est une voie nécessaire ;

La seconde que c'est une voie inutile, et même sans application possible ;

La troisième que c'est une voie toujours facultative ;

La quatrième que c'est une voie en principe faculs
tative, mais nécessaire cependant, dans quelque-
hypothèses spéciales ;

Enfin la dernière, à laquelle nous nous rattachons,
distingue la tierce opposition proprement dite, toujours facultative, et la tierce opposition basée sur le
dol ou la fraude, toujours nécessaire.

30. — *Première solution proposée : la tierce
opposition est une voie nécessaire.*

Cette solution a été soutenue de deux manières bien
différentes par les auteurs qui l'ont enseignée, Proudhon d'une part, et M. Naquet de l'autre. C'est à tort
que plusieurs commentateurs les considèrent comme
ayant admis le même système. D'autres, avec plus de
vérité, peut-être, si on s'attache au fond même de sa
théorie, rangent Proudhon parmi ceux qui admettent
en principe le caractère facultatif de la tierce opposition. Il se rapproche peut être plus, en effet, de cette
théorie que de celle qu'a développée M. Naquet, bien
que ce dernier se donne comme voulant faire revivre le
système de Proudhon. Mais, cette observation faite,
nous pensons qu'il est plus exact, pour savoir dans
quel camp il faut ranger Proudhon, de prendre en
considération la conclusion qu'il donne lui-même à
son raisonnement. A ce point de vue, il est certainement un partisan de la première solution.

31. — A. *Théorie de Proudhon.* — D'après
Proudhon, en effet, la tierce opposition est la mise en
pratique de la règle de la relativité de la chose jugée.
La combinaison des art. 1351, C. civ. et 474, C. proc.

civ. est facile : ils s'appliquent en même temps, dans les mêmes hypothèses. Le premier formule le principe, le second détermine comment on le fera respecter. Un tiers veut écarter un jugement en se basant sur ce qu'il n'y a pas été partie ni représenté. Il fera tierce opposition pour justifier sa prétention.

L'argumentation de Proudhon est assez difficile à résumer fidèlement pour que nous croyions devoir en reproduire les principaux passages.

Dans son *Traité de l'usufruit* (n° 1268), après avoir développé la théorie de l'exception de chose jugée, il s'exprime ainsi : « Mais pour pouvoir user efficace-
» ment de cette exception, il faut être dans les con-
« ditions voulues par les règles de la justice ; sans
» quoi celui à qui on l'oppose peut, à son tour, en écar-
» ter les effets, et, pour cela, il lui suffit d'établir ou
» que le jugement dont la partie adverse se prévaut
» contre lui ne le concerne pas, ou que ce jugement
» ne porte pas sur la chose qui est aujourd'hui en
» litige. Voilà bien une autre contestation qui doit
» être reportée devant les juges compétents ; mais
» son objet n'est pas de faire réformer dans l'intérêt
» de celui-là même qui avait été condamné la déci-
» sion portée contre lui. Le but qu'on se propose, dans
» cette deuxième lutte, tend à faire voir que le juge-
» ment dont on se prévaut n'est pas applicable à la
» cause actuelle, par égard, soit à la diversité de la
» chose en litige, soit à la diversité de la personne
» qui intente la nouvelle demande. »

Plus loin, développant davantage et précisant son système (n° 1284), il dit : « Lorsque les difficultés
» qui s'élèvent sur l'application de l'exception de

» chose jugée ne roulent que sur la question de sa-
» voir si la chose demandée et si la cause en vertu de
» laquelle on veut renouveler l'action sont les mêmes,
» ou s'il y a même qualité dans les parties, la nou-
» velle contestation ne recommence qu'entre les
» mêmes personnes, et elle n'est soumise à aucune
» forme particulière de procédure. *Il n'en est pas*
» *ainsi lorsque la difficulté roule sur la question*
» *de savoir s'il y a diversité de personnes ou de*
» *parties* entre celle qui avait été condamnée par le
» premier jugement et celle qui veut réclamer contre
» le préjudice que ce jugement lui cause. *Ici le ré-*
» *clamant est un tiers; il agit par la voie de la*
» *tierce opposition* dont la marche est spécialement
» tracée par le Code de procédure.

» Le droit de la tierce opposition repose donc sur
» ce principe que personne ne peut être légitime-
» ment condamné sans avoir été entendu, ou au
» moins mis à portée de se défendre ou de défendre
» sa chose ; en sorte que l'autorité de la chose jugée
» au préjudice de nos droits, sans que nous ayons
» été appelés dans la cause, alors que nous aurions
» du y être appelés, ne nous ôte pas la faculté de re-
» porter la contestation devant la justice, pour faire
» rétracter dans notre intérêt le jugement qui a été
» rendu sans nous, ou, du moins, faire déclarer qu'il
» ne nous est pas applicable. Quoique ces notions
» nous paraissent fort simples, il n'en est pas moins
» vrai de dire que la tierce opposition présente des
» questions très difficiles et qu'elle seule pourrait
» fournir la matière d'un traité ; en sorte que les no-
» tions que nous avons indiquées par notre commen-

» taire sur l'art. 1351, C. civ., seraient encore bien
» insuffisantes, si nous nous arrêtions là, et si nous ne
» donnions pas encore des explications plus parti-
» culières sur l'art. 474, C. proc. civ., *qui règle l'ap-*
» *plication du principe établi par le Code civil,*
» *sur le mérite de l'exception de la chose jugée,* lors-
» que la question consiste à savoir si le premier ju-
» gement a été rendu ou non entre les mêmes per-
» sonnes que celles qui se présentent en second lieu
» devant la justice. »

De cette idée, affirmée par Proudhon, il résulte
qu'il est conduit à admettre que la tierce opposition
ne sera pas nécessaire, lorsqu'il n'y aura pas de difficulté sur le point de savoir si on est tiers ou ayant
cause, lorsque personne ne contestera la qualité de
tiers. Proudhon reconnaît qu'alors il n'y a pas nécessité de faire tierce opposition. C'est, dit-il, le cas de
l'art. 100, C. civ. D'une façon plus générale, d'après
lui, « quel qu'ait été l'objet d'un jugement, *s'il est*
» *reconnu ou s'il est évident par l'état même des*
» *choses qu'on ne doit le considérer que comme*
» *res inter alios acta,* relativement à celui qui se
» présente pour revendiquer la chose sur laquelle le
» juge avait déjà prononcé, *rien n'empêche qu'il*
» *n'agisse par action nouvelle* et principale et qu'il
» ne soit statué sur sa demande sans prendre garde
» au premier jugement et *sans y former tierce oppo-*
» *sition* ; parce qu'en reconnaissant qu'il n'est pour
» lui que *res inter alios acta,* on reconnaît par là
» même qu'il ne porte aucun préjudice à ses droits
» et ne peut lui être opposé... *Il y aurait de l'absur-*
» *dité à vouloir qu'il fût encore obligé à former*

» *tierce opposition pour faire rétracter un acte*
» *qui ne lui est pas seulement opposable. Mais ce*
» *n'est pas l'hypothèse où on se trouve communé-*
» *ment. Il arrive presque toujours, au contraire,*
» *que celui qui se fonde sur le premier jugement*
» *soutient que le réclamant y a été suffisamment*
» *représenté* et qu'il ne réunit pas toutes les con-
» ditions requises pour pouvoir décliner l'autorité
» de la chose jugée : alors, il faudra bien recourir à
» la justice pour faire prononcer sur la question de
» savoir si ce jugement est applicable ou non à la
» cause de celui qui soutient qu'il n'est que *res inter*
» *alios acta* pour lui, *ce qui le ramène forcément*
» *à la demande en tierce opposition* qui a ses règles
» particulières dans la procédure [1]. »

On nous pardonnera d'avoir reproduit ces longs extraits de l'ouvrage de Proudhon. Ils étaient indispensables pour faire connaître sa théorie. Ce n'est pas absolument, on le voit, le système de la tierce opposition toujours nécessaire. C'est à tort qu'on lui prête en général cette conclusion. La tierce opposition n'est nécessaire, d'après lui, que lorsqu'il y a lieu, la chose étant contestée, de démontrer qu'on est bien un tiers, qu'on n'a pas été représenté au procès. Mais il ajoute que, la plupart du temps, il y a débat sur ce point, et que, par suite, le plus souvent, la tierce opposition est une voie nécessaire.

32. — Cette théorie n'a été proposée par aucun autre auteur, et il faut reconnaître qu'elle se heurte de toutes parts à des objections décisives. D'abord est-

[1]. Proudhon, *op. cit.* Nos 1285 et 1286.

il besoin de faire remarquer combien il est inexact de supposer qu'en général le litige porte sur la question de représentation? Sans doute, c'est une question souvent délicate. Mais, le plus fréquemment, la tierce opposition met en présence des personnes qui sont bien d'accord sur la qualité *de tiers* chez celui qui veut écarter un jugement qu'il prétend lui nuire. D'ailleurs, en serait-il autrement, que Proudhon aurait tort de discuter la question, à ce point de vue. Il s'agit, en effet, pour concilier les art 1351, C. civ. et 474, C. proc. civ. de savoir si, *étant donné qu'il s'agit d'un tiers,* celui-ci est tenu de faire tierce opposition. Arrivant à ce point de la difficulté, nous avons vu que Proudhon applique strictement l'art 1351, C. civ., et la règle *res inter alios acta*, écartant, par suite, l'art. 474, C. proc. civ. Logiquement, il aurait dû aboutir au principe que Merlin avait défendu, et d'après lequel la tierce opposition est facultative.

On peut remarquer de plus combien Proudhon manque de netteté dans son système, en faisant dépendre la nécessité de la tierce opposition du point de savoir s'il est *reconnu* ou s'il est *évident* que la personne repousse le jugement qui lui est opposé est un tiers. Comment savoir si cela est évident? Comment imposer une procédure aussi difficile et dangereuse par cela seul qu'il n'est pas *reconnu* ou qu'il n'est pas *évident* qu'il n'y a pas eu représentation?

En examinant plus à fond la théorie de Proudhon, on est forcé de convenir que dans les cas où, d'après lui, il faut suivre la voie de la tierce opposition, on se trouve amené à une singulière violation des principes ordinaires, sur le fardeau de la preuve. Pourquoi serait-ce à celui qui se prétend un tiers à démontrer que le jugement qu'on lui oppose n'a pas été rendu contre une personne qui l'ait représenté, et, de plus, à aller faire cette démonstration devant un tribunal qui peut-être n'est pas le sien, et au risque d'une amende, s'il succombe? N'est-ce pas, au contraire, d'après l'art. 1315, C. civ., à celui qui prétend à l'existence d'une obligation contre moi à établir cette obligation, et par suite à démontrer qu'un jugement a été rendu contre moi ou contre une personne dont je suis l'ayant-cause?

Enfin on peut ajouter que ce système aboutit, indirectement au moins, à donner aux jugements un effet sérieux contre les tiers, et à violer la règle de l'effet relatif de la chose jugée, que cependant Proudhon veut respecter. Dans les hypothèses où il y a lieu à tierce opposition, d'après lui, et ce sont, dit-il, les hypothèses les plus ordinaires, le jugement est en effet opposable aux tiers tant qu'ils n'ont pas pris l'initiative de démontrer leur qualité de tiers. Il leur faut prendre les devants, attaquer leur adversaire, démontrer que le jugement ne les oblige pas.

En un mot, distinction sans critérium sérieux, violation des principes sur la preuve, atteinte portée à la règle du caractère relatif des jugements, ce sont là des griefs contre lesquels il nous semble que la théorie de Proudhon ne peut guère se défendre [1].

---

1. Dans la critique qu'il a faite de cette théorie, Boitard adresse à Proudhon un autre reproche, qu'il considère même comme le plus grave. Proudhon, dit-il, aboutit à faire de la tierce opposi-

33. — B. *Théorie de M. Naquet.* — La nécessité de la tierce opposition a été soutenue d'une manière singulièrement plus nette et plus vigoureuse par M. Naquet[1]. Ce n'est pas, bien qu'on l'ait souvent répété, le raisonnement de Proudhon qu'il a reproduit. Son argumentation est plus large, plus logique. Suivant lui, c'est pour *tous les tiers*, peu importe que leur qualité soit ou non *reconnue*, ou qu'elle soit ou non *évidente*, que la tierce opposition est une voie nécessaire : la chose jugée qui, contre les parties, constitue une présomption *juris et de jure*, constitue contre les tiers une présomption *juris tantum*. La discussion de M. Naquet lui est aussi toute personnelle. Il s'appuie, après avoir invoqué des considérations rationnelles, sur les précédents historiques, sur les travaux préparatoires, enfin sur le Code de procédure civile.

...ion une simple voie *d'interprétation* et non une voie de *rétractation*, puisque le litige, dans son système, consiste seulement à savoir quels sont ceux contre lesquels le jugement a été rendu. Ce reproche n'est pas absolument exact. Proudhon ne dit pas que le juge, saisi de la tierce opposition, n'aura à trancher qu'une question de représentation. En étudiant, plus loin, le mécanisme de cette voie de recours, il la considère très bien comme devant aboutir à la rétractation du jugement. Tout ce qu'il veut dire, c'est que pour savoir quels sont ceux qui doivent *nécessairement* faire tierce opposition, il faut chercher ceux pour lesquels la question de représentation fait difficulté; ceux-là seuls seront astreints à suivre cette voie pour écarter le jugement qu'on leur oppose. D'ailleurs, une fois leur tierce opposition formée, le tribunal qui en sera saisi jugera l'affaire complétement, au point de vue de la recevabilité au moins du recours formé; (en ce qui concerne le fond du débat, Proudhon admet, comme pour la requête civile, une distinction du rescindant et du rescisoire que nous aurons à étudier plus loin). La critique de Boitard, vraie dans une certaine mesure, n'est donc pas tout à fait exacte.

1. *Revue critique*, 1872, p. 351.

a). Au point de vue rationnel, il lui paraît d'abord désirable que les jugements aient, même au regard des tiers, un certain effet. Il faut présumer que les droits de ce tiers ont déjà, directement ou indirectement, été appréciés par le tribunal. Si mon fermier a seul plaidé sur un procès en revendication, mon droit a été soutenu, et il y a présomption que la difficulté a été vue sous toutes ses faces. Il est possible, en fait, que ma défense ait été négligée. En général, ce sera le contraire. Il faut ajouter que j'ai sans doute été moi-même négligent si le procès a pu se suivre et se terminer sans mon intervention. Celui qui a obtenu le jugement, qui peut-être ne connaissait pas le véritable intéressé et ne pouvait pas le connaître, doit avoir le droit d'opposer le jugement à tous. « On peut » fort bien admettre que le législateur est parti de » cette idée que les tiers dont les droits ont été soumis à l'appréciation du tribunal ont été dans une » certaine mesure représentés par le défendeur au » procès, de telle sorte qu'ils ne peuvent écarter *de* » *plano* le jugement qui leur nuit. »

b). Nos anciens auteurs qui ne se sont pas demandé si la tierce opposition était ou non nécessaire, n'auraient pas manqué de traiter cette question s'ils l'avaient considérée comme douteuse. L'idée du caractère obligatoire de cette voie de recours était si bien l'opinion courante, dans l'ancien droit, que, lors de la discussion au Conseil d'Etat, nous avons vu plus haut qu'un orateur ayant soutenu le droit pour l'acquéreur d'écarter le jugement rendu contre son vendeur comme *res inter alios acta*, le Ministre dit que « ce » système était contraire aux principes admis par

» tous les jurisconsultes ». On ajouta qu'autrefois celui qui voulait attaquer un jugement préjudiciant à ses droits devait former requête civile incidente [1]. Etant donné que l'art. 1351 a été emprunté à Pothier, il faut l'appliquer comme on le faisait de son temps.

c). Les rédacteurs du code de procédure civile, on vient de le voir, n'ont pas considéré la tierce opposition comme une voie facultative. M. Naquet ajoute que la discussion au Conseil d'État a abouti au rejet de l'article 464 du projet qui n'admettait ceux qui n'avaient pas dû être appelés à attaquer le jugement que pour cause de dol ou fraude seulement. On a voulu laisser la tierce opposition à la dispositon de tous, parce que le jugement peut être opposé à tous.

d). Enfin M. Naquet prétend que le Code de procédure civile, soit qu'on en envisage les règles générales, soit qu'on étudie ses dispositions particulières, a bien admis cette solution.

La comparaison de l'opposition et de la tierce opposition doit d'abord y conduire. Ce sont deux voies de recours qui dérivent de cette même idée qu'on ne peut être condamné sans avoir été entendu; elles ont été longtemps confondues; la tierce opposition n'est guère qu'une espèce d'opposition soumise à des règles spéciales. De la partie opposante et du tiers opposant, c'est ce dernier que la loi a entendu plus sévèrement traiter; elle présume qu'il agit par voie de chicane, et le frappe d'une amende, en cas d'échec. Comment admettre qu'il jouisse, d'ailleurs, d'une faveur aussi grande de pou-

1. V. *supra*, p. 36.

voir se borner à opposer l'effet relatif de la chose jugée? Ne serait-ce pas illogique de prescrire aux défaillants de faire opposition, alors que les tiers n'auraient qu'à se retrancher derrière la règle *res inter alios judicata?*

M. Naquet fait encore très ingénieusement intervenir plusieurs arguments de textes. Le plus sérieux lui est fourni par l'art. 475, C. proc. civ., qui s'occupe de la tierce opposition incidente, formée au cours d'un procès contre un jugement invoqué par l'adversaire. Cet article lui paraît inconciliable avec la théorie de la tierce opposition facultative. Dans quelle hypothèse en effet pourrait-on bien imaginer qu'un plaideur serait assez fou pour suivre cette route périlleuse, plutôt que de se borner à opposer simplement que le jugement ne l'atteint pas? Alors qu'il pourrait rester dans son rôle commode de défendeur, sans changer de tribunal, sans prendre aucune preuve à sa charge, sans courir le risque d'une amende, comment supposer qu'il voudra s'exposer à aller devant d'autres juges prouver la recevabilité de sa tierce opposition, et courir le danger d'une amende, s'il n'y réussit pas? Si on peut concevoir que, même facultative, la tierce opposition principale ait quelque utilité, il est impossible de soutenir qu'il en soit ainsi pour la tierce opposition incidente. « Il faut conclure que la » tierce opposition est obligatoire. Autrement elle » constituerait une superfétation dangereuse. Ce se- » rait un piège tendu aux personnes ignorantes ou » mal conseillées. » M. Naquet ajoute que les art. 475 et 476, en réglant la compétence du juge, sur cette tierce opposition incidente, n'ont pas sans doute prévu des hypothèses chimériques. Ne peut-on pas dire même que le résultat que l'art. 476 veut éviter l'interprétation d'un jugement par un tribunal inférieur, arrivera fréquemment dans le système qui permet d'opposer l'effet relatif de la chose jugée, sans recourir à la tierce opposition ?

Les art. 100, C. civ., et 1022, C. proc. civ., démontrent encore, par argument *a contrario*, le caractère nécessaire de la tierce opposition. Dans les hypothèses qu'ils prévoient, jugement de rectification d'acte de l'état civil, et sentence arbitrale, ils admettent exceptionnellement que la chose jugée ne pourra pas être opposée aux tiers, parce que sans doute on a considéré que les garanties n'étaient pas aussi grandes pour ces derniers que dans les cas ordinaires.

Enfin, l'art. 873, C. proc. civ. d'après lequel les créanciers ont un délai d'un an pour se pourvoir par tierce opposition contre le jugement de séparation de biens qui leur nuit, semble bien, dans ses termes, décider implicitement que la tierce opposition n'a pas un caractère facultatif. « Si le jugement » n'avait pas, dès qu'il a été rendu, une certaine autorité contre les créanciers, il ne pourrait pas acquérir force et vie après un an. Ce serait pour eux » le néant, et le néant ne peut rien produire. »

Tel est le système présenté par M. Naquet. Nous l'avons longuement exposé, parce qu'à nos yeux, il a été soutenu d'une manière remarquable, qu'il est plus simple, plus net, plus radical que celui de Proudhon, que l'argumentation de son auteur est souvent subtile et toujours ingénieuse. D'un autre côté, il ne mérite pas le dédain dans lequel les commentateurs qui ont écrit depuis sur ce sujet l'ont laissé : ce n'est pas une théorie abstraite ; la jurisprudence s'est souvent, nous le verrons, laissé séduire par elle. Lors des travaux préparatoires, il n'est pas douteux que ce fût l'opinion de plusieurs des membres du Conseil d'État. Enfin, aux yeux des praticiens, dans le monde des affaires, nous n'oserions dire que ce ne soit pas une idée courante que celle de la nécessité de la tierce opposition, telle que l'a présentée M. Naquet. Nous devons nous attacher soigneusement à la combattre.

34. — Il n'y a guère de difficulté à faire remarquer d'abord que l'opinion développée par M. Naquet aboutit en réalité à une application étrange de la règle de l'effet relatif des jugements. Admettre que la chose jugée constitue contre les tiers une présomption qu'il leur incombe de détruire, c'est diminuer d'une singulière façon la portée du principe logique et bienfaisant que la jurisprudence romaine nous a laissé. En disant que les décisions judiciaires ne produisent pas d'effet contre les tiers, les jurisconsultes romains entendaient, et il faut entendre après eux, que les tiers peuvent, non-seulement attaquer le jugement, mais l'écarter simplement comme n'existant pas à leur égard. Pour prendre l'hypothèse de M. Naquet, si mon fermier plaide sur la propriété de mon champ revendiquée par un tiers, le jugement rendu contre lui ne doit pas m'être plus opposable que ne le serait l'acte de vente qu'il lui plairait d'en consentir chez un notaire[1].

Vainement M. Naquet objecte-t-il que l'art. 1351

---

[1]. M. Naquet, dans cette hypothèse, reconnaît que l'acte translatif de propriété n'a pas d'effet contre les tiers et ne peut leur être opposé comme un titre faisant preuve de la propriété contestée par eux. — V., sur cette question discutée, *infra*, n. 43 et 44.

veut seulement dire que les jugements sont inattaquables, dans les conditions qu'il prescrit, que les mots « autorité de la chose jugée » sont employés dans le sens de décision ayant un caractère définitif, que la règle de l'effet relatif de la chose jugée est respectée, puisque les tiers peuvent attaquer les jugements qui leur nuisent. « La loi, dit-il, a voulu exprimer cette idée
» que le jugement n'était pas irrévocablement rendu
» vis-à-vis des tiers, qu'ils avaient un moyen très sim-
» ple de l'écarter en prouvant, selon une procédure dé-
» terminée au Code, qu'effectivement ils n'avaient pas
» été représentés, lors du jugement. Il ne faut pas atta-
» cher une importance capitale aux expressions dont
» se sert la loi pour déterminer l'autorité d'un juge-
» ment. Abstraction faite de toute idée préconçue,
» dans quels cas un jugement a-t-il une autorité pleine
» et entière devant laquelle on doive se courber? C'est
» seulement lorsqu'il est inattaquable. Partant de là,
» on peut dire que, d'après la loi, le jugement n'a pas
» *d'autorité*, à l'égard des tiers, en ce qu'ils peuvent le
» faire tomber en fournissant la preuve qu'il n'ont pas
» figuré dans l'instance qui l'a précédé, en ce sens
» qu'il n'est pas irrévocablement rendu contre eux. »

Pour nous, ce n'est pas là évidemment le sens de la vieille maxime « *Res inter alios judicata, etc* ». Si on admettait cette explication, il faudrait dire que dès que la tierce opposition est éteinte par prescription, il n'y a plus de différence entre les parties et les tiers : ceux-ci devront subir l'effet de la décision rendue en dehors d'eux [1]. Il est certain pour nous qu'en présence

---

1. Il est vrai que bien des auteurs n'admettent pas que la tierce opposition s'éteigne par prescription. (V. *infra*, N. 163 et 164.)

de l'art. 1351, C. civ., le système de M. Naquet se heurte à une objection irréfutable.

Il est d'ailleurs rationnel, quoi qu'il ait pu dire, que les décisions judiciaires ne constituent pas contre les tiers, même une simple présomption. Entre les parties, nous l'avons dit, l'idée de vérité n'est attachée aux jugements que parce qu'il faut une fin aux procès. On n'en peut nier le caractère incertain et fragile [1]. Comment pourrait-on raisonnablement songer à opposer aux tiers qui n'ont pas plaidé les jugements rendus contrairement à leurs droits? Comment pourrait-on les obliger à en démontrer l'erreur? Car il est bien certain que M. Naquet, s'il est logique, doit laisser à la charge du tiers la preuve, non-seulement de la recevabilité de sa tierce opposition, mais encore de l'erreur du jugement [2]. S'il y a une présomption contre lui, c'est à lui à la détruire. Rendre obligatoire une pareille preuve, c'est aboutir souvent à de criantes injustices.

Cette observation nous permet d'ajouter que, comme Proudhon, M. Naquet encourt aussi, bien qu'il s'en défende, le reproche de contrevenir gravement à la règle si simple et si sage de l'art. 1315, C. civ. Si, par exemple, un de mes cohéritiers a seul plaidé sur la nullité d'un testament, et qu'on m'op-

---

1. « Combien de questions diversement jugées dans les mêmes » causes, suivant l'absence ou la présence de tels ou tels juges, sui- » vant qu'elles se trouvent portées dans telle ou telle chambre, se- » lon les temps, selon les lieux, selon la qualité des personnes ! De » là le proverbe qui range les jugements au nombre des chances » du hasard aveugle : *Alea judiciorum* » (Toullier, t. 10, N. 65.)

2. M. Naquet ne s'explique pas sur cette question de preuve que nous étudierons plus loin. (N. 175 et s.)

pose le jugement rendu contre lui, je devrai, dans son système, prendre l'initiative et former tierce opposition pour le faire tomber. « Nous aussi, dit M. Naquet,
» nous voulons que la preuve soit faite par le deman-
» deur, seulement nous soutenons qu'elle est réalisée
» lorsqu'il a montré un jugement rendu à son profit
» qui statue sur les droits d'un tiers, sans le nommer.
» En somme, s'il y a une différence entre notre opinion
» et les autres, elle porte sur le *modus probandi*, sur
» la nature de la preuve a fournir, non sur le principe
» contenu dans l'article 1315. » Cette façon d'envisager les choses n'est que la continuation de l'erreur commise sur l'interprétation de l'art. 1351. Pour nous, il nous semble que le principe de l'art. 1315 veut que ce soit au légataire qui m'oppose un jugement à démontrer que ce jugement a été rendu contre moi, et s'il ne le fait pas, à prouver dans les conditions ordinaires, l'existence de son legs. Ce n'est pas respecter ce principe que d'obliger seulement ce légataire à démontrer que la décision qu'il invoque a été rendue à son profit et sur le droit qu'il prétendait avoir, en me laissant la charge de justifier que je suis un tiers, et que le jugement a été mal rendu.

Mais il faut, pour être complet, répondre aux arguments tirés de l'ancien droit, des travaux préparatoires, et des textes de la législation actuelle.

a). Nous avons vu, dans le chapitre premier de ce travail, que l'idée de la nécessité de la tierce opposition n'a jamais été présentée dans aucun des commentateurs anciens, dans aucun arrêt des Parlements. Merlin et Pigeau qui ont vécu sous l'ancienne jurisprudence, ne disent pas que cette opinion y ait jamais été soutenue. Ce n'est pas sérieusement que M. Naquet peut conclure de ce silence gardé par les auteurs anciens sur sa théorie qu'elle ait été adoptée par eux sans discussion, alors qu'elle constitue une atteinte très grave à des principes admis depuis tant de siècles [1].

b). Ce n'est pas non plus dans les déclarations vagues et contradictoires énoncées au cours des travaux préparatoires qu'on peut chercher une solution. Toutes les idées y ont été soutenues. La question de principe, que nous agitons ici, n'y a pas été posée; les espèces discutées n'ont pas même été tranchées d'une façon précise [2].

c). La comparaison de l'opposition n'a pas, il nous semble, une grande portée dans l'argumentation de M. Naquet. Pourquoi, en effet, conclure de ce que le tiers opposant est plus sévèrement traité que l'opposant, que la tierce opposition soit obligatoire? N'est-il pas plus raisonnable de dire que cette sévérité ne s'explique que parce que la tierce opposition n'est pas une voie nécessaire, et ne peut-on pas penser que, si les tiers opposants sont mis en suspicion, traités avec défiance, c'est que la loi, permettant à ces tiers de suivre d'autres voies en général plus avantageuses, est tentée de considérer leurs tierces oppositions

---

1. V. d'ailleurs *supra*, N° 19.

2. « Il faut bien avouer que la discussion... fût de nature à confondre tous les principes d'opposition, de chose jugée et de requête civile; cette matière était neuve, chacun des membres du Conseil avait ses idées particulières sur la force d'un jugement par rapport à un tiers, etc. » (Chauveau sur Carré, t. IV, p. 266.) Chauveau ajoute : « L'art. 464 du projet fut repoussé, sans qu'il soit possible d'assigner le véritable motif de ce rejet. » Nous aurons à revenir sur ce dernier point. (V. *infra*, chap. IV, N°ˢ 129 et s.)

comme faites par pure complaisance, de mauvaise foi, et pour éterniser le procès ? Et, d'ailleurs, il est bien naturel de comprendre qu'un jugement rendu par défaut doit pouvoir être exécuté contre le défaillant, sans quoi la justice serait paralysée, par suite de l'absence des défendeurs récalcitrants, tandis qu'il ne l'est pas de donner à ce jugement un effet quelconque contre le tiers qui n'a pas été appelé à se défendre.

d). Restent enfin les textes invoqués. Un seul, à notre avis, fournit un argument véritablement sérieux : l'art. 475, C. proc. civ., prévoyant la tierce opposition incidente, semble bien, en effet, au premier abord, impliquer qu'on doit nécessairement, quand, au cours d'un procès, un jugement est opposé par une partie qui l'a précédemment obtenu sur le même objet, mais à l'égard d'autres personnes, l'attaquer par cette voie de recours. Autrement l'hypothèse qu'il prévoit paraît purement chimérique. Cependant il est possible d'écarter l'objection qu'on tire de cet article. En effet, outre qu'on peut soutenir qu'il est fait allusion à une faculté laissée au tiers dont la loi n'a pas à préciser l'intérêt, nous verrons plus loin qu'une des applications de la tierce opposition présente ce caractère d'être obligatoire; quant à elle, l'art 475 peut trouver sa raison d'être, sans qu'on adopte la théorie de M. Naquet : c'est le cas de la tierce opposition basée sur le dol ou la fraude et formée, non par un tiers, mais par une personne que l'un des plaideurs représentait et qui veut écarter l'effet de cette représentation.

Les autres arguments de texte ont moins de valeur. Les art. 100, C. civ., et 1022, C. proc. civ., ne peuvent jouer un rôle sérieux dans la discussion, car on peut aussi bien en tirer une raison d'analogie qu'un argument par *a contrario*. L'art. 873, C. proc. civ., ne préjuge en rien la solution du problème, du moins dans sa généralité, puisqu'il prévoit le cas d'une tierce opposition formée par des créanciers, et basée sur le dol ou la fraude.

Nous pouvons conclure que la théorie de M. Naquet n'est pas exacte, et que la tierce opposition n'a pas, d'une façon absolue, le caractère d'une voie nécessaire [1].

1. V. encore dans le sens de la nécessité de la tierce opposition, Bélime (*Possession*, N° 337) et Cardot (*Rev. crit.* 1866, p. 50 et s.). Ce dernier auteur formule son système d'une façon particulière, dont l'inexactitude nous paraît évidente. « Toutes les fois, dit-il, » qu'une demande jugée et une autre demande qui ne l'est pas *au-* » *ront même objet et seront fondées sur une même cause*, il y aura » nécessité pour le plaideur de recourir à la tierce opposition. » Et il termine son étude en ces termes : « La tierce opposition » n'est pas facultative, dans certains cas, et obligatoire dans cer- » tains autres, mais toujours obligatoire lorsque la demande à la » suite de laquelle est intervenu le jugement qu'il s'agit d'attaquer » et celle qui est formée par la tierce opposition ont *même objet et* » *même cause*. La contrariété de jugements qui peut résulter de » l'admission au fond des prétentions du tiers opposant est un des » motifs principaux qui, pour ce cas, ont fait créer un procédé » spécial et périlleux. » Il y a longtemps qu'on a fait remarquer combien il est dangereux de vouloir à tout prix, dans les discus- sions juridiques, trouver des formules nettes et précises. Celle de M. Cardot, quelque idée qu'on ait de la tierce opposition, nous pa- raît bien inexacte. Il nous semble certain que la cause de la de- mande sur laquelle a été rendu le jugement attaqué et la cause de la demande du tiers opposant ne sont jamais les mêmes. La cause étant le fait juridique qui forme le fondement direct et immédiat du droit d'un plaideur, il est clair que les deux plaideurs qui sont en discussion sur l'étendue de leurs droits, invoquent chacun deux droits différents, procédant de causes différentes. On peut dire qu'il y a même objet et même cause quand celui qui a formé une pre- mière demande vient en intenter une autre, non pas quand c'est un tiers qui entre en scène, invoque un droit à lui propre. M. Cardot

35. — La jurisprudence a cependant quelquefois admis la solution que nous venons de critiquer[1].

C'est ainsi que la Cour de Bourges, par un arrêt du 18 mai 1822, dans une hypothèse ou un créancier hypothécaire d'une femme mariée, ayant exercé les droits de sa débitrice, s'était fait attribuer des reprises en nature que celle-ci avait à exercer, a décidé que les autres créanciers, pour faire modifier cette attribution qu'ils disaient faite à tort et au mépris de leurs droits, devaient agir par voie de tierce opposition. « En vain, dit l'arrêt, les intimés objectent qu'il a été jugé par la cour de cassation que la tierce opposition n'était pas toujours nécessaire pour écarter des jugements dans lesquels on n'a pas été partie. Il est impossible que deux décisions souveraines, donnant la même chose à deux individus ayant des intérêts opposés, existent simultanément. A défaut par les intimés d'avoir employé les moyens que la loi leur offrait pour écarter des jugements dans lesquels il n'étaient pas parties, ces jugements conservent toute leur force et doivent recevoir leur exécution. »

Un arrêt de la Cour de Colmar, du 4 juillet 1831 (S. 32. 2. 76) a jugé, en appliquant les mêmes principes,

s'est laissé tromper par la formule de l'art 1351, laquelle elle-même n'est d'ailleurs pas très exacte, et a transporté, par inadvertance, dans la matière de l'autorité de la chose jugée, une analyse que les Romains avaient faite pour déterminer l'effet extinctif de la déduction des droits en justice. (V. sur ce dernier point M. Griolet, *Chose jugée*, et M. Bonnier, *Traité des preuves*.)

1. En principe, elle se prononce anjourd'hui en faveur du système de la tierce opposition *facultative*, et maintient seulement la règle contraire, en ce qui concerne les jugements statuant sur une question de propriété. Elle décide alors que les jugements sont opposables aux tiers, sauf tierce opposition de leur part. (V. la discussion de cette théorie, *infra*, Nos 43 et 44.)

que les créanciers hypothécaires, en présence d'un
jugement admettant une collocation par privilège sur
les immeubles d'un failli, ne peuvent en éviter l'exécution qu'en l'attaquant par la tierce opposition. « Si,
comme le prétend l'appelante, dit la cour de Colmar,
elle n'a pas été représentée par les syndics dans la contestation que ce jugement a terminée, il ne constitue
pas moins contre elle une fin de non-recevoir résultant
de la chose jugée, tant qu'elle n'en aura pas obtenu la
réformation par la voie de la tierce opposition. » Un
autre arrêt plus récent de la Cour d'Orléans, du 9 juin
1874 (S. 74, 2, 302) décide d'une façon générale que
le créancier hypothécaire, pour repousser l'effet d'un
jugement qui donne à un autre créancier un rang
antérieur au sien, doit agir directement, et se rendre tiers opposant, sans pouvoir se borner à opposer
que le jugement est pour lui *res inter alios acta* [1].

Dans ces deux dernières hypothèses, il nous semble, au contraire, que le créancier hypothécaire,
ayant un droit propre sur les biens de son débiteur,
peut, en exerçant son droit à l'aide des actions ordinaires, écarter, au moment où on le lui oppose, le
jugement rendu au profit d'un autre créancier et
préjudiciant à l'effet de son hypothèque.

On a admis aussi, en matière de saisie-arrêt, que
le jugement d'attribution rendu au profit d'un créancier, ne peut être contredit par un autre créancier
se disant privilégié que s'il forme tierce opposition.
(Cass. 24 avril 1844, S. 45, 1, 32). En pareil cas, nous
croyons qu'il faut dire, à l'inverse, que la tierce op-

---

1. V. sur le cas des créanciers hypothécaires, *infra*, nos 110
et 111.

position, non-seulement n'est pas nécessaire, mais n'est pas possible. Ou bien, en effet, l'attribution de la somme est devenue définitive, le jugement est passé en force de chose jugée ; il y a cession parfaite, et le créancier privilégié doit être écarté comme intervenant tardivement. Ou bien l'attribution n'est pas encore définitive et le créancier privilégié n'a pas à faire tierce opposition ; il lui suffit de former de son côté saisie-arrêt et de provoquer une distribution au cours de laquelle il invoquera son privilège. (V. Cass. 28 février 1822 [1].)

36. — *Deuxième solution proposée : la tierce opposition est une voie sans application possible pour les tiers.*

Chauveau a soutenu d'une façon remarquable, l'inutilité, ou plutôt l'inapplicabilité de la tierce opposition [2]. C'est la contre-partie absolue de la théorie que nous venons d'étudier.

D'après Chauveau, il n'est pas possible de trouver une hypothèse dans laquelle un jugement puisse *préjudicier* à ceux qui n'y ont pas été parties. « On n'a » jamais soutenu que le Code de procédure civile » abrogeât une disposition formelle et fondamentale » du Code civil, dont il ne parlait pas. Or, l'art. 1351 » C. civ. consacre les plus vieux principes, en disant » que la chose jugée ne peut être opposée qu'à ceux » qui ont été parties au jugement ou à l'arrêt. Donc, » lorsqu'on m'oppose un jugement auquel je n'ai » pas été partie, c'est comme si on m'opposait une

---

1. V. encore, dans le sens de la tierce opposition nécessaire, Cass., 25 févr. 1857, D. 57. 1. 113.
2. Chauveau sur Carré, t. IV, p. 265.

» feuille de papier blanc ; la comparaison n'est pas
» trop énergique, car il n'y a contre moi ni chose
• jugée, ni préjudice, ni préjugé ; l'art. 474 exigeant
• que le jugement *préjudicie* aux droits de la partie
• qui veut former tierce opposition, et tout juge-
» ment rendu hors de la présence de la partie à la-
» quelle on l'oppose ne pouvant lui occasionner au-
» cun préjudice, *nul n'a le droit de faire tierce*
» *opposition contre un jugement auquel il n'a pas*
» *figuré comme partie.* »

Que si on objecte que la décision, sans être strictement opposable à un tiers, peut lui préjudicier en fait,
soit par le préjugé qu'elle constitue, soit surtout parce
qu'elle sera susceptible d'être exécutée contre la partie condamnée, malgré la résistance du tiers et qu'elle
pourra faire passer aux mains de celui qui a obtenu
le jugement la chose de ce tiers, Chauveau répond
très ingénieusement : « Dans votre première hypo-
» thèse, un préjudice résultant d'un jugement ou
» d'un arrêt qui vous est opposé n'offre pas le carac-
» tère d'un préjudice causé ; sans cela, il faudrait
» accorder à toutes les parties qui craindraient le
» préjugé d'un arrêt rendu sur la question qui est
» celle de leur procès, un recours, au moins dans l'in-
» térêt de la loi, contre cet arrêt[1]. Dans la deuxième
» hypothèse, l'exécution du jugement ou de l'arrêt ne
» sera pas, quant à vous, considérée comme une exé-
» cution d'arrêt, mais uniquement comme une remise
» volontaire à laquelle vous pouvez toujours vous op-
» poser par les voies légales ordinaires, de reven-
» dication pour les meubles, d'action possessoire ou

1. V. *supra*, p. 33, note 2, et *infra*, chap. IV, n. 132 et s.

» petitoire pour les immeubles ; le jugement ou l'ar-
» rêt ne sera donc jamais qu'un préjugé et ne vous
» occasionnera donc pas un préjudice. »

Si on oppose enfin qu'au moins la personne représentée qui allègue le dol ou la fraude de son représentant est bien obligée de suivre la voie de la tierce
opposition, Chauveau répond que ce n'est pas une hypothèse de tierce opposition, mais de requête civile :
« La procédure de requête civile, ajoute-t-il, ne peut
» être commencée qu'après l'accomplissement de
» formalités nombreuses combinées avec soin, de
» manière à arrêter la témérité d'un plaideur qui ne
» peut pas les éluder en prenant une autre voie par
» induction d'un article dont les termes semblent, au
» contraire, l'exclure formellement. »

Chauveau finit cependant par abondonner quelques rares hypothèses à l'application des art. 474 et s.
C. proc. civ. Il l'admet dans un cas qui ne paraît pas
de nature à se présenter souvent[1], *celui d'une personne condamnée personnellement sans avoir été
appelée.* « Nous croyons pouvoir l'admettre comme fa-
» cultative, uniquement de celui qui a été condamné
» sans avoir été appelé, quoiqu'il soit de principe que
» les voies extraordinaires ne doivent pas être permi-
» ses en concurrence avec les voies ordinaires, et,
» qu'à nos yeux, l'opposition est incontestablement
» ouverte ; nous pensons que les deux voies de l'op-
» position et de la tierce opposition appartiendront à
» la partie qui se trouvera dénommée dans une déci-
» sion qui aurait dû lui rester étrangère. Hors de ce
» cas unique, pas de tierce opposition permise. »

1. Chauveau cite quelques espèces (p. 279, quest. 1709).

37. — L'idée qui sert de point de départ à la théorie de Chauveau est certainement exacte, au point de vue d'un raisonnement rigoureux ; on peut même penser qu'il est plus raisonnable en législation de ne pas organiser de tierce opposition pour ceux qui n'ont été ni parties ni représentés à un jugement. Chauveau a raison de dire qu'un jugement rendu en dehors de nous ne peut pas préjudicier à nos droits et que si son exécution nous atteint, ce n'est que comme un trouble de fait, comme une usurpation, que nous devons repousser comme tout autre trouble ou toute autre usurpation, sur quelque prétention qu'ils se fondent. Mais si son idée, en droit strict, est irréfutable, si même, en législation, elle est la meilleure, il faut dire qu'elle n'a pas été celle des rédacteurs du Code de procédure civile. Ils n'ont pas distingué le jugement et son exécution, en parlant du préjudice possible. Leur analyse n'a pas été aussi profonde. Ils ont simplement considéré que si un plaideur se fait adjuger la chose d'un tiers, celui-ci souffre un préjudice par suite de cette décision susceptible d'être exécutée en dehors de lui. C'est en vue de ce trouble de fait aux droits d'un tiers qu'ils ont organisé la tierce opposition. Ils ont voulu établir une voie de recours pour les tiers auxquels un jugement, *par son exécution* actuelle ou éventuelle, est de nature à nuire.

Chauveau commet d'ailleurs une erreur certaine en soutenant que la décision rendue contre une personne, par suite d'un dol ou d'une fraude commis au préjudice des ayants cause de celle-ci devra être attaquée par requête civile, et que ce n'est pas là une hypothèse pouvant donner lieu à la tierce opposition. En raisonnant en dehors des textes, à un point de vue rationnel, son idée est encore certainement exacte. Il serait logique, pensons-nous, de classer parmi les cas d'ouverture de requête civile la fraude d'un débiteur au préjudice de ses créanciers : l'action qu'exercent ceux-ci est une *restitutio in integrum*, se rapprochant étroitement de notre requête civile, différant beaucoup de la tierce opposition proprement dite. Nous avons vu cette idée soutenue et appliquée dans l'ancien droit (n° 16). Mais actuellement, elle n'est pas soutenable. La requête civile suppose le dol d'une partie contre l'autre partie, non d'un plaideur contre ses créanciers ou ayants cause. L'art. 480, C. proc. civ. dit : « Les jugements... » pourront être rétractés, sur la requête de ceux qui » y auront été parties ou dûment appelés... » Ce n'est que par suite d'une exception formelle que l'art. 481 a admis à former requête civile les communes, les établissements publics, et les mineurs qui ont été mal défendus. Dans l'état actuel des textes, la tierce opposition est la seule voie de recours mise à la disposition des créanciers d'un plaideur qui soutiennent que le jugement a été rendu en fraude de leurs droits, et que, par suite, ils n'y ont pas été représentés.

Enfin la tierce opposition ne doit pas, à notre avis, être appliquée à l'hypothèse certainement rare d'un individu personnellement condamné sans avoir été appelé. C'est par la voie de l'opposition, ou par celle d'une demande en nullité de la procédure irrégulièrement suivie, qu'il faudrait alors agir [1].

1. V. p. 5, note 2.

38. — *Troisième solution proposée : la tierce opposition est une voie toujours facultative pour les tiers.*

Avec Merlin, nous approchons de la solution cherchée. D'après lui, la tierce opposition est une voie toujours facultative pour les tiers. Ils peuvent écarter les jugements auxquels ils n'ont pas été parties ni représentés, sans avoir besoin de faire tierce opposition, en excipant de leur effet relatif. L'art. 474, C. proc. civ. dit : « Une partie *peut* former tierce opposition... » C'est une faculté que la loi lui donne. Elle n'est pas forcée d'en user. « Les art. 474 et » suivants, dit Merlin, ne font qu'organiser la pro- » cédure de la tierce opposition, pour le cas ou elle » est formée; ils ne contiennent pas un mot d'où » l'on puisse inférer la nécessité de cette voie. » Ailleurs, reprenant cette idée, il dit encore avec raison : « Je puis aussi me pourvoir, par action » principale. S'il en était autrement, il ne serait » plus vrai de dire que le jugement rendu entre mes » adversaires et une tierce personne est sans effet à » mon égard ; il me préjudicierait réellement dans » cette hypothèse, puisque je ne pourrais l'écarter » que par une voie de droit à laquelle est attachée » une peine pécuniaire en cas de non réussite[2]. »

39. — On a combattu cette théorie, et la plupart des commentateurs actuels la repoussent, en soutenant que du moment que le Code de procédure civile

----

1. Merlin *Rép.* v° *Tierce opposition*, § 6.
2. Merlin, *Quest. de Droit*, v° *Tierce opposition*. L'opinion de Merlin a été suivie par plusieurs auteurs, notamment Carré, Rauter, Bioche. Bonnier paraît aussi aboutir à la même solution, tout en critiquant les développements donnés par Merlin.

à organisé la tierce opposition et en a fait l'objet d'un titre spécial, ce ne peut être avec l'idée qu'elle sera toujours facultative. La considérer comme telle, c'est, dit-on, revenir au système de Chauveau, c'est dire que c'est une voie inutile ; car, sans doute, entre l'ennui et le danger de prendre les devants, de se réserver le rôle de demandeur, d'aller plaider devant d'autres juges que ceux de son domicile, de s'exposer enfin à une amende, et d'autre part l'avantage de rester sur la défensive en repoussant le jugement par une simple lecture de l'art. 1351, C. civ. à celui qui voudrait l'opposer, peu de plaideurs hésiteraient. Cette critique ne nous paraît guère solide. Merlin aboutirait-il à ce résultat de rendre la tierce opposition d'une application rare que ce ne serait pas une raison pour qu'il eût tort. Le législateur formule parfois des dispositions peu pratiques ou même inutiles. Mais où a-t-on vu que ce soit la conclusion forcée du raisonnement de Merlin ? Cet auteur dit simplement, et avec sa lucidité ordinaire, qu'on peut opposer l'art. 1351, sans user de la tierce opposition. C'est un principe incontestable, et que le tort de Merlin est seulement d'avoir généralisé, sans poser de règles différentes pour le cas de fraude et de dol, au préjudice des ayants cause.

40. — Ce principe est d'ailleurs admis par ceux-là même qui critiquent si vivement l'argumentation de Merlin. Leur désaccord ne porte que sur la détermination exacte des cas qu'il faut soustraire à son application. En jurisprudence aussi, le principe qu'a enseigné Merlin a triomphé. La Cour de cassation qui l'avait déjà admis dans ses arrêts du 2 Germinal an X, du 11 mai 1840 (S. 40, 1, 720), et du 19 mars 1844 (S. 44, 1, 306), l'a affirmé encore dans deux arrêts plus récents du 22 août 1871 (S. 71, 1, 228), et du 23 mai 1882 (S. 83, 1, 97). Dans l'espèce tranchée par le premier de ces arrêts, une décision avait, à la suite d'une instance suivie entre d'autres personnes, réduit les honoraires de l'administrateur d'une succession. L'arrêt de la Cour de cassation dit avec raison qu'il n'avait pas été partie à cette décision et « qu'il n'était pas tenu d'y » former tierce opposition, puisqu'elle n'avait contre » lui aucune autorité ». L'autre arrêt se réfère à l'hypothèse où, au cours d'une procédure d'ordre, des créanciers écartent comme ne leur étant pas opposable un jugement homologuant la délibération d'un conseil de famille qui fixe le montant d'une créance garantie par une hypothèque légale. Il décide que ces créanciers hypothécaires, n'ayant pas été représentés, n'ont pas besoin de faire tierce opposition[1].

41. — Il faut, pensons-nous, considérer comme acquis le principe que pour les personnes non parties ni représentées à un jugement, la tierce opposition est une voie essentiellement facultative. Elles peuvent se borner à opposer l'effet relatif de la chose jugée. Ainsi considérée, sans doute, c'est une voie

---

1. L'arrêt peut être susceptible de critique, quant à la solution donnée sur la question de la représentation. Nous aurons à l'examiner plus loin (V. Nos 84, 98 et 111). Sur le principe de la tierce opposition facultative, V. encore, Lyon, 24 décembre 1860 (S. 61, 2, 557), et un jugement du tribunal civil de la Seine, du 19 mars 1884 (*Le Droit*, année 1884, n. 79.)

d'une utilité bien contestable en législation. Ses inconvénients sont peut-être de nature à la faire repousser. Dans tous les cas, c'est bien le caractère qu'il faut, dans notre droit, lui reconnaître.

Le tort de Merlin est seulement d'avoir formulé sa théorie d'une façon absolue. La seule critique qu'il y ait lieu de lui faire, consiste à démontrer qu'il est des cas où la tierce opposition devient la seule protection possible. C'est à l'étude de ces cas que nous arrivons, et nous aurons prouvé l'exagération de la théorie de Merlin par cela même que nous aurons trouvé des hypothèses où la seule ressource de personnes blessées par un jugement réside dans la tierce opposition.

42. — *Quatrième solution proposée : la tierce opposition, facultative en principe, est nécessaire dans certaines hypothèses.*

Nous groupons sous cette rubrique commune une série de distinctions diverses que nous entendons écarter, comme inexactes et arbitraires, avant de développer celle à laquelle nous croyons devoir nous rallier.

43. — A. *Distinction basée sur la nature du droit apprécié par le jugement opposé au tiers.* — Il ne nous semble pas, d'abord, qu'on puisse trouver un criterium sérieux de distinction dans la nature du droit sur lequel a statué la décision qu'il s'agit d'écarter. Que ce soit un droit de créance ou un droit de propriété qui a été jugé, l'effet doit toujours être strictement relatif. Il n'y a pas de motif rationnel pour que le tiers ne puisse pas répondre à celui qui a été déclaré propriétaire d'une chose à laquelle il prétend avoir droit : le jugement que vous avez obtenu ne m'est pas opposable : le tribunal n'a apprécié votre droit qu'à l'égard de celui contre lequel vous plaidiez, il n'a rien jugé à mon encontre.

La solution contraire paraît cependant généralement admise. Bonnier, Aubry et Eau, Demolombe l'adoptent, sans la discuter. Elle est savamment développée dans le remarquable traité de M. Garsonnet, (t. 3, § 466, note 1). Nous résumons d'abord son argumention. Un titre de propriété émané d'un tiers peut, dit-il en substance, être, d'une façon générale, invoqué comme preuve contre le défendeur ; celui-ci doit le combattre, soit en s'inscrivant en faux, soit en prouvant qu'il émane à *non domino*. Il invoque à l'appui de cette idée : 1° la règle que les actes authentiques ou sous seing privé après reconnaissance ou vérification, font foi de leur contenu même, à l'égard des tiers ; 2° cette autre règle que l'acte émané à *non domino*, suffisant comme juste titre pour prescrire, doit avoir autant de force s'il émane du vrai propriétaire, ou, ce qui revient au même, si on ne peut prouver qu'il n'émane pas de lui. M. Garsonnet applique ensuite cette idée générale aux jugements statuant sur des questions de propriété. Ils font foi de leur existence *erga omnes* et on peut s'en prévaloir même contre ceux qui n'y ont pas été parties, à moins qu'ils n'en prouvent la fausseté ou le mal jugé. Le jugement a contre eux une autorité de fait.

Cette théorie est appliquée par une jurisprudence constante : depuis longtemps, les tribunaux décident, d'une manière générale, en ce qui concerne les actes translatifs de propriété, que celui qui, dans un procès, produit un acte de vente qui lui a été consenti de la chose litigieuse, doit être considéré comme ayant un titre que le possesseur doit détruire par des preuves péremptoires ou par des présomptions préférables [1]. Ils refusent de donner à l'article 1165 la portée qu'il nous paraît avoir, et sans même invoquer les raisons développées par M. Garsonnet, sur lesquelles nous aurons à revenir, se basent pour arriver à leur solution sur la nature des droits réels et sur la nécessité de rendre stable la propriété.

D'autre part, la jurisprudence décide que les jugements qui reconnaissent l'existence d'un droit réel sont opposables à tous. « L'arrêt qui reconnaît un » droit de propriété, dit la Cour de Cassation (22 mai » 1865, S. 65, 1,359) équivaut forcément à un titre, » sauf la tierce opposition ouverte. » Un autre arrêt du 13 juillet 1870 (S. 70, 1,397) statue d'une façon un peu différente. Il admet bien aussi que la propriété étant un droit réel, l'arrêt qui l'attribue à une personne constitue à son profit un titre susceptible, comme tout autre, d'être opposé par celui qui l'a obtenu aux tiers, et dont ceux-ci ne peuvent détruire l'effet qu'à la charge d'établir à leur profit un droit de propriété préférable. Seulement, tandis que le précédent arrêt exige que la preuve contraire résulte d'une tierce opposition, celui du 13 juillet 1870 admet qu'elle peut être faite autrement [2]. Ces deux solutions aboutissent à ce résultat que lorsque la question de

1. Cette jurisprudence est rappelée par M. Garsonnet, *loc. cit.* V. notamment les arrêts de la cour d'Aix, des 19 fév. et 15 mars 1872 (S. 73. **2**,49) avec la note en sens contraire de M. Naquet.

2. De ces deux solutions, la première nous paraît d'ailleurs plus logique. Étant donné que la voie de la tierce opposition existe,

propriété d'un immeuble a été jugée entre deux personnes, ni l'une ni l'autre en possession, celui qui a été déclaré propriétaire peut fonder son action en revendication contre le possesseur, sur une décision rendue en dehors de ce dernier. Sans doute il n'y a pas, à son égard, chose définitivement jugée; il n'y a pas contre lui une présomption irréfragable, ce n'est qu'un titre auquel il peut en opposer d'autres; mais s'il ne le fait pas, la décision rendue aura effet contre lui[1].

44. — Cette doctrine, dans son ensemble, nous paraît contraire aux principes. Les titres ne font pas preuve contre les tiers des droits qu'ils mentionnent. Ils font foi des énonciations qui y sont contenues, mais non de l'existence des droits énoncés : les articles 1165, 1319 et 1322, C. civ., s'opposent à ce qu'il en soit autrement. Celui qui se prétend propriétaire et invoque un titre translatif à lui consenti par un tiers, doit démontrer que ce dernier était lui-même propriétaire. La seule production de son titre ne suffit pas : le possesseur qu'il attaque a le

c'est à elle qu'il faut recourir, quand on veut attaquer directement un jugement rendu entre des tiers, et qu'on ne se borne pas à en opposer la relativité. S'il est vrai qu'ici le jugement est un titre opposable aux tiers, sauf à eux à le faire tomber, il leur faut bien, pour y arriver, suivre la marche tracée par le Code de procédure. Autrement on retombe dans des inconvénients que la loi veut éviter : un tribunal inférieur aura à apprécier et à modifier peut-être le titre résultant de la décision d'un tribunal supérieur. En appliquant la règle *Res inter alios acta*, le même inconvénient ne se produit pas. Le juge inférieur examine si celui qui veut écarter la décision est bien un tiers : si oui, il ne tient pas compte de cette décision, ne la réforme ni ne la modifie. Ici, dans le système de l'arrêt de 1872, il devra en apprécier le mérite et le bien fondé

1. V. encore Orléans, 9 juillet 1874 (S. 74, 2, 302) et Poitiers, 27 novembre 1888 (*Gaz. du Pal.* du 28 décembre).

droit de lui répondre que ce titre ne peut lui nuire, qu'un tiers n'a pu, en dehors de lui, faire une convention qui lui soit opposable. La loi veut une preuve complète, de la part du demandeur : l'acte passé entre des tiers n'est pas une preuve, puisqu'il est pour le possesseur *res inter alios acta*. Cela revient à dire que la preuve par titres n'est pas possible à l'égard des tiers. Telle est en effet la solution strictement, juridiquement exacte dans notre droit. La prescription est la seule justification pratique des droits de propriété.

La seconde des considérations avancées par M. Garsonnet ne nous paraît d'ailleurs pas péremptoire. De ce que le titre émané à *non domino* sert à prescrire, comment conclure que le titre émané d'une personne dont la propriété est contestée ait effet, sans condition de temps? Comment pourrait-on, de plus, sans méconnaître les principes de la preuve, décider que le titre émane *a domino*, par cela seul que le contraire n'est pas démontré? Quant à la jurisprudence, on a vu qu'elle a fini par s'en tenir à cette règle, dont elle fait une constante application, que les présomptions suffisent pour justifier du droit de propriété. C'est une solution prétorienne, inconciliable avec les principes rigoureux du droit[1].

---

1. Dans une étude récente d'un très grand intérêt (*Histoire de la propriété prétorienne et de l'action publicienne*) M. Appleton défend avec vigueur un autre système plus net, déjà soutenu par plusieurs auteurs, d'après lequel la publicienne existerait dans notre droit comme en droit romain. On dit, dans cette théorie, que la preuve de la propriété n'est pas réglée par le Code civil, qu'il y a une lacune à combler, et qu'il faut le faire en suivant la règle admise par les tribunaux, conforme aux traditions historiques du droit romain et de notre ancien droit et conforme aussi à l'équité. Subsidiairement, M. Appleton croit qu'on peut justifier le système de la jurisprudence

Ces idées s'appliquent aux jugements opposés à des tiers comme constatant un droit de propriété : ils ne peuvent produire d'effet contre eux. Il est certain qu'ils ont déclaré l'existence de ce droit de propriété. Mais à l'égard de qui? Le principe de l'effet relatif du jugement répond suffisamment sur ce point. Du droit de propriété, nous disons ce que M. Garsonnet dit ailleurs des questions d'état : « S'il » résulte d'un jugement, il ne peut exister que dans » la mesure où ce jugement a autorité de chose » jugée et vis-à-vis des personnes auxquelles il est » opposable. » Et peu importe évidemment la nature réelle du droit. Sans doute, c'est le caractère des droits réels d'exister passivement contre tous. Mais il faut d'abord en démontrer l'existence. C'est une confusion que de vouloir faire intervenir dans la question de la preuve d'un droit le caractère que ce droit pourrait avoir, s'il était prouvé. Si elle adoptait le système de M. Naquet, sur la tierce opposition, la solution de la jurisprudence serait logique. Etant donné qu'en principe elle admet le caractère facultatif de ce recours, il y a contradiction à écarter ici l'application stricte de l'art. 1351.

Tout ce qu'on peut dire, en terminant l'examen de cette question, c'est que, suivant l'observation de M. Naquet, « il est incontestable que le système admis

en disant que les présomptions tirées de l'examen des titres, permettent de juger que la prescription est accomplie. Son argumentation ne nous a pas convaincu; d'une part l'idée du maintien, malgré le silence des textes, de l'action publicienne dans notre droit, nous paraît plus ingénieuse qu'exacte. D'un autre côté, il peut être permis de penser que la jurisprudence ne sera pas à l'abri de toute critique par cela seul qu'elle changera sa formule et parlera de *présomption de prescription*, à la place de *présomption de propriété*.

» par les tribunaux facilite la sécurité des transac-
» tions relativement aux immeubles, ce qui est la
» tendance du droit moderne. Seulement c'est faire
» la loi que de donner de pareilles solutions, et c'est
» faire la loi en sens inverse de celle qui existe, non
» pour combler une lacune, ce qui serait légitime,
» mais pour écarter des principes certains du Code. »
Il est vrai, en effet, et c'est là un fait aujourd'hui
reconnu par tous, que le système de la législation
française, en matière de propriété foncière et de droits
réels immobiliers, est sujet à beaucoup de reproches.
Malgré toutes les précautions organisées par la loi,
on est loin du régime de stabilité et de sécurité dé-
sirables. En appliquant strictement les principes, la
preuve de la propriété est extrêmement difficile : il
n'y a pas de titre ayant une valeur absolue et irréfragable ; la prescription constitue la seule preuve
possible ; c'est sur elle que repose entière la garantie
du droit de propriété. Il n'est pas douteux que ce
soit un système mauvais. En bonne législation, la
prescription, qui exige des recherches laborieuses,
est d'une insuffisance manifeste comme preuve de
l'acquisition des propriétés ; on ne doit la considérer
que comme une ressource subsidiaire, secondaire,
de réserve ; il faut qu'il y ait pour les propriétaires
vigilants des moyens plus faciles et plus efficaces. La
jurisprudence qui a été aux prises avec ces inconvénients a sans doute fait œuvre pratique et utile en
s'attachant à corriger les règles mauvaises de notre
droit sur ce point. Mais il n'en reste pas moins vrai
pour nous qu'elle a fait œuvre de législateur [1].

1. Nous avons considéré, dans cette discussion, que la solution

45. — B. *Distinction faite suivant que celui qui a obtenu le jugement opposé à un tiers a commis ou non une faute en n'appelant pas ce tiers.* — Rodière a tenté de formuler une distinction équitable, mais arbitraire, et qui ne trouve aucun point d'appui ni dans la tradition ni dans les textes.

Il peut arriver que celui qui a engagé le procès lors du premier jugement ait actionné la personne qu'il devait bien réellement poursuivre, celle qu'il devait considérer comme étant le seul adversaire à attaquer, qu'il n'ait commis, en un mot, aucune négligence en n'appelant pas un tiers qu'il ne pouvait connaître. Il peut arriver, au contraire, qu'il ait mal engagé le procès. Au premier cas, la tierce opposition sera obligatoire pour le tiers qui veut écarter le jugement. Au second, la décision obtenue ne sera, suivant l'expression de Rodière, « qu'un instrument » sans tranchant, qu'un instrument sans effet ». Cette théorie ne saurait être admise, et n'a été proposée par aucun autre auteur. Elle est proche parente

donnée quant à l'effet des jugements statuant sur des droits de propriété se rattache à celle plus générale suivie par la jurisprudence sur la portée des actes translatifs de propriété. Il faut admettre la jurisprudence dans son ensemble ou la repousser entièrement. Cependant on a soutenu que la règle générale suivie par elle pour les titres translatifs de propriété est exacte, tout en décidant que la solution qu'elle applique au cas de jugements doit être écartée. M. Corentin Guyho (*Revue prat.* 1872, 2, p. 133) fait cette distinction, et appuie sa critique de la jurisprudence quant au dernier point, sur ce que les jugements ne sont que déclaratifs et que leur déclaration ne peut qu'être relative. C'est là une observation exacte. Mais il est vrai aussi de dire que les actes translatifs n'ont qu'un effet relatif et ne peuvent nuire aux tiers protégés par les art. 1165, 1319, et 1322. Chose assez curieuse, M. Naquet, tout à l'inverse de M. Guyho, admet l'effet *erga omnes* des jugements et l'effet relatif des titres résultant de conventions (S, 73, 2, 49).

de la théorie des légitimes contradicteurs qui a eu son heure de succès dans la science, du droit et a peu à peu, disparu. Elle est d'une application au moins difficile. Elle semble supposer que celui qui a triomphé, lors du jugement attaqué, était demandeur; sans quoi, la distinction ne s'applique plus, ou plutôt on est toujours dans la seconde hypothèse. Comment, d'ailleurs, modifier la situation du tiers en s'appuyant sur un fait qui lui est absolument étranger, qui ne peut changer ni le droit qu'il a, ni le préjudice qu'il subit, ni l'intérêt qu'il trouve à agir par telle ou telle voie?

46. — C. *Distinction basée sur ce que, dans certains cas, en fait, la tierce opposition est nécessaire pour empêcher l'exécution du jugement.* — La plupart des auteurs se sont ralliés à cette idée que la tierce opposition est une voie, en principe, facultative, mais, parfois, cependant nécessaire en réalité comme étant la seule qui puisse empêcher l'exécution de jugement au préjudice du tiers. « Voilà comment, dit
» Boitard, nous devons, je crois, considérer la tierce
» opposition, non pas comme une simple application
» de l'art. 1351, mais, d'après le texte même de la loi,
» comme un moyen d'attaquer, de faire rétracter ou
» réformer, au moins en partie et à certains égards,
» le jugement rendu entre les tiers, comme un moyen
» accordé à une partie qui n'a pas figuré dans une
» instance pour éviter, pour prévenir le préjudice
» réel qui, nonobstant l'article 1351, pourrait résul-
» ter pour elle de l'exécution du jugement. C'est, en
» somme, ce que semble indiquer le nom même de
» cette procédure : tierce opposition, c'est-à-dire

» opposition formée par un tiers, obstacle apporté
» par un tiers à l'exécution d'une sentence dont il re-
» doute quelque préjudice. » Cette opinion, dans la
formule générale que nous venons de lui donner, est
très communément suivie par les auteurs. Nous ne
la croyons pas exacte. Pour nous, elle revient forcément au système présenté par Merlin et se confond
nécéssairement avec la théorie de la tierce opposition
toujours facultative. En droit, à un point de vue rigoureux, scientifique, on ne montre pas que la tierce
opposition soit jamais obligatoire, par cela seul qu'on
démontre qu'en fait le tiers a plus d'intérêt à la former qu'à attendre l'attaque de son adversaire. Merlin
n'a pas dit qu'elle ne fût jamais efficace. Une voie de
droit mise facultativement à la disposition d'une personne ne cesse pas d'être facultative, par ce fait que,
dans une hypothèse déterminée, cette personne ne
peut utilement se servir que d'elle seule. Pour que
notre étude soit complète à cet égard, nous allons
suivre et discuter cette opinion avec les diverses applications qu'on a faites, et les formules multiples
auxquelles les auteurs se sont arrêtés.

47. — *a*). D'après Pigeau, la tierce opposition
n'est nécessaire que dans les hypothèses où « le juge-
» ment n'est pas encore exécuté et où le tribunal a la
» faculté de surseoir à l'exécution. Elle n'a plus d'in-
» térêt quand l'exécution du jugement est achevée,
» ou quand le tribunal ne peut la suspendre.
» Cette voie est inutile, continue Pigeau, puisque
» comme il est dit dans les motifs de ce titre, la tierce
» opposition ne peut être considérée que comme une
» intervention pour arrêter ou prévenir l'exécution

» d'un jugement, que, de même qu'on ne peut in-
» tervenir dans un procès qui est jugé, on ne peut in-
» tervenir dans une exécution consommée, et que, si
» l'on peut s'opposer à ce qui est à faire, on ne le
» peut à ce qui est fait. La marche à suivre de la
» part de celui qui souffre de cette exécution est donc
» d'assigner celui qui en a recueilli le bénéfice en
» réparation de ce préjudice, et, si celui-ci argue du
» jugement, de lui répondre, d'après l'article 1351,
» que ce jugement n'a pas l'autorité de la cause jugée. »

Cette opinion a été abandonnée ; aucun auteur ne l'a reproduite. Outre la critique que nous faisons en général à tous les systèmes qui soutiennent qu'en fait la tierce opposition peut être parfois la seule voie possible, elle encourt le reproche d'exclure à tort la tierce opposition après l'exécution du jugement. L'exécution une fois faite se perpétue, se continue, et le tiers qui veut arrêter cette exécution, l'empêcher de se continuer, peut bien user de la tierce opposition pour faire rétracter le jugement. Autrement, la tierce opposition n'aurait jamais d'intérêt dans l'hypothèse des jugements ordonnant délaissement d'immeubles, puisque les juges ne peuvent, dans ce cas, surseoir à l'exécution. D'ailleurs, il ne peut être contesté qu'après l'exécution d'un jugement, la tierce opposition puisse être formée par les créanciers d'un plaideur alléguant une fraude commise à leur préjudice.

48. — *b*). Les autres auteurs qui ont adopté la distinction de la tierce opposition facultative en principe et nécessaire, dans certains cas particuliers, se rattachent, avec quelques nuances dans l'application, à cette idée commune qu'elle devient nécessaire quand un préjudice réel peut résulter, malgré la protection de l'article 1351, de l'exécution d'un jugement rendu entre des tiers.

C'est à Boitard qu'on peut attribuer le succès de cette opinion. Il l'a présentée avec une netteté et une précision remarquables[1]. M. Colmet Daage, son annotateur, a ainsi formulé les conclusions à tirer des développements donnés par Boitard : « Le tiers » contre lequel celui qui a obtenu le jugement vou- » drait en poursuivre l'exécution, opposera victo- » rieusement l'exception de la chose jugée, répon- » dra que ce jugement est pour lui *res inter alios* » *judicata*. Mais si le tiers se plaint du préjudice » que lui cause l'exécution du jugement entre les » parties, *sans qu'aucune des parties en demande* » *l'exécution directement contre lui*, il devra pren- » dre la voie de la tierce opposition pour arrêter » quelquefois et, dans tous les cas, faire rétracter le

1. Avant lui, Thomine Desmazure l'avait bien soutenue. « Un ju-
» gement, disait-il, porte préjudice au droit des tiers quand il peut
» être exécuté de manière à leur nuire, à leur enlever une chose
» un bien, un droit qui leur appartient. C'est en ce sens, c'est
» dans ce cas que la tierce opposition est nécessaire, car le tiers
» ne peut empêcher l'exécution sans attaquer le jugement qui
» l'autorise. » Mais il n'avait pas précisé autrement, ni indiqué
nettement les applications de son idée. Il avait même donné un
exemple évidemment mal choisi en supposant qu'un héritier
ayant laissé juger contre lui que la succession de son auteur est
grevée d'une rente, le créancier de cette rente va saisir un immeuble de la succession aux mains d'un autre héritier : celui-ci devra
forcément, dit-il, faire tierce opposition. Il nous paraît évident
qu'il n'en est rien, même si on adopte la théorie de Boitard. Le
jugement ne l'atteint pas; c'est la saisie pratiquée par le créancier qui seule lui nuit, et à laquelle il lui suffit de s'attaquer.
comme faite sur un autre que le débiteur.

» jugement en ce qui concerne cette exécution qui
» lui préjudicie. »

Cette opinion se trouve reproduite par la plupart
des auteurs. Demolombe dit, qu'en dehors du cas des
créanciers qui allèguent la fraude, la tierce opposition est nécessaire, « lorsqu'une partie veut prévenir
» le préjudice que l'exécution du jugement lui cause-
» rait, ou obtenir la réparation du préjudice que cette
» exécution lui aurait causé[1] ». Aubry et Rau enseignent que « la tierce opposition devient nécessaire
» lorsqu'il s'agit pour un tiers d'arrêter l'exécution
» d'un jugement qui lui porterait préjudice, ou de
» revenir contre l'exécution déjà consommée[2] ».
M. Griolet se contente d'avancer qu'elle est nécessaire
« pour éviter les suites de l'exécution d'un juge-
» ment » et Laurent « que quand on exécute un ju-
» gement contre un tiers, il faut que celui-ci agisse
» lui-même pour arrêter l'exécution,..... et qu'il en
» est de même s'il veut revenir sur l'exécution d'un
» jugement déjà consommée[3] ».

49. — Cette distinction nous paraît encore inexacte.
Des personnes non parties ni représentées à un jugement ne peuvent, à notre avis, se trouver dans la né-

---

1. Demolombe, t. XXX. N° 399.
2. Aubry et Rau, t. VIII, p. 386, § 769, note 67.
3. Toutes ces formules sont moins nettes que celle indiquée par
M. Colmet-Daage; celle de Laurent ne se ressent pas notamment de
la logique et la vigueur ordinaires de cet auteur. Elles ont toutes
le défaut de ne pas distinguer, comme le fait M. Colmet-Daage,
entre le cas où on exécute directement contre le tiers, et le cas
où on exécute en dehors de lui. V. encore dans le sens de cette
théorie : M. Glasson (notes sur Boitard et Colmet-Daage), l'arrêt
de la cour de Lyon du 24 décembre 1860 (S. 61, 2, 557), et le rapport de M. le conseiller Babinet sous Cass. 23 mai 1882, précité.

cessité d'y faire tierce opposition; il leur est toujours facile, en agissant par les voies ordinaires afférentes à leur droit, de se placer dans le cas d'opposer la règle de l'art. 1351. Qu'elles aient quelquefois intérêt à préférer la tierce opposition, cela est possible, mais n'empêche pas que cette voie soit pour eux facultative: elles en ont d'autres qu'elles peuvent suivre également, pour empêcher que le jugement leur préjudicie. A cet égard, et quoi qu'en dise Demolombe, la tierce opposition diffère des autres voies de recours. Si une partie condamnée ne se pourvoit pas par opposition, par appel, par requête civile ou recours en cassation, le jugement deviendra définitif contre elle: elle n'a pas d'autre moyen d'éviter ce résultat. Celui qui ne fait pas tierce opposition pourra toujours écarter le jugement, en agissant par une autre voie, s'il ne veut pas plutôt garder la défensive. On nous permettra, pour compléter cette démonstration, de discuter ici les différentes hypothèses proposées par les auteurs qui soutiennent la distinction que nous critiquons.

Boitard cite trois cas dans lesquels la tierce opposition est nécessaire par application de sa théorie. Le premier est celui de l'art. 873, C. proc. civ., et, en généralisant, celui des créanciers qui allèguent le dol ou la fraude de leur débiteur. Sur ce point, il a certainement raison, et nous admettrons la même solution dans la distinction que nous proposerons à notre tour. Mais il faut bien remarquer que ce cas n'est pas celui d'un tiers, dans le sens exact du mot, c'est-à-dire d'une personne non partie ni représentée, ayant un droit propre; et nous critiquons, en ce moment, le système d'après lequel *des tiers* peuvent se trouver dans la nécessité de faire tierce opposition.

La deuxième hypothèse indiquée par Boitard, et, après lui, par M. Colmet-Daage, est celle d'un individu détenant un meuble à titre de dépôt, de gage ou de commodat, et condamné sur la revendication d'un tiers, à le lui livrer. Ces auteurs conviennent qu'en droit ce jugement sera indifférent au vrai propriétaire, mais qu'il faudra bien faire tierce opposition pour empêcher la livraison du meuble : « Je » devrai, dit M. Colmet-Daage, former contre ce » jugement une tierce opposition qui, si le tribunal » m'y autorise (art. 478) me permettra d'arrêter » l'exécution du jugement attaqué, c'est-à-dire la » remise du meuble entre les mains de Secundus » (le tiers revendiquant), et, quand même l'exécu- » tion aurait été déjà effectuée, le fera tomber, quant » à moi, si je triomphe dans ma tierce opposition. » Alors le meuble sera remis à Primus, mon dépo- » sitaire, mon emprunteur, c'est moi qui le possé- » derai par lui, et j'attendrai une nouvelle revendi- » cation de Secundus, dans laquelle je jouerai le » rôle de défendeur, et par conséquent je n'aurai » pas à ma charge la preuve de la propriété. »

On a répondu avec raison qu'il y a inexactitude à dire que la tierce opposition est ici la seule voie possible. Le propriétaire dépossédé aura plus tôt fait encore en formant saisie revendication, si on l'y autorise (art. 831, C. proc. civ). Nous ne voyons pas même pourquoi il ne pourrait pas, en formant lui-même une action personnelle contre son débiteur ou une action réelle contre le tiers, obtenir du tribunal, en invo-

quant l'art. 1351, la mise en sequestre provisoire de
la chose litigieuse. Sans doute dans les deux cas, il
aura à fournir la preuve de sa propriété, soit qu'il
ait à faire valider sa saisie revendication [1], soit qu'il
ait formé une demande principale en restitution.
Mais nous pensons bien que sur la tierce opposition,
c'est lui aussi qui aurait cette preuve à fournir;
nous essaierons de le montrer plus loin. D'ailleurs,
la question n'est pas de savoir si la tierce opposition
est ou non plus commode, mais si c'est la seule voie
possible ; il nous suffit de faire connaître qu'il en
est d'autres.

On peut en dire autant dans la troisième hypothèse
proposée par Boitard et par M. Colmet-Daage. Si un
tiers a revendiqué mon immeuble contre mon fermier et a triomphé, la tierce opposition, d'après eux,
doit nécessairement être suivie, non pas pour prévenir le délaissement, l'art. 478, C. proc. civ. refuse
ici tout effet suspensif à la tierce opposition, mais
pour faire rétracter le jugement en ce qui me concerne, faire remettre l'immeuble aux mains du fermier, et me donner la faculté d'attendre la revendication à laquelle j'opposerai l'article 1351. M. Glasson a fait remarquer, et avec grande raison, que ce
raisonnement n'est pas exact, en ce que la question
de preuve doit être tranchée uniquement d'après les
règles des actions possessoires. Je pourrai, sans faire
tierce opposition, si je suis encore dans le délai
voulu, demander à être maintenu en possession. Si

____

1. M. Amigues (*Thèse doct.* p. 111), paraît le contester. Cela nous
semble cependant peu discutable.

je ne suis plus dans les conditions requises, j'aurai beau faire tierce opposition, je ne pourrai pas obtenir la restitution de la chose : il me faudra agir au pétitoire, et apporter la preuve de mon droit.

50. — Quelques auteurs, partisans du système que nous critiquons, se sont ingéniés à trouver d'autres cas dans lesquels la tierce opposition est la seule voie possible.

Berriat-Saint-Prix cite le cas où un jugement prescrit une mesure à la charge d'un autre tiers, un conservateur des hypothèques, par exemple. Il faudra bien, dit-il, que je fasse tierce opposition pour empêcher l'exécution du jugement. Mais pas le moins du monde, nous semble-t-il. Je puis agir directement contre le tiers à l'effet de faire juger qu'il ne pourra procéder à la mesure en question. Je puis même, si la mesure est déjà prise, agir comme si elle ne l'avait pas été, et le jour où on me l'opposera, répondre que le jugement qui l'a ordonnée m'est étranger.

Demolombe suppose l'hypothèse où, deux personnes étant copropriétaires indivis d'un héritage, il est jugé contre une d'elles, en l'absence de l'autre, que l'héritage est grevé d'une servitude au profit du fonds voisin. Le propriétaire non partie au procès devra, dit-il, faire tierce opposition pour empêcher l'exécution du jugement, parcequ'il ne saurait lui appartenir « d'arrêter par sa seule dénégation, l'exécu-
» tion d'un ordre de justice en tant qu'elle est pour-
» suivie contre la partie elle-même qui a succombé ».
Mais, ici encore, pourquoi ce copropriétaire ne pourrait-il pas agir directement par les voies ordinaires pour repousser le tiers qui vient le troubler dans son

droit, et le jour où ce tiers prétendra exécuter un jugement, lui répondre que ce jugement ne peut nuire à d'autres que celui contre lequel il a été obtenu?

Dans l'espèce jugée par la Cour de Lyon (24 décembre 1860, précité), il s'agissait du liquidateur d'une société qui avait plaidé seul contre un créancier; celui-ci avait allégué et fait admettre à son profit l'existence d'un privilège. L'arrêt décide que les autres créanciers, qui n'ont pas été représentés par le liquidateur, doivent nécessairement agir par voie de tierce opposition. C'est là encore pour nous, une solution inexacte. Les créanciers peuvent produire à la distribution ouverte en écartant, avec l'art 1351, le privilège basé sur un jugement qui ne peut avoir d'effet contre eux.

On a cité une autre hypothèse intéressante tranchée par deux arrêts de la Cour d'Alger du 30 avril 1862, et de la Cour de cassation du 17 janvier 1863 (S, 63. 1. 481) : une poursuite de folle enchère ayant suivi une adjudication sur saisie, il avait été plaidé sur la nullité de cette poursuite ; mais le débat n'avait eu lieu qu'entre l'adjudicataire et le créancier saisissant qui était le vendeur primitif; le saisi n'y avait pas été appelé. L'adjudicataire ayant succombé dans ses conclusions à fin de nullité, le saisi fût plus tard poursuivi par son créancier en paiement de la différence entre le prix de son acquisition et le prix de la vente sur folle enchère. Il forma alors tierce opposition contre le jugement qui avait déclaré la folle enchère valable, le fit rétracter et annuler l'adjudication qui l'avait suivi. C'était sans doute le procédé le plus court. Mais qui l'aurait empêché, en écartant le jugement comme *res inter alios acta,* de démontrer, sans faire tierce opposition, que la folle enchère était nulle ?

Enfin, M. Glasson, dans la commission extra-parlementaire de révision du Code de procédure civile, a fait allusion au cas d'un jugement décidant entre un héritier et un seul de deux légataires, que le testament est faux. L'autre légataire ne pourra, dit-il, agir que par la tierce opposition. Nous maintenons ici encore qu'il pourra agir en délivrance de legs, et, si on lui oppose le jugement, l'écarter comme ne pouvant lui nuire.

Dans ces différentes hypothèses, comme dans toutes celles qu'on pourrait encore supposer, il faut donc conclure que *les tiers* qui veulent écarter un jugement, qui veulent même en empêcher l'exécution, peuvent à leur choix s'attaquer à ce jugement par la tierce opposition, ou bien, agissant comme si ce jugement n'existait pas, faire respecter leur droit par les moyens ordinaires. Ce n'est pas seulement « dans certains cas », comme l'enseigne M. Glasson, ni même « dans quelques cas très rares », comme l'a écrit M. Amigues, que *le tiers* est dans la nécéssité de faire tierce opposition. Cette nécessité n'apparaît jamais. La tierce opposition est, pour lui, toujours facultative [1].

---

1. C'est en somme à cette conclusion qu'est arrivée la commission extra parlementaire. La sous-commission proposait de compléter le texte de l'art. 474, C. proc. civ., en ajoutant que la tierce opposition est ouverte même aux personnes qui ont d'autres voies pour protéger leurs droits. M. Garsonnet exposa très bien que, dans les exemples qu'il rappelait, il existait d'autres moyens à la disposition du tiers, mais qu'il *pouvait avoir intérêt à aller au plus*

51. — *Distinction admise : la tierce opposition proprement dite est toujours facultative. — La tierce opposition basée sur le dol ou la fraude est toujours obligatoire.*

Ainsi que nous l'avons dit déjà, notre procédure, sous le nom de tierce opposition, réunit deux actions, présentant sans doute de nombreuses analogies, mais essentiellement différentes par leur nature, leur but, leurs conditions de recevabilité.

D'une part, des personnes, non parties ni représentées à un jugement, en éprouvent un préjudice. Elles *peuvent* faire tierce opposition. Elles n'y sont pas forcées ; elles peuvent aussi agir comme si le jugement n'existait pas, et l'écarter, si on le leur oppose.

D'autre part, des personnes ont été réprésentées à un jugement, sont ayants cause d'un des plaideurs, mais veulent échapper aux effets de cette représentation en montrant qu'elles ont été victimes d'une fraude ou d'un dol. Elles *doivent* nécessairement faire tierce opposition pour faire tomber ce jugement.

52. — Nous ne voulons plus revenir sur la démonstration de la première de ces deux propositions. Nous avons essayé de prouver que soit qu'un jugement ordonne quelque chose contre une personne non

court, et que c'est cet intérêt qui légitime la tierce opposition. Cette idée ne fût pas contredite. Nous croyons d'ailleurs qu'il serait bon, bien que la commission ne l'ait pas pensé, de bien indiquer, si on veut conserver dans notre législation la tierce opposition proprement dite, qu'elle est ouverte aux tiers concurrement avec les voies qui peuvent de droit commun leur appartenir.

Nous ajouterons surtout qu'il serait nécessaire, dans les textes, de distinguer cette tierce opposition de celle qui est basée sur le dol ou la fraude. (V. le n° suivant et le chap. viii, *infra*.)

partie ni représentée, soit qu'il ordonne quelque chose contre une des parties au procès, mais de façon à nuire aux droits d'une tierce personne, celle-ci peut, au premier cas, attendre qu'on l'attaque pour repousser le jugement comme *res inter alios acta*, au second cas, poursuivre l'exercice de ses droits, sans plus se préoccuper du jugement rendu que d'une convention intervenue, en dehors d'elle, entre des tiers. Sans doute, on peut concevoir que, dans certains cas, ayant les mains pleines de preuves, ne courant aucun risque, elle préfère s'attaquer directement au jugement rendu. « Mais, comme le re-
» marque très bien M. Larombière [1], l'intérêt que le
» tiers peut avoir à prendre une attitude offensive
» ne fait pas qu'il y ait pour lui nécessité, obligation
» de la prendre, et de la prendre surtout en s'enga-
» geant dans la voie de la tierce opposition. Il a des
» droits, il les fait valoir, abstraction faite du juge-
» ment auquel il n'a point été partie. On les lui op-
» pose? on lui oppose même l'éxécution qu'il a reçue?
» Il lui suffit de répondre que tout cela ne le regarde
» point et qu'en définitive le droit d'agir ne lui man-
» que pas, bien qu'en fait ses droits aient pu être
» compromis par son inaction. Car il ne faut pas per-
» dre de vue sa qualité de tiers, qualité dont la portée
» est bien supérieure à une simple question d'intérêt
» et d'opportunité. On ne peut tirer contre lui objec-
» tion de celle-ci, puisqu'il en est le maître et le seul
» juge, tandis que de celle-là il tire en sa faveur une
» exception péremptoire. »

53. — Mais, à l'inverse, la tierce opposition est

1. Sur l'art. 1165, n. 28.

une voie nécessaire pour la personne qui a été représentée, et qui allègue un dol ou une fraude commis à son préjudice. La situation est ici bien différente. Le jugement n'a pas porté sur la chose ou sur le droit d'un tiers. Il ne peut s'agir, pour la personne représentée, d'invoquer l'art. 1351 : elle doit subir les actes faits par son auteur ou son représentant. Pour échapper à cette conséquence de sa situation d'ayant cause, il lui faut prouver le dol ou la fraude qui ne se présument pas : en d'autres termes, le jugement lui est opposable, tant qu'elle n'a pas démontré son caractère frauduleux. Étant tenue d'attaquer ce jugement, elle ne peut le faire que d'après la marche et les règles tracées par le Code de Procédure civile dans le titre de la tierce opposition[1].

54. — Nous devons reconnaître, d'ailleurs, que cette distinction, qui n'est pas celle de la majorité des auteurs, a été repoussée par la Cour de Cassation. Un créancier[2] attaquait comme entachés de fraude des billets à ordre souscrits par son débiteur, et par suite desquels une condamnation avait été

1. Nous ne faisons que développer ici la théorie qui nous paraît avoir été déjà indiquée par Mourlon (*Leçons de procédure*), par M. Bonfils (*Cours de procédure*) et par M. Allard (*Chose jugée*). Elle a été présentée d'une façon plus nette par M. Larombière (*loc. cit.* et, sur l'art. 1167, n. 44). M. Labbé paraît aussi l'admettre (S. 82, 1, 97). Enfin, dans son traité sur la procédure (t. 2, p. 674). M. Garsonnet, en s'occupant de l'intervention, distingue avec une très grande netteté ceux dont l'intervention est *conservatoire*, qui sont ayants-cause de l'un des plaideurs et viennent surveiller sa défense, et ceux dont l'intervention est *agressive*, qui sont les tiers. C'est cette distinction que nous ne faisons que continuer ici, dans la matière de la tierce opposition.

2. Ce créancier était hypothécaire, mais ce n'est pas en sa qualité d'hypothécaire et comme ayant un droit propre qu'il agissait; il attaquait pour fraude un jugement antérieur à son droit d'hypothèque.

prononcée, suivie elle-même d'une inscription d'hypothèque judiciaire antérieure à l'inscription de ce créancier. Un arrêt de la Cour de Paris du 30 mai 1868 admit l'action en nullité de ces billets, formée par le créancier sans qu'il ait tenu compte du jugement et sans qu'il l'ait attaqué par tierce opposition. La Cour de cassation, après avoir indiqué que les juges avaient souverainement apprécié le caractère frauduleux des billets, décida « qu'il importait peu qu'en vertu de
» ces billets, M... eût pris jugement contre le sous-
» cripteur ; que ce jugement ne pouvait à l'égard
» de B., qui n'y avait été ni partie ni représenté, avoir
» l'autorité de la chose jugée ; que dès lors il n'é-
» tait point nécessaire que B. se pourvût par tierce
» opposition contre ledit jugement qui était pour lui
» *res inter alios judicata* ». (Cass. 12 juillet 1869,
» S. 69. 1. 415).

Cette solution nous semble critiquable. Le créancier qui alléguait la fraude pour écarter un jugement rendu antérieurement à son inscription, devait y faire tierce opposition. Il y avait été représenté, car son débiteur avait bien qualité pour s'obliger, et les jugements rendus contre lui étaient opposables à ses créanciers. De plus le créancier ne pouvait, en méconnaissant le jugement, s'attaquer seulement aux billets ; le jugement avait changé la cause de la dette ; c'est lui qu'il fallait attaquer[1]. Le créancier, devant démontrer que ce jugement avait été rendu en fraude de ses droits, ne pouvait le faire que par tierce opposition.

1. Larombière, sur l'art. 1351, n° 144.

CHAPITRE III.

JUGEMENTS SUSCEPTIBLES DE TIERCE OPPOSITION

SOMMAIRE

55. — L'étude de la question qui fait l'objet de ce chapitre nous ramène à une vieille distinction qui semble avoir été plus familière au droit romain qu'elle l'est au nôtre, la distinction de la juridiction gracieuse et de la juridiction contentieuse. A chaque pas, les jurisconsultes romains nous la rappellent ; elle est un des éléments essentiels de l'étude de l'organisation judiciaire à Rome. Chez nous, elle est confuse, sans règles précises ; les textes en vigueur sont tout à fait insuffisants pour la faire connaître.

La juridiction gracieuse a pris cependant, dans la pratique judiciaire, une inportance considérable, qui tend à se développer de plus en plus, et dont il est facile d'indiquer les principales applications. D'une part, il est des hypothèses nombreuses dans lesquelles le juge exerce une sorte de tutelle judiciaire, ou bien remplit un rôle de haute surveillance. « L'œuvre
» de la justice ne consiste pas seulement à juger les
» différends qui s'élèvent entre les citoyens. Une au-
» tre mission, non moins commune, non moins utile,
» a été dévolue aux tribunaux. Il existe au sein de la
» société une foule d'intérêts qui résident en des
» mains trop faibles pour les défendre elles-mêmes.
» D'un autre côté, les droits et les intérêts des fa-
» milles touchent souvent à des considérations d'or-
» dre public qui ne permettent pas de les laisser agir
» sans surveillance et sans contrôle. Dans le pre-
» mier cas, les magistrats exercent une sorte de tu-
» telle judiciaire pour la conservation des droits ap-
» partenant à des incapables. Dans le deuxième cas,
» ils sont appelés à sauvegarder les intérêts d'ordre
» public contre les atteintes qui pourraient y être
» trop facilement portées par les manœuvres et les
» combinaisons de l'intérêt privé [1].

1. De Belleyme (Introduction au Traité sur la *Chambre du conseil* de M. Bertin).

D'autre part, la juridiction gracieuse trouve une autre source d'applications nombreuses dans la mission souvent conférée aux magistrats d'accorder, même dans les matières litigieuses ou susceptibles de l'être, des autorisations à l'effet de prendre des mesures d'un caractère provisoire, n'impliquant pas la solution du fond du droit.

Tracer d'une façon plus précise la ligne de démarcation qui sépare les deux juridictions n'est pas chose facile. Des auteurs qui l'ont essayé, chacun apporte une formule différente. Ce n'est pas, sans doute, dans l'organisation judiciaire romaine qu'il nous faut aller chercher la solution de cette question. Sans vouloir la discuter dans notre droit actuel, nous nous contenterons de dire que nous croyons insuffisantes aussi bien la conclusion de Demolombe [1], d'après lequel la juridiction gracieuse s'entend de celle qui a lieu *inter volentes*, que la formule de Chauveau [2] pour qui la juridiction gracieuse est celle qui prononce sur la demande d'une partie autorisée à se présenter seule, sans contradicteur, la juridiction contentieuse comprenant par suite tous les cas où il s'agit de prononcer entre les prétentions rivales de deux parties. Il n'est certainement pas exact non plus, ou tout au moins suffisant, de dire que les actes de juridiction gracieuse sont « des contrats revêtus des formes judiciaires [3] ». S'il nous fallait donner une formule générale, nous dirions que le caractère essentiel de la juridiction gracieuse consiste en ce que le juge n'y

1. Demolombe, t. XXX, N° 286.
2. Chauveau sur Carré, t. I. quest. 378,
3. Bonnier, t. II. p. 442.

fait qu'autoriser, permettre ou défendre quelque chose, sans reconnaître ni déclarer l'existence d'aucun droit litigieux. Nous ajoutons qu'il est de sa nature de ne pas impliquer de contradiction, mais que cela n'en est pas un élément essentiel.

56. — Dans tous les cas, et quelque idée qu'on se fasse sur ce point, il est certain que les décisions de la juridiction gracieuse, présentant ce caractère de ne pas trancher un litige, ne constituent pas la chose jugée. La tierce opposition ne peut être formée contre elles ; car cette voie de recours suppose nécessairement qu'une chose a été jugée entre d'autres personnes. Les tiers conservent ici l'exercice normal de leurs droits et des actions qui les protègent.

Nous terminons donc ces généralités en posant deux règles dont nous suivrons l'application séparément :

1° Les décisions rendues en matière contentieuse sont toujours, en principe et sauf quelques exceptions, susceptibles de tierce opposition ;

2° Les décisions rendues en matière gracieuse ne sont jamais susceptibles de tierce opposition.

---

1. M. Glasson a écrit sur ce point ! « La juridiction contentieuse » est mise en mouvement toutes les fois qu'il y a entre deux per- » sonnes contestation sur un droit et que l'un des deux adversai- » res appelle l'autre en justice pour faire trancher le différend. » (D. 83, 1, 977). C'est l'idée qu'exprimait aussi autrefois Henrion de Pansey ! « Le juge exerce la juridiction contentieuse toutes les fois » qu'il prononce sur les intérêts opposés après des débats contra- » dictoires entre deux parties dont l'une à cité l'autre devant son » tribunal. » (V. les conclusions de M. l'avocat-général Desjardins sous Cass. 10 novembre 1885, S. 89, 1, 9).

SECTION I. — DÉCISIONS RENDUES EN MATIHRE CONTENTIEUSE

57. — Les décisions rendues en matières contentieuse sont toujours, en principe, susceptibles de
tierce opposition, soit qu'il s'agisse de la tierce opposition proprement·dite, soit qu'il s'agisse de celle qui
est basée sur une allégation de dol ou de fraude.
Dans les deux hypothèses, les motifs de la loi sont
généraux et ne doivent pas conduire à d'autres distinctions que celles résultant de l'application de règles supérieures ou de dispositions spéciales sur ce
sujet. En analysant le principe, nous dirons qu'il n'y
a pas à distinguer, soit suivant la juridiction qui a
statué, soit suivant le caractère de la décision attaquée, soit suivant la nature du droit litigieux.

58. — *Peu importe en principe la juridiction de laquelle émane la décision.* — Que la tierce
opposition doive ètre admise contre les jugements
émanés des diverses juridictions civiles, tribunaux,
de paix, tribunaux civils de première instance, cours
d'appel, cela ne saurait faire doute. On l'avait jadis
contesté pour les justices de paix ; mais la Cour de
cassation n'a pas hésités à déclarer la tierce opposition recevable (23 juin 2806), et c'est l'opinion una-
nime des auteurs. En ce qui concerne les tribunaux
civils, la règle devrait d'ailleurs s'appliquer dans les
hypothèses exceptionnelles où la chambre du conseil
a des attributions contentieuses [1].

Il n'y a pas de doute non plus qu'en matière com-
merciale la tierce opposition doive ètre admise.

---

1. *Sic.,* Berlin, *chambre du conseil*, t. 1, n° 65 et 71.

59. — Les ordonnances ou jugements de référé nous fournissent une première exception au principe. Bien qu'elles rentrent dans la juridiction contentieuse, ces décisions ont un caractère essentiellement provisoire, et, par suite, doivent être laissées en dehors de la règle ordinaire [1]. Les tiers lésés conservent toujours la faculté de provoquer un nouveau référé dans lequel les mesures précédemment admises peuvent être modifiées ou même rapportées : la tierce opposition n'aurait guère de raison d'être. Cette solution a été donnée par deux arrêts de la cour de Paris des 28 nov. 1868 (S. 69, 2, 54) et 24 juill. 1888 (*La Loi*, 4 nov. 1888) qui se basent surtout sur ce que les formalités de la tierce opposition sont inconciliables avec la nature des décisions rendues en référé et leur caractère spécial d'urgence [2].

60. — Les sentences rendues par des arbitres sont-elles susceptibles de tierce opposition? C'est une question qui a été beaucoup discutée autrefois. Avant le code de 1806, la jurisprudence admettait la tierce opposition (Cass. 23 brumaire an V, 5 frimaire an VIII, 11 vendémiaire an X). Sous l'empire du Code de procédure, un arrêt de la Cour de cassation du 15 février 1808 paraît encore la considérer comme recevable. Cependant la plupart des auteurs admettent le solution contraire et nous sommes disposé à nous y rallier [3].

1. V. sur ce principe que les ordonnances de référé ne constituent par la chose jugée, Gérard, *des Référés*, p. 106 et s.
2. Tel est aussi le sentiment exprimé par MM. Bertin et Bazot dans leurs traités sur les référés. Cependant M. de Belleyme (t. I. p. 440) admet la solution contraire et cite à l'appui de son opinion un arrêt de la Cour de Paris du 20 mars 1843.
3. V. ces auteurs cités dans Sirey, T. G. 1791-1850, v° *Arbitrage* n. 547.

Ils donnent, en général, un motif qui a paru décisif à M. Colmet Daage [1], et qui cependant est certainement insuffisant: ils s'appuient, en effet, sur l'article 1022, C. proc. civ., d'après lequel les jugements arbitraux ne pourront, dans aucun cas, être opposés aux tiers, ce qui, disent-ils, rend inutile la tierce opposition. Boitard avait fait remarquer justement que l'article 1022 ne formule pas en réalité une règle spéciale aux sentences arbitrales: il ne fait que leur appliquer l'article 1351, C. civ. Elles ne peuvent être opposées aux tiers; en fait, elles peuvent cependant leur causer un préjudice. Mais si l'art. 1022 C. proc. civ., ne conduit pas à écarter la tierce opposition, on peut en donner d'autres raisons. On peut dire que les formes sont difficilement conciliables avec les règles de l'arbitrage. En décidant que la tierce opposition serait portée devant les juges qui ont rendu la décision attaquée, la loi l'a rendue inapplicable aux sentences arbitrales, car les arbitres, que le tiers n'a pas choisis, n'ont aucune compétence ni aucun pouvoir de juridiction en ce qui le concerne. Boitard enseigne que le tiers opposant fera juger son recours par le tribunal qui, à défaut d'arbitrage, aurait été compétent. N'est-ce pas suppléer au silence de la loi? Nous préférons admettre que les tiers devront se borner à agir par les voies ordinaires, sauf à exciper des art. 1351, C. civ. et 1022, C. proc. civ., si on leur oppose la sentence des arbitres. S'il s'agissait d'un créancier ou d'un mandant qui alléguerait le dol ou la fraude de son

2. Sur Boitard, t. II, p. 636, note 1.

débiteur ou de son représentant, il pourrait attaquer et faire annuler le compromis avec les conséquences qui en auraient résulté.

61. — La tierce opposition doit, en principe, être admise en matière de contentieux administratif avec les deux applications que nous en avons distinguées. Des textes précis en posent le principe en ce qui concerne les deux juridictions le plus ordinairement compétentes. D'une part, en effet, l'art. 37 du décret du 22 juillet 1806, qui ne fait que reproduire les règles suivies devant l'ancien Conseil des parties dispose que « ceux qui voudront s'opposer à des décisions du » Conseil d'Etat rendues en matière contentieuse et » auxquelles ni eux ni ceux qu'ils représentent n'au- » ront été appelés ne pourront former leur opposition » que par requête en la forme ordinaire, et, sur le dé- » pôt qui en sera fait au secrétariat du Conseil, il sera » procédé conformément aux dispositions du titre pre- » mier ». L'art. 56 de la loi du 22 juillet 1889, sur la procédure devant les Conseils de préfecture dit aussi : « Toute partie peut former tierce opposition à une dé- » cision qui préjudicie à ses droits, et lors de laquelle » ni elle ni ceux qu'elle représente n'ont été appelés. » La tierce opposition est de même admise en ce qui concerne les Conseils du contentieux administratif dans les colonies par l'art. 85 du décret du 5 mai 1881. Il faut généraliser ces textes et les appliquer dans tous les cas où il y a contentieux administratif [1].

Mais la tierce opposition ne doit être admise que dans

1. Sur la définition du contentieux administratif, v. M. Laferrière, t. I, p. 8.

ces seuls cas. En dehors de là, il peut y avoir diverses voies mises à la disposition des personnes lésées par un acte administratif; ces voies ne peuvent être considérées comme se rattachant à la tierce opposition[1]. C'est ainsi qu'à notre avis, c'est à tort qu'on veut parler de tierce opposition quand il s'agit de décrets et arrêtés concernant les concessions de mines, l'ouverture d'établissements dangereux, incommodes et insalubres, l'installation de moulins et d'usines sur les cours d'eau, etc. Ce sont sans doute des autorisations administratives pour l'obtention desquelles des formalités ont été prescrites dans l'intérêt des tiers ; elles sont susceptibles d'être l'objet de recours de la part de ceux-ci, mais ces recours n'ont rien à voir avec la tierce opposition que nous étudions, laquelle est essentiellement une voie de recours extraordinaire contre les décisions rendues au contentieux[2].

A ce point de vue, nous serions même disposé à penser que la tierce opposition n'est jamais une voie de recours ouverte contre les décisions des ministres et préfets. M. Laferrière (t. I, p. 209) fait remarquer très exactement « qu'on ne saurait confondre avec
» un pouvoir de juridiction le droit de décision qui
» appartient aux ministres dans des matières conten-
» tieuses ou susceptibles de devenir telles...... On ne
» doit pas voir là un pouvoir de juridiction, mais un
» attribut spécial de la fonction exécutive dont l'exer-
» cice peut provoquer des recours soit devant la ju-
» ridiction administrative, soit devant les tribunaux

1. Comp. art. 40, D. 22 juillet 1806.
2. V. cependant Cotelle, t. II, p. 105 ; Serrigny, t. III, n° 248 ; C. d'Etat, 12 mai 1872 S. (74, 2, 93). — V. aussi D. *Rép.*, v° *Tierce oppos.*, n° 270.

» judiciaires selon la nature et l'objet de la décision
» ministérielle[1]. »

Il faut ajouter que certaines juridictions administratives, par suite de la nature de leurs fonctions, de leur organisation et de leur but, rendent des décisions qui sont à l'abri de la tierce opposition : il en est ainsi, semble-t-il, de la Cour des comptes qui n'a pas de compétence pour statuer sur les réclamations des tiers concernant l'apurement des comptes soumis à sa juridiction[2] ; il en est ainsi encore du Conseil des prises maritimes dont le caractère et le mode de procéder nous paraissent répugner à l'emploi de notre voie de recours[3].

Dans d'autres cas, de même que devant les tribunaux ordinaires, la tierce epposition peut se trouver entravée dans son exercice par la nature spéciale du droit litigieux qui peut ne pas admettre l'intervention des tiers, ou par la fixation de délais spéciaux pour l'examen des réclamations, par exemple en matière de contentieux électoral[4].

62. — Comme en matière de contentieux ordinaire, on devrait, en se plaçant à un point de vue abstrait, distinguer parmi les personnes qui attaquent une décision à laquelle elles n'ont pas été présentes : 1° celles qui n'ont pas été appelées, mais ont fait défaut ; 2° celles qui, au mépris des formes prescrites, ont été condamnées sans avoir été appelées ;

---

1. V. cependant D. *Rép.*, v° *Tierce Opposition*, n° 266 ;

2. V. en ce sens, D. *Rép*, v° *Tierce Opposition*, n° 268 et 307, et v° *Cour des Comptes*, n° 37 et 49 ;

3. V. en ce sens, Cons. d'Et. 14 juin 1878 (P. adm.). — *Contra*, D. *Rép.*, v° *Prises marit.* n° 295 ;

4. V. D. *Rep.*, v° *Tierce opposition.* n° 264. — V. aussi *infra* n° 75 et s.

3° celles qui ne sont pas visées personnellement, mais sont blessées dans leurs droits par une décision à laquelle elles n'ont été ni parties ni représentées. Les premières auraient à leur disposition la voie de l'opposition, celles qui n'ont pas été appelées auraient, outre l'opposition, les différents recours établis en cas de violation des formes prescrites, les dernières enfin la tierce opposition. Cependant, il est certain que cette distinction, en matière de contentieux administratif, n'est pas suivie. La jurisprudence du Conseil d'État paraît ouvrir à ceux qui ont été personnellement atteints par une décision sans avoir été appelés à se défendre, tantôt la voie de l'opposition, tantôt celle de la tierce opposition, sans établir entre ces deux voies une distinction nettement tranchée [1]. Les auteurs s'expriment aussi d'une façon assez peu précise. M. Serrigny enseigne que l'omission de la dénonciation d'une demande à l'intéressé n'entraîne pas toujours nécessairement nullité et qu'elle peut n'avoir d'autre effet que de faire réputer la décision par défaut (t. 3, p. 119 et 154). M. Laferrière dit, d'un autre côté, qu'il y a lieu à tierce opposition si la section du contentieux omet de mettre en cause une des parties contre lesquelles la requête est dirigée ; il considère même, à tort suivant nous, cette solution comme étant conforme à ce qui passe en droit commun [2].

Au surplus, et en laissant désormais de côté cette

---

1. V. Cons. d'Ét. 21 février 1845 (D. 45, 3, 126) ; 13 déc. 1872 (D. 73, 3, 44) ; 26 fév. 1886 (*Leb.* 86, 168). — V. aussi les arrêts cités dans D. *Rép.* V° *Tierce opposition*, n. 281.

2. V. Laferrière, t. I. p. 295 et t. II, p. 537.

catégorie de plaideurs condamnés personnellement sans avoir été appelés et auxquels la tierce opposition paraît ouverte par la jurisprudence administrative, nous n'hésitons pas à appliquer, comme en matière ordinaire, le principe du caractère facultatif de notre procédure sauf en cas de dol ou de fraude. Des auteurs l'ont nié[1] ; mais nous ne voyons pas de raison pour admettre ici une règle différente. Le tiers lésé par une décision rendue en matière de contentieux administratif peut donc se borner à opposer la règle *res inter alios judicata*[2].

63. — Restent les tribunaux criminels, dont les décisions peuvent aussi préjudicier aux droits de tiers. Le sentiment général des auteurs écarte ici la possibilité de la tierce opposition. Pour apprécier la portée de cette solution, exacte suivant nous, il faut se placer à deux points de vue différents, celui des condamnations pénales, soit qu'on les envisage en elles-mêmes, soit qu'on les considère comme pouvant avoir un effet sur les intérêts civils des tiers, et d'autre part, celui des condamnations civiles prononcées par les tribunaux criminels, ou, d'une façon plus générale, celui des jugements de ces tribunaux statuant sur des intérêts civils.

a). Les condamnations pénales ne donnent pas ouverture à la tierce opposition. Cette règle a été affirmée à plusieurs reprises par la Cour de cassation[3]. Un arrêt du 3 juin 1808 dit notamment : « En

1. V. Serrigny, t. I, p. 153.
2. En ce qui concerne les conditions de recevabilité de la tierce opposition, les règles de procédure et de compétence, V. *infra* chap. IV, V. VI.
3. .9 brumaire an III, 3 juin 1808, 26 août 1808 ; 19 février 1835

» matière criminelle, un jugement n'existe que vis-à-
» vis ceux avec lesquels il a été rendu ; dans cette
» matière, la tierce opposition ne peut donc être ad-
» mise », Plusieurs auteurs ont dit à leur tour que le
caractère personnel de la condamnation fait qu'un
tiers ne peut être lésé, et que si une personne est
frappée sans avoir été appelée, elle a la ressource de
l'opposition.

Ce ne sont pas là des motifs suffisants. La vérité est
qu'il peut arriver que les droits des tiers soient gravement lésés par des décisions rendues au criminel et
qu'il peut arriver aussi qu'une personne soit personnellement atteinte par une condamnation lorsqu'elle
n'a pas été appelée et qu'elle ne peut y faire opposition.

D'abord il est certain qu'en disant que les décisions rendues par les tribunaux criminels sur la
peine ne peuvent nuire aux tiers, on omet ou on
tranche d'un coup la question de l'autorité de la
chose jugée ou criminel sur le civil. Si on admet cette
influence, ce qui est évidemment la tendance générale de la doctrine et de la jurisprudence, la vérité
est alors que les jugements criminels peuvent préjudicier aux droits des tiers d'une façon considérable.
L'acquittement d'un individu peut avoir pour effet
d'empêcher une action civile en dommages intérêts que la victime du délit se proposait d'intenter.
D'une façon plus générale, les tribunaux criminels
peuvent se trouver les appréciateurs souverains, dé-

finitifs, irrévocables, des questions les plus importantes sur la validité ou la preuve d'actes juridiques, quand leur examen est nécessaire à la solution du procès qui leur est soumis ; ce sera, par exemple, la constation d'un dépôt, l'existence ou la sincérité d'un billet à ordre. Les tiers ne peuvent-il pas éprouver un préjudice notable des décisions ainsi rendues ? Ne pourrait-on pas, dans la théorie aujourd'hui admise sur l'influence de la chose jugée au criminel, dire, au contraire de l'arrêt du 8 juin 1808 : « En matière criminelle, le jugement existe à l'égard des tiers » ?

C'est précisément, en effet, ce principe de l'autorité de la chose jugée au criminel qui doit faire écarter la tierce opposition : elle est opposable aux tiers, non seulement comme un préjugé qu'il leur incombe de détruire, mais en ce qu'elle les lie aussi bien que le eondamné lui même et sans qu'ils puissent élever aucune critique. L'ordre public, l'intérêt social qui empêchent que les jugements criminels puissent être remis en question devant les tribunaux civils, étendent au-delà des limites ordinaires la force de la chose jugée et suppriment la possibilité de toute tierce opposition, aussi bien que de toute exception tirée de l'effet relatif des décisions judiciaires[1].

---

1. C'est ce qu'exprimait exactement, quoique avec une légère emphase, le commissaire de gouvernement Mourre devant la Cour de Paris : « Un jugement rendu au criminel, disait-il, n'est pas un » acte qui appartienne à quelques particuliers. C'est un monument » élevé au milieu de la société et sur lequel s'imprime une vérité » publique. Quand le Ministère public accuse, c'est le corps social, » ce sont les individus qui le composent qui crient à la fois, qui » demandent et qui accusent ».

Nous avons dit, en outre, que, même en n'envisageant que l'effet direct de la condamnation pénale, on a pu se demander si la tierce opposition ne devait pas être admise. Qu'on suppose, le fait n'est pas absolument rare, qu'un individu se fasse condamner sous le nom d'un tiers, que ce dernier se trouve découvrir un jour que son casier judiciaire s'est enrichi d'une ou de plusieurs condamnations ; ne peut-il pas dire qu'il éprouve un préjudice par suite de jugements auxquels il n'a pas été partie, et vouloir les faires rétracter par la tierce opposition ? On l'a soutenu[1]. On a dit que le Code d'instruction criminelle n'ayant pas prévu ce cas, il y avait lieu de suivre par analogie les règles des articles 474 et s. C. proc. civ. On a prétendu au surplus que telle était la tradition (V. *supra*, p. 19). On a cité enfin à l'appui de cette solution un jugement du tribunal de Montélimar : « Aucun texte, dit ce jugement, n'a à
» la vérité, prévu ce cas, mais il est évident que le
» tiers dont le nom a été frauduleusement pris doit
» avoir une action pour une réparation si légitime ;
» elle ne peut lui être donnée que par les mêmes
» juges qui ont prononcé la sentence, auprès des-
» quels se trouve tous les éléments de conviction ;
» il y a lieu d'appliquer par analogie les articles
» 518 et s. C. I. Cr. sur les reconnaissances d'iden-
» tité, ou les art, 474 et s. C. proc. civ. sur la tierce
» opposition. » (*Journal du droit criminel* 1860.
p. 189.)

Il faut repousser cette solution. On ne peut pas

____

1. M. Bazot, *Revue pratique*, t. XVII. p. 147.

transporter d'un code dans un autre une voie de recours instituée pour des cas différents et devant des juridictions différentes. Quant à la tradition historique, son autorité est plus apparente que réelle ; elle ne fournit pas de solutions sur la difficulté que nous examinons ici. Les hypothèses qui nous ont été conservées sont de véritables cas d'opposition, mal qualifiés par les arrêts dont la terminologie sur ce point est rarement irréprochable. Il n'est pas même besoin, nous semble-t-il, d'invoquer par analogie les art. 513 et s. C. I. Cr. Le tiers a bien le droit, indépendamment de ces textes, de demander la rectification d'une erreur matérielle commise à son préjudice ; le tribunal a bien le droit de faire cette rectification. Cette voie a été consacrée par un arrêt de la cour de Metz du 5 juin 1826 : cet arrêt ordonne, à la requête du ministère public, que le nom de F. énoncé dans la condamnation sera remplacé par le nom de G. et que l'arrêt de rectification sera mentionné en marge de l'acte d'écrou porté sur le registre de la maison d'arrêt[1].

64. — *b.* La tierce opposition pourra-t-elle au moins être admise quant aux jugements des tribunaux criminels se prononçant sur des intérêts civils ? Par exemple dans l'hypothèse des art. 198 et s., C. civ., les juges criminels ont décidé qu'un mariage avait été célébré ; des tiers peuvent avoir intérêt à

---

1. V. encore les arrêts indiqués par Rolland de Villargues sur l'art. 518 C. I. cr., n° 3 et sur l'art. 519, n° 5. — A plus forte raison, faut-il refuser le droit de tierce opposition aux tiers qui se plaignent seulement de l'atteinte portée à leur honneur par les motifs des jugements rendus au criminel (v. en ce sens Aix, 16 déc. 1825 ; v. aussi *infra*, n° 138 ; v. *cep.* Merlin, |*Rép.* v° *Tierce oppos.*, § 1, n°4).

contester cette décision. Plus simplement une condamnation à des dommages-intérêts a été prononcée contre un individu par suite d'une fraude commise soit au préjudice des créanciers du débiteur, soit au préjudice des créanciers de la partie civile ; par l'effet d'une collusion, la condamnation a été exagérée ou réduite à un chiffre dérisoire. Devra-t-on admettre la tierce opposition ? Nous ne le pensons pas. D'abord, et quant à la première hypothèse, si les droits des tiers peuvent être affectés par les réparations civiles ordonnées par un tribunal criminel, c'est une conséquence forcée de l'effet de la chose jugée au point de vue pénal ; ce qui a été décidé par le tribunal criminel ne peut plus être remis en question au point de vue des intérêts civils. La deuxième hypothèse, où il s'agit du préjudice causé par le dol d'un des plaideurs, ne met pas en échec les mêmes principes. On pourrait concevoir que des créanciers aient une action pour se faire restituer d'une façon directe et obtenir la rétractation du jugement. Cette solution nous paraît encore cependant difficile à admettre. En laissant de côté la question délicate du droit d'action ou du droit d'intervention des créanciers dans les débats de ce genre, il faut surtout remarquer que les tribunaux de répression ne connaissent qu'accessoirement des actions civiles. Une fois la peine prononcée, ils sont dessaisis, ils ont épuisé leurs pouvoirs Les règles de la tierce opposition paraissent donc encore difficilement conciliables avec les principes suivis en cette matière, et il est plus sage de ne pas l'admettre [1]. En cas de dol ou de fraude, les personnes

1. V. en ce sens les arrêts indiqués p. 110, note 1.

lésées n'auront de ressource que dans l'action ordinaire en dommages intérêts de l'art. 1382, C. civ.

65. — Il nous reste à examiner l'intéressante question de savoir si on peut se pourvoir par la tierce opposition contre les arrêts de la Cour de cassation. C'est là une difficulté qui ne peut que se présenter assez rarement en pratique ; car les droits des tiers ne sont pas en général lésés par de pareilles décisions. Qu'il y ait arrêt de rejet d'un pourvoi, ou que la cassation soit prononcee, ils conservent toujours leurs droits et leurs moyens d'attaque ou de défense contre la décision au fond qui a été rendue ou qui le sera plus tard. Il faut prévoir certaine hypothèses spéciales pour que des tiers aient intérêt à faire tierce opposition [1]. MM. Tarbé et Bernard, dans leurs traités sur cette matière, en indiquent quelques-unes. Nous nous contenterons de rappeler celle qui s'est présentée devant la Cour de cassation. Une saisie immobilière ayant eu lieu, et le créancier saisissant n'ayant pas fait de diligences pour procéder à la vente, d'autres créanciers inscrits avaient fait rendre à leur profit un jugement de subrogation. Le saisi avait vainement contesté la validité de la subrogation : le tribunal avait rejeté ses conclusions ; par suite, les créanciers avaient continué la procédure et fait procéder à l'adjudication de l'immeuble, sans attendre que le jugement rendu a leur profit fût à l'abri d'un recours en cassation. Ce recours ayant été formé, le saisi qui n'avait appelé que les créanciers

---

1. En cas de simple annulation dans l'intérêt de la loi, il n'y aurait évidemment pas de tierce opposition recevable (V. Cass. 16 thermidor an X).

subrogés devant la Cour de cassation, triompha contre eux : le jugement fut cassé pour défaut de motifs, et l'affaire renvoyée devant un autre tribunal. Sans se préoccuper d'aller devant le tribunal de renvoi faire juger la validité de la subrogation, le saisi s'empressa simplement de demander la nullité de l'adjudication, comme faite en exécution d'un jugement annulé par la Cour de cassation. Cette nullité fût prononcée par le tribunal, et c'est alors que l'adjudicataire évincé, en même temps qu'il faisait appel du jugement qui déclarait son acquisition nulle, forma tierce opposition contre l'arrêt de la Cour de cassation qui, en dehors de lui, avait annulé le jugement de subrogation. En généralisant cette hypothèse, on voit qu'un préjudice peut être causé à des tiers par un arrêt de la Cour suprême, lorsque cet arrêt, en cassant une décision, entraîne par voie de conséquence la nullité d'actes ayant conféré à ces tiers des droits qui vont se trouver anéantis.

66. — La question de savoir si ces tiers peuvent faire tierce opposition est des plus épineuses. Dans l'ancien droit, la tierce opposition était admise d'une façon générale devant le Conseil des parties. L'article 1 du titre X du règlement de 1738 prévoyait à la fois les oppositions aux arrêts sur requête et les tierces oppositions : « Ceux qui voudront s'opposer à des » arrêts du Conseil qui auront été rendus sur requête » ou dans lequel ils n'auront pas été parties ou dû- » ment appelés, ne pourront former leur opposition » que par une requête contenant, etc. » Tolozan qui, dans l'ancien droit, a traité avec soin de la procédure organisée par ce règlement, ne fait aucune distinction,

Dans le droit actuel, la recevabilité de la tierce opposition a réuni des partisans d'une grande autorité. Elle est admise par M. Tarbé et par M. Bernard, dans leurs ouvrages sur la procédure devant la Cour de cassation ; elle a été soutenue, dans le débat qui a eu lieu lors de l'arrêt du 17 janvier 1870 (S. 70, 1, 122), par M. Glandaz, conseiller rapporteur, et par M. l'avocat général Blanche. D'après eux, le règlement de 1738 est toujours en vigueur sur ce point : la loi de 1790 qui veut que la Cour de cassation ne connaisse pas du fond des procès et renvoie toujours au juge compétent, ne s'oppose pas à l'application de l'ancienne règle. La tierce opposition ne sera évidemment qu'une mesure très exceptionnelle : elle sera toujours non recevable si les droits des tiers restent entiers devant le tribunal de renvoi. « Mais, dans
» le cas contraire où, comme dans l'espèce, la cassa-
» tion étant prononcée pour vice de forme, cette
» question de forme peut entraîner pour les tiers un
» préjudice irréparable, ne pouvant plus être débat-
» tue de nouveau, la tierce opposition doit être ad-
» mise, sous peine de consacrer en principe qu'il
» peut y avoir une juridiction qui pourrait condam-
» ner une partie sans qu'elle y ait été entendue ou
» appelée [1] ». Dans l'espèce qui s'est présentée à la Cour de cassation, le rapporteur et le ministère public ajoutaient que toutes les conditions de recevabilité ordinairement requises pour la tierce opposition se

---

1. M. Glandaz, dans son rapport (S. 70, 1, 122).

trouvaient réunies : l'adjudicataire évincé n'avait été ni partie ni représenté ; il aurait dû être appelé ; il subissait enfin un préjudice certain, d'autant plus grand, ajoutaient-ils, qu'il ne pouvait écarter l'arrêt de cassation comme *res inter alios judicata ;* la tierce opposition était pour lui *une voie nécessaire,* car c'était le seul moyen qu'il eût de protéger ses droits.

67. — La Cour de cassation, sous la présidence de M. Devienne, a repoussé cette solution dans son arrêt du 17 janvier 1870. Les motifs de cet arrêt, longuement développés, et que nous voulons discuter un à un, se ramènent à cinq :

a) « La Cour de cassation exerce, dans un intérêt général non moins que dans l'intérêt des parties, une juridiction spéciale différente de celle des tribunaux ordinaires. Les voix exceptionnelles de la tierce opposition ne pourraient être admises contre ses arrêts que si elles étaient autorisées par un texte formel et impératif de la loi. *Il est douteux que* cette disposition se trouve dans l'édit du 28 juin 1738; les attributions de l'ancien conseil des parties ne se bornaient pas au jugement des demandes en cassation; elles étaient nombreuses, diverses, la plupart administratives plutôt que judiciaires. De la combinaison des articles 23, 24, 29, tit. IV, part. I, du règlement de 1738, il résultait que les arrêts de cassation ne pouvaient pas être attaqués par la requête civile devant l'ancien conseil. Si les art. 1 et s. du titre X permettaient la tierce opposition, ils avaient *surtout* en vue, ainsi que le dit l'art. 1er, les arrêts sur requête ; ces mots, dans la langue du droit, ont toujours eu et ont encore un sens précis et limité ; ils ne peuvent s'entendre que des décisions rendues sur la requête des parties en dehors d'un litige actuel, et il n'est pas possible de les étendre aux arrêts rendus sur une demande en cassation portant assignation aux parties défenderesses à l'effet d'engager avec elle un débat contradictoire. » Ce premier motif, donné d'ailleurs avec des réserves et des réticences qu'on rencontre assez rarement dans les arrêts de la Cour de cassation, n'est sans doute guère péremptoire. Le texte que nous avons rapporté plus haut est bien général ; il était interprété jadis sans distinction. Il est au surplus facile de comprendre que les arrêts de la Cour suprême puissent être susceptibles de tierce opposition sans pouvoir être atteints par la requête civile. L'argument d'analogie n'a rien de décisif.

b) « L'édit de 1738, continue, l'arrêt, si on voulait lui donner une signification plus étendue, n'aurait pas été confirmé sur cette partie par les lois qui ont placé la Cour de cassation à la tête de notre nouvelle organisation judiciaire, et défini, avec plus de précision que ne l'avaient fait les lois antérieures, les pouvoirs dont elle était de nouveau investie ; les articles 28 de la loi du 1er décembre 1790 et 25 de la loi du 24 octobre 1795, conçus dans le même esprit n'ont maintenu provisoirement et jusqu'à ce qu'il ait été autrement statué, le règlement de 1738, que comme *mode de procéder en la forme* devant la Cour de cassation, et encore à l'exception des points auxquels il était dérogé par ces lois ; on ne saurait rattacher le droit exorbitant de la tierce opposition à une simple disposition de procédure et de forme. »

C'est encore là une affirmation plutôt qu'une preuve sérieuse. La tierce opposition est une voie de recours ; comme telle elle rentre dans l'organisation de la procédure ; les dispositions qui la réglementent sont des dispositions de forme. N'est-ce pas jouer sur les mots, et méconnaître la portée des lois de 1790 et 1795, que de soutenir qu'en maintenant le règlement de 1738 simplement comme mode de procéder en la forme, elles ont exclu la tierce opposition ?

c) « Ce droit est d'ailleurs inconciliable aujourd'hui avec l'article 3 de la loi du 1er décembre 1790 d'après lequel, dans aucun cas et sous aucun prétexte, la Cour de cassation, après avoir annulé la procédure et le jugement contraires à la loi, ne peut retenir le fond des affaires et doit toujours le renvoyer devant les tribunaux appelés à en connaître ». On ne peut se demander pourquoi la recevabilité de la tierce opposition obligerait la Cour de cassation à connaître du fond du procès. Une fois cette recevabilité constatée, la Cour n'aurait qu'à examiner de nouveau, contradictoirement avec le tiers opposant, la question de droit déjà tranchée, et, suivant les cas, maintenir ou rétracter son arrêt, sans s'occuper du fond du débat.

d) « Le décret du 22 juin 1806 sur le Conseil d'État révèle encore clairement la pensée de la loi ; les art. 37 et s. de ce décret n'admettent la tierce opposition que devant le Conseil d'État, héritier, comme la Cour de cassation, de l'ancien Conseil des parties, mais auquel étaient exclusivement échues les affaires administratives, et par suite les décisions sur requête contre lesquelles le règlement de 1738 admettait le recours des tiers ». Mais comment peut-on conclure du décret qui admet la tierce opposition devant le Conseil d'État, qu'elle ne doit pas l'être devant la Cour de cassation, alors que la procédure devant elle n'a pas été l'objet d'un règlement nouveau, et qu'il s'agit uniquement de savoir si le règlement ancien est encore en vigueur ?

e) « Enfin la tierce opposition, sans aucune limitation apportée à la durée de son exercice, ne pouvant aboutir qu'à une rétractation, dans l'intérêt du tiers opposant seul, d'un arrêt qui conserverait son autorité vis-à-vis des autres parties, aurait l'inconvénient grave de porter atteinte à la fixité et à l'uniformité de la jurisprudence, condition essentielle à l'accomplissement par la Cour de cassation de la mission d'ordre public qu'elle a reçu de la loi ». A cette dernière raison, les réponses ne font encore pas défaut. D'abord la tierce opposition n'aboutit pas nécessairement à une rétraction partielle. Il arrive souvent qu'il y a indivisibilité entre les droits respectifs des parties intéressées, incompatibilité entre le maintien, même partiel, de la première décision, et l'exécution de la seconde, et dans ce cas, la rétractation s'opère pour le tout. En dût-il être autrement ici que nous ne serions pas convaincus par l'argument qu'on avance. Si la Cour de cassation a pour mission de maintenir la jurisprudence stable ct uniforme, elle n'en doit pas moins, en premier lieu, examiner les procès séparément, les trancher d'après les circonstances qui leur sont particulières. Elle est un tribunal devant lequel doivent être appelés tous ceux dont le droit peut être diminué par la décision à rendre : ceux qui n'ont pas été assignés ne doivent pas être plus maltraités que ceux qui, l'ayant été, ont fait défaut, et pour lesquels l'opposition est, à certaines conditions, admise devant la Cour de cassation.

Nous dirons même, en terminant, allant plus loin que M. le conseiller Glandaz et M. l'avocat général Blanche, qu'il nous paraitrait logique de soutenir que les arrêts de la Cour de cassation doivent être soumis à la règle *res inter alios judicata*. Dans l'espèce qui a été jugée, l'adjudicataire, non appelé à discuter le pourvoi en cassation, aurait dû être admis à écarter l'arrêt comme ne lui étant pas opposable et à se refuser à délaisser l'immeuble par lui acquis. Il est difficile, il nous semble, de soutenir d'une part que les arrêts de cassation échappent à la règle de l'effet relatif, mais que d'autre part ils sont susceptibles de tierce opposition. C'est admettre la théorie de M. Naquet que nous avons discutée plus haut. La tierce opposition, dans le système appliqué par la jurisprudence ordinaire, est basée sur l'art. 1351, C. civ,, sur cette idée que les tiers ne sont pas liés par les décisions rendues en dehors d'eux ; mais ces tiers peuvent aussi se borner à repousser ces décisions, sans les discuter, comme leur étant étrangères.

Nous ne voyons pas pourquoi la même solution ne serait pas donnée aussi bien pour les arrêts de la Cour de cassation que pour toute autre décision.

68. — B. *Peu importe le caractère de la décision rendue.* — Qu'elle soit définitive ou non, par défaut[1] ou contradictoire, en premier on en dernier

1. Cependant les jugements de défaut congé, ne préjugeant rien, ne seraient pas susceptibles de tierce opposition.

ressort, la décision n'en est pas moins susceptible de tierce opposition. Peu importe aussi, pourvu qu'il s'agisse d'une matière contentieuse, que l'instance ait été introduite par assignation ou par requête [1], que le jugement ait été rendu après un débat réel ou d'accord entre les parties [2].

Les jugements provisoires ou interlocutoires peuvent être attaqués par la tierce opposition, s'ils causent un préjudice aux droits d'un tiers. Mais les jugements préparatoires, et, d'une façon générale, ceux qui ne contiennent pas de décision définitive, de natures d'ores et déjà à créer un préjudice, sont à l'abri de cette voie de recours.

La Cour de cassation a jugé avec raison (22 février 1830) que la tierce opposition peut être formée, s'il y a dol ou fraude, par les créanciers d'un tuteur contre le jugement qui ordonne la reddition de compte tutelle. et condamne au paiement d'une certaine somme ax mineur à iitre de provision.

Nous ne pouvons examiner ici en détail tous les cas dans lesquels on peut dire qu'il y a chose jugée pouvant nuire aux droits du tiers. Rappelons seulement qu'il y a des jugements qu'on qualifie de conditionnels. Ce sont ceux dans lesquels, après avoir

---

1. Cass. 25 février 1877 (D. 57, 1, 113). — Il est certain d'ailleurs que presque toujours les jugements sur requête sont de la juridiction gracieuse. (Il en était ainsi à notre avis dans l'espèe de cet arrêt). — V. encore Nimes, 20 nov. 1850 (D. 51, 2, 80); Orléans, 5 avril 1859 (D. 59, 2, 57); Nancy, 17 juillet 1882 (*Gaz. pal.* 83, 2, 114;

2. Lorsque les parties se mettent d'accord et veulent donner à leur transaction la forme d'une décision judiciaire elles font rendre un jugement dit d'expédient. On admet généralement aujourd'hui que ces jugements peuvent être attaqués par les voies ordinaires établies contre les jugements et ne peuvent l'être que par elles (V. d'ailleurs *infra* n° 78

mis une obligation à la charge d'une partie, le tribunal la condamne à l'avance, en cas d'infraction, à une somme fixe devant tenir lieu de dommages-intérêts, ou à une certaine somme par jour de retard. De pareils jugements ont en réalité, au moins en tant qu'ils établissent l'existence d'une obligation, un caractère définitif. Ils peuvent faire l'objet d'une tierce opposition, par exemple de la part de la caution du débiteur condamné, ou de ses créanciers, s'il y a fraude à leur préjudice.

On peut se demander si les jugements qui condamnent à des dommages-intérêts à fixer par état ont un caractère définitif. La Cour de Paris a décidé (17 novembre 1889) qu'ils ont un caractère conditionnel, et que leur effet est subordonné à la preuve d'un préjudice éprouvé : le pourvoi formé contre cet arrêt a été rejeté (Cass. 28 novembre 1888, S. 89, 1, 309). Si cette solution était admise, il faudrait peut-être en conclure que la tierce opposition n'est pas recevable contre eux. Mais nous croyons fermement que ce sont des jugements définitifs sur lesquels les tribunaux ne peuvent plus revenir. Cela paraît résulter tant des précédents historiques sur ce genre de condamnations que des textes du Code de procédure civile (art. 128, 523 et s.). Ces jugements contiennent le principe d'une condamnation dont le montant reste seul à fixer, mais qui doit forcément être maintenue. Ils pourraient donc, à notre avis, faire l'objet d'une tierce opposition. D'une façon générale, nous croyons pouvoir dire que, dans notre droit pas plus qu'en droit romain, il n'y a de condamnations conditionnelles, dans le sens propre et absolu du mot. Le juge doit toujours *certam facere condemnationem*[1].

69. — C. *Peu importe la nature du droit apprécié par la décision attaquée.* — Soit qu'il s'agisse de la tierce opposition proprement dite, soit qu'il s'agisse de celle qui est basée sur le dol ou la fraude, le principe est ici encore que toute décision rendue, en matière de juridiction contentieuse, peut être attaquée par le mode de recours que nous étudions dans ce travail.

Mais, dans les deux hypothèses, les applications de la règle et les exceptions qu'elle comporte soulèvent des difficultés complexes qui nous obligent à étudier séparément, à ce point de vue, les deux fonctions de la tierce opposition que nous avons distinguées.

70. — a) *Application de la règle à la tierce opposition proprement dite.* — Nous avons déjà eu l'occasion de remarquer que la nature réelle ou personnelle du droit qui a fait l'objet du procès ne peut avoir d'influence sur la situation des tiers. Elle ne peut rendre la tierce opposition obligatoire ; elle ne l'empêche pas d'être toujours possible. (V. *supra*, n° 43 et 44.)

Nous ajouterons ici que la tierce opposition doit aussi être admise, en principe, contre les jugements qui statuent sur la qualité, la capacité, ou l'état des personnes.

71. — 1° *Sur la qualité.* Un jugement décidant, par exemple, qu'un individu a la qualité de commerçant, n'a pas d'effet *erga omnes*. S'il portait

---

1. V. *Revue critique*, 188, p. 527, et la note de M. Meynial dans Sirey, *loc. cit.*

atteinte, ce qui paraît, d'ailleurs, difficile à imaginer, aux droits d'un tiers, il serait susceptible de tierce opposition.

Il faut en dire autant des jugements qui statuent sur la qualité d'héritier. On sait à quelles difficultés d'interprétation l'article 800, C. civ., a donné lieu[1]. L'opinion généralement suivie aujourd'hui, en doctrine et en jurisprudence, est que les principes ordinaires sur la chose jugée doivent recevoir ici leur application. Sans doute, le texte de l'article 800 est difficilement conciliable axec la règle de l'article 1351. Mais il senble bien qu'il y a eu, au cours des travaux préparatoires, une erreur de rédaction. On s'était arrêté au principe de l'effet relatif qu'admettait Pothier; par mégarde, on a conservé une rédaction

1. Plusieurs auteurs ont enseigné que le suscessible condamné, en qualité d'héritier pur et simple, par un jugement passé en force de chose jugée était définitivement héritier *erga omnes*. On a fait valoir à l'appui de cette solution, tantôt l'idée que la qualité d'héritier est indivisible, tantôt celle d'un contrat judiciaire qui se serait formé, tantôt celle d'une acceptation tacite résultant du silence gardé par le successible poursuivi. Ce système a depuis longtemps été réfuté; on a montré que la qualité d'héritier n'a rien, dans ses effets et dans son application, d'indivisible, que les jugements ne sont pas des contrats, que l'absence de contestation de l'héritier n'implique pas toujours acceptation tacite. D'autres auteurs ont suivi des systèmes intermédiaires. Pour les uns, il faut s'en tenir au cas d'un jugement par défaut ou en premier ressort que le successible aurait laissé devenir définitif. Pour certains, l'art. 800 s'applique au cas d'un individu condamné comme n'étant plus dans le délais pour faire inventaire ou délibérer. D'après une distinction ingénieuse et hardie de Valette, il faudrait refuser au successible condamné la faculté d'accepter sous bénéfice d'inventaire, en lui réservant celle de renoncer. On peut dire que tous ces systèmes ont à peu près disparu. La jurisprudence s'est prononcée pour l'effet strictement relatif des jugements qui attribuent à une personne la qualité d'héritier pur et simple. C'est l'opinion enseignée par Aubry et Rau, Demolombe et Laurent, auxquels nous renvoyons pour les développements de la controverse.

différente[1]. La solution est donc que les tiers peuvent considérer ces jugements comme *res inter alios judicata* et, au besoin, s'ils pouvaient justifier d'un préjudice, les attaquer par la tierce opposition.

72. — 2° *Sur la capacité.* Un jugement décidant qu'une femme est mariée sous le régime dotal, ou qu'une personne est incapable de donner ou de recevoir par testament, a encore un effet strictement relatif[2],

73. — 3° *Sur l'état.* C'est une opinion aujourd'hui fermement assise que celle de l'application de la règle de l'article 1351 aux jugements statuant sur des questions d'état. Nous n'avons pas l'intention d'en reprendre ici le développement. On peut considérer la question comme épuisée. On a démontré jusqu'à l'évidence que les lois romaines sur lesquelles on s'était longtemps appuyé pour soutenir le système contraire avaient été mal interprétées. On a prouvé que, si l'état est une chose indivisible quand on le considère d'une manière abstraite, il ne l'est plus quand on s'attache aux conséquences qui en dérivent. Enfin il n'est pas besoin de rappeler que, s'il peut y avoir parfois quelques inconvénients, quelques résultats bizarres à scinder les effets de l'état d'une personne, il n'en est pas moins nécessaire de conserver la règle tutélaire et équitable d'après laquelle les jugements ne peuvent avoir d'effet, quant aux droits de ceux qui n'ont pas été appelés à se défendre. Cela résulte, d'ailleurs, encore de l'art. 100, C. civ.

---

1. V. sur ce point, Griolet, *Chose jugée*, p. 146 et s.
2. V. Larombière, sur l'art. 1351, n° 133.

qui, en matière de rectification d'actes de l'état-civil, dit nettement : « Le jugement de rectification ne » pourra, dans aucun temps, être opposé aux parties » intéressées qui ne l'auraient point requis, et qui » n'y auraient pas été appelées. » La question se présente dans les mêmes termes pour les jugements statuant sur des contestations d'état proprement dites [1]. Les tiers, lésés dans leurs droits par de pareils jugements, peuvent, soit les écarter comme leur étant étrangers, soit faire tierce opposition, si, ce qui est de nature à se présenter bien rarement, ils y ont intérêt.

74. — Les mêmes règles doivent être encore appliquées aux jugements prononçant sur le caractère d'une pièce dont la signature est déniée, ou d'une pièce arguée de faux. En théorie pure, il est certain que ce n'est qu'entre les parties présentes au procès que le tribunal peut dire si la signature de l'acte sous seing privé émane bien de la personne à laquelle on l'attribue, si l'acte argué de faux est ou non sincère. L'article 241, C. proc. civ., ordonne bien, il est vrai, l'exécution des mesures qu'il prescrit, suppression, lacération, radiation, sans paraître se préoccuper de la tierce opposition. Mais il ne l'exclût pas. Elle pourra aboutir, à l'égard d'un tiers, à faire déclarer vrai un acte précédemment jugé faux. L'exécution du jugement que prescrit l'article 241, doit se suivre

---

1. V. pour les développements de cette théorie, Valette sur Proudhon, Griolet, Demolombe, Laurent. — Logiquement, il n'y a pas de raison pour ne pas appliquer le principe aux membres de la famille non encore nés, au moment du procès. (V. cependant Merlin, Aubry et Rau.)

inter partes, les droits des tiers étant, autant que possible, réservés [1].

Enfin la tierce opposition doit être admise, en principe, contre le jugement rendu au cours d'une faillite [2], d'une saisie immobilière (Cass. 11 nov. 1862, S. 63, 1, 201), d'un ordre ou d'une distribution par contribution (Cass. 12 juin 1837, S. 37, 1, 776; Réunion, 25 août 1871, S. 72, 2, 92; Paris, 7 janv. 1867, S. 68, 2, 21). Mais il faut ici bien observer qu'il y a lieu de tenir compte des règles spéciales de délais et de déchéances édictées contre ceux qui, ayant été appelés à ces procédures, ne s'y sont pas présentés à temps. En un mot les principes généraux sur les conditions de recevabilité de la tierce opposition doivent être combinés avec les dispositions particulières qui ont pu être formulées en ces matières [3].

Il faut appliquer cette solution, en matière d'ordre, à l'hypothèse toute spéciale du créancier hypothécaire qui aurait été omis sur les états délivrés par le conservateur des hypothèques. L'art. 2198, C. civ., dispose que « l'immeuble à l'égard duquel le conservateur

1. V. en ce sens Boitard, sur l'art. 241, C. proc. civ., Larombière sur l'art. 1351, n. 139 et 140. — La solution contraire devrait être admise, par suite de l'influence de la chose jugée au criminel, si c'était un tribunal répressif qui avait déclaré l'acte faux.

2. Sauf le cas du jugement déclarant la faillite ou fixant l'époque de la cessation des paiements (V., *infra*, n. 75 et la note).

3. V. sur l'application de cette théorie D. *Rep.* v° *Faillite*, et v° *Tierce opposition*, et D. C. proc. art. 767, n. 63 et s. La jurisprudence considère même, en pareilles hypothèses, la tierce opposition comme étant une voie de recours obligatoire pour les tiers qui ne pourraient se retrancher derrière l'effet relatif de la chose jugée. Cette solution doit être rejetée. Les créanciers non appelés à un ordre doivent pouvoir, en écartant le jugement rendu en dehors d'eux comme leur étant étranger, requérir une nouvelle distribution.

aurait omis dans ses certificats une ou plusieurs charges inscrites, en demeure, sauf la responsabilité du conservateur, affranchi dans les mains du nouveau possesseur, pourvu qu'il ait requis le certificat, depuis la transcription de son titre ; sans préjudice néanmoins du droit des créanciers de se faire colloquer suivant l'ordre que leur appartient, tant que le prix n'a pas été payé par l'acquéreur, ou tant que l'ordre fait entre les créanciers n'a pas été homologué. »

Il résulte évidemment de cet article qu'après l'homologation du jugement d'ordre, le créancier n'a plus de recours que contre le conservateur ; en d'autres termes, il ne peut faire tierce opposition au jugement homologatif. La solution contraire a été récemment admise par un arrêt de la cour d'Aix du 17 mars 1885, et implicitement par l'arrêt de rejet de la Cour de cassation du 25 avril 1888 (S. 89, 1, 49.)

Nous nous joignons sans hésiter à la critique très exacte que fait de ces arrêts notre éminent maître, M. Labbé : « Si nous comprenons bien ce texte, dit-il,
» l'homologation par justice du règlement définitif
» équivaut au paiement et met obstacle au droit de
» préférence. Le créancier dont l'inscription a été
» omise, et qui, par suite, n'a pas été appelé à l'ordre,
» ne serait pas recevable à former tierce opposition
» au jugement homologatif ; autrement, il n'y aurait
» pas d'autre limite que le paiement. Or, dans notre
» espèce, l'ordre avait été homologué, voire même
» après appel, par un arrêt, et la Cour régulatrice
» admet une tierce opposition par le créancier omis.
» Ce n'est pas conforme au texte. Est-ce conforme à
» l'esprit de la loi ?..... Cette manière d'agir est une

» critique, une violation et non une application de la
» loi en vigueur. On conçoit, du reste, les motifs **qui**
» ont déterminé le législateur à mettre comme terme
» au droit de préférence, survivant au droit de suite,
» non seulement le paiement, mais encore l'homolo-
» gation de l'ordre. Tant que l'on est dans la procé-
» dure d'ordre, à l'époque où les contestations surgis-
» sent et se discutent, les créanciers produisants n'ont
» pas de certitude. Une tierce opposition de la part du
» créancier dont l'inscription a été omise ne renver-
» sera pas des droits acquis ou des attentes sérieuses.
» Lors, au contraire, que l'ordre entre les créanciers
» a été homologué, il est utile à la marche des affaires
» que les créanciers colloqués puissent considérer le
» montant de leur collocation comme argent comp-
» tant. C'est pour cela que le législateur a mis fin au
» droit de préférence réservé au créancier dont l'ins-
» cription a été omise, avant même que le paiement
» ait eu lieu, dès que l'ordre entre les créanciers a été
» homologué. La loi est formelle sur ce point ; elle se
» justifie, et il n'appartenait pas à la Cour de cassa-
» tion de décider le contraire [1]. »

75. — *Exceptions à la règle.* — Certains jugements échappent à l'application de la règle de
l'art. 1351 et par suite aussi au recours des tiers.

Il arrive d'abord que des jugements ont un effet
absolu, *erga omnes*, quand les tribunaux, en vertu
des pouvoirs dont ils sont investis, créent un état de

---

1. La tierce opposition a encore été admise contre un jugement
validant un délaissement (Orléans, 25 juill. 1849, S. 51, 2, 521). — Elle
a été aussi déclarée recevable contre un jugement déclarant exécutoire en France une décision d'un tribunal étranger (Cass., 27 juill.
1874, D. 76, 1, 129 ; Chambéry, 20 janv. 1877, S. 79, 2, 8).

choses nouveau dans la situation d'une personne, au point de vue de sa capacité ou de son état.

Tel est, par exemple, un jugement prononçant la séparation de corps ou le divorce. Une fois les formalités de publicité remplies, il est opposable à tous. Tel est aussi un jugement de séparation de biens. Les tiers ne peuvent l'écarter comme *res inter alios acta*. Il n'est susceptible que de la tierce opposition pour dol ou fraude (art. 873, C. proc. civ.).

Il en est de même encore d'un jugement déclarant la faillite d'un commerçant et fixant la date de la cassation de ses paiements. Il est *ipso jure* opposable à tous. Les tiers n'ont de recours que dans les délais très brefs des art. 580 et 581, C. com. La jurisprudence et la doctrine sont aujourd'hui bien fixées en ce sens. L'art. 580 doit être regardé comme écartant, dans notre matière, l'application du principe général de l'art. 474, C. proc. [1].

76. — C'est enfin le cas des jugements prononçant une interdiction ou nommant un conseil judiciaire, ou de ceux qui mettent fin à l'une de ces mesures précédemment ordonnées. Ils ont effet *erga omnes;* les

___

1. Lyon Caen et Renault, t. 2, n. 267. — Comp. Paris, 17 mars 1878, S. 79, 2, 164.

La loi du 4 mars 1889, portant modification à la législation des faillites, dit que « le jugement qui déclare ouverte la liquidation judiciaire est publié conformément à l'art. 412 du Code de commerce. Il n'est susceptible d'aucun recours, et ne peut être attaqué par voie de tierce opposition » (art. 4, § 3).

Au surplus, la règle que nous posons ne paraît applicable qu'au seul jugement déclaratif de faillite. Un jugement rapportant une faillite précédemment déclarée pourrait être frappé de tierce opposition dans le délai ordinaire s'il avait été rendu sans la présence d'une personne devant y être appelée (V. Besançon, 21 juill. 1868, S. 70, 1, 23).

tribunaux ont reçu à cet égard des pouvoirs qui leur permettent de modifier la capacité des personnes. La jurisprudence offre des applications de cette règle. La Cour de Riom a réjeté la tierce opposition formée par un donataire antérieur à l'interdiction, et qui se disait lésé en ce que le jugement permettait d'attaquer la donation conformément à l'art. 503, C. civ. (9 janvier 1808). Des arrêts analogues ont été rendus contre des tiers ayant précédemment contracté avec l'interdit (Poitiers, 1er février 1842, S. 43, 2, 394; Grenoble, 9 décembre 1847, S. 48, 2, 204). Ce sont des solutions qui paraissent difficilement contestables[1].

Cependant, dans une hypothèse toute particulière, un arrêt de la Cour de cassation a admis la tierce opposition formée contre un jugement contradictoire rapportant un précédent jugement lequel, par défaut, avait prononcé l'interdiction d'un individu. En vertu de ce jugement d'interdiction, il avait été procédé à la vente judiciaire des biens de l'interdit. La décision ayant été rétractée, les ventes se trouvaient faites à tort; un acquéreur, menacé d'éviction, avait formé tierce opposition au jugement qui anéantissait ses droits. Elle fût déclarée recevable (26 décembre 1838, S. 39, 1, 49)[2]. Nous pensons qu'elle aurait dû être

---

1. On peut en dire autant d'un arrêt de la Cour de Caen du 30 décembre 1857 (S. 58, 2, 625) déclarant non recevable la tierce opposition formée par un membre d'un conseil de famille qui avait été appelé à délibérer sur l'administration provisoire des biens d'un aliéné, et qui attaquait le jugement d'interdiction rendu à la suite d'une autre délibération du conseil de famille autrement composé.

2. V. aussi Amiens, 30 janv. 1886 (*Rec. d'Amiens*, 1886. 67). Cet arrêt admet la tierce opposition à un jugement prononçant la main levée d'un conseil judiciaire.

repoussée ; si cet acquéreur subissait un préjudice, on pouvait répondre que c'était la faute de ceux qui avaient fait la vente, et aussi la sienne propre ; il leur était facile de prévoir que le jugement n'étant pas définitif, l'aliénation ne pouvait l'être.

77. — D'un autre côté, il y a des jugements qui, par suite de la volonté formelle du législateur ayant voulu que certains débats fussent restreints entre certaines personnes, échappent dans une mesure plus ou moins étendue à la règle de l'effet relatif de la chose jugée. Par exemple, la loi n'accorde le droit de désaveu qu'au mari ; le jugement rendu contre lui produit effet *erga omnes*. Plusieurs nullités de mariage ne peuvent de même être invoquées que par quelques personnes déterminées. La loi veut encore que, si le ministère public est intervenu, le jugement qui prononce la nullité ou la déchéance d'un brevet non régulièrement pris et conservé ait effet *erga omnes* (L. 5 juillet 1844, art. 37 et s.).

Un jugement qui statue sur une récusation de juge doit aussi être considéré comme étant à l'abri de la tierce opposition. La Cour de Dijon a jugé ainsi sur le recours formé par l'adversaire du récusant que celui-ci n'avait pas appelé à l'incident de récusation (19 février 1885, S. 88, 2, 102). Il semble bien, en effet, si on se reporte aux règles spéciales de cette matière, que la partie adverse de celui qui exerce la récusation ne doit pas nécessairement être appelée au débat sur ce point. D'ailleurs, la loi lui réserve l'appel (art. 391, C. proc. civ.), Le motif de l'arrêt de Dijon est, au surplus, quelque peu dangereux. Il dit que les parties en cause ont intérêt dans l'incident,

« que, par suite, elles pourraient intervenir, et
» qu'elles doivent être considérées comme y figurant
» toujours ». Il faudrait se garder de généraliser cette
idée.

78. — Enfin nous devons rappeler qu'il arrive souvent qu'un jugement se contente de constater authentiquement ce qui s'est passé devant le tribunal. Il donne acte d'une transaction, d'un désistement. De pareilles décisions ne constituent pas la chose jugée. Ce sont, au fond, des contrats auxquels le juge consent à donner l'authenticité. Les voies de recours contre les jugements ne sauraient avoir ici leur application. Ce sont les règles sur la force et l'effet des conventions qu'il faut faire intervenir [1].

79. — *b). Application de la règle à la tierce opposition pour dol et fraude.* — Ici encore, il faut, comme point de départ, s'attacher à cette idée que la tierce opposition, jouant le rôle d'une *restitutio in integrum* basée sur le dol ou sur la fraude, doit atteindre tous les jugements, quelle que soit la nature du litige à propos duquel ils ont été rendus (Cass. 23 janvier 1878, D. 78, 1, 134).

Nous nous bornerons à signaler les principales exceptions à la règle. Elles nous paraissent se rattacher à deux groupes distincts. Dans certains cas, la loi n'admet pas que des personnes, n'ayant qu'un intérêt pécuniaire, interviennent dans un débat qui engage surtout des intérêts d'un ordre différent. Dans d'autres cas, la loi organise des procédures spéciales

---

1. V. pour le cas de la transaction, Cass. 11 novembre 1874, S. 74, 1, 372 ; pour celui du désistement, Cass. 11 août 1885, S. 88, 1, 468.

devant aboutir, si elles ont été régulièrement suivies, à une décision définitive, à l'égard des créanciers des parties en cause.

80. — Au premier point de vue, on peut dire que, dans certains procès qui ont un caractère intime, personnel, la loi n'admet ni l'intervention pendant l'instance, ni la tierce opposition après l'instance, de personnes étrangères, dont, à raison même de la nature pécuniaire de l'intérêt qui les fait agir, l'ingérence doit être écartée. Toutes les précautions et toutes les garanties possibles ont été prises, en dehors d'elles, pour éviter les fraudes ; le ministère public est présent pour surveiller le procès et protéger les intérêts de ceux qu'on a voulu empêcher de prendre part au débat.

Ici encore nous citerons les procès concernant certaines nullités de mariage, les procès en divorce ou en séparation de corps.

La tierce opposition ne doit pas être admise non plus, même basée sur le dol ou la fraude, contre les jugements prononçant une interdiction ou donnant un conseil judiciaire. Cependant, sur ce point, la jurisprudence paraît hésitante. Les cas de dol ou de fraude paraissent réservés par deux des arrêts que nous avons cités plus haut en parlant de l'application à cette hypothèse de la tierce opposition proprement dite [1]. La Cour de Cassation elle-même a implicitement admis, en principe, la recevabilité de la tierce opposition, en décidant que le créancier postérieur à la

---

1. Grenoble, 9 décembre 1847, et Caen 30 décembre 1857, cités plus haut (no 76).

dation d'un conseil judiciaire ne peut être admis à la former, s'il n'articule pas d'une fraude concertée lors du jugement[1]. Un arrêt récent de la Cour de Bordeaux du 29 mars 1887 admet enfin nettement la tierce opposition au jugement d'interdiction si elle est basée sur la collusion frauduleuse des parties.

Nous préférons nous rallier à la solution contraire. Le ministère public a dû faire en sorte d'empêcher toute manœuvre dolosive. Si les formalités voulues par la loi ont été remplies, le jugement ne peut être attaqué par les créanciers. Cette théorie a été admise par un arrêt dè la Cour de Rouen du 5 décembre 1853 (S. 55, 2, 501) et par un jugement récent du tribunal de Lyon du 23 juin 1888 : « Dans
» une telle instance, dit ce dernier jugement, l'état,
» la liberté et la capacité de la personne dont l'inter-
» diction est poursuivie forment seuls l'objet du li-
» tige, et, en intervenant pour provoquer le rejet de
» la demande, les tiers exerceraient un droit qui est
» exclusivement attaché à la personne du défendeur ;
» l'état et la capacité d'une personne ne font pas par-
» tie de son patrimoine, et les tiers n'ont, quant à cet
» état, aucun droit propre qui puisse être lésé par le
» jugement à intervenir. Le législateur, en organi-
» sant une procédure spéciale pour les demandes en
» interdiction, et en ne mentionnant pas les créan-
» ciers parmi les personnes qui peuvent y figurer à
» un titre quelconque, a manifesté l'intention for-
» melle de ne point les y admettre comme parties. »
(*Gaz. des Trib.*, 11 août 1888.)

---

1. Cass. 20 janvier 1866, S. 66, 1, 115.

Il pourrait rester, dans certaines hypothèses, à ceux qui se prétendraient victimes d'un dol, la ressource d'une action en dommages-intérêts basée sur l'art. 1382.

D'ailleurs, il ne nous paraît pas douteux, si on admet la théorie contraire à la nôtre, qu'il faudrait repousser la tierce opposition d'un créancier postérieur au jugement qui n'articulerait pas des faits dolosifs concomitants à ce jugement. Sur ce point, l'arrêt de la Cour de cassation du 29 janvier 1866 est très net et très exact : « Ce droit, dit-il, n'appartient en général
» qu'à celui dont la créance existait déjà au moment
» où le jugement est intervenu et dont on peut facile-
» ment présumer que le débiteur a voulu paralyser
» l'action. Sans doute, il arrive parfois que le débi-
» teur, dans sa prévoyance, aura travaillé pour l'ave-
» nir, dans le but de tromper des tiers par de faus-
» ses apparences de crédit ; et, cette hypothèse ve-
» nant à se réaliser, il n'y aurait aucune raison juri-
» dique pour refuser à ceux qui en auraient été les
» victimes le bénéfice de l'article 1167, C. civ., et par
» conséquent celui de l'article 474, C. proc. civ. ; mais
» c'est là une exception qui ne se présume pas et
» laisse le principe entier jusqu'au moment où la
» preuve d'une fraude organisée en vue de l'avenir
» se produit avec tous les caractères de l'évidence. »
(V. encore, sur ce point, *infra*, n° 141.)

81. — D'autres exceptions résultent du caractère spécial de certaines procédures organisées par la loi pour modifier et restreindre, dans des cas particuliers, les recours contre les jugements. Ici encore on peut citer le cas des jugements rendus en matière de faillite pour lesquels les articles 580 et s. contiennent des règles exceptionnelles. On peut considérer aussi comme dérogeant à la règle l'article 873, C. proc. civ., qui limite à un an seulement le délai de la tierce opposition des créanciers qui voudraient alléguer la fraude. D'une façon générale, dans les procédures qui comportent une certaine publicité, on conçoit que notre recours puisse être supprimé ou restreint. Peut-être y aurait-il lieu d'étendre cette idée de publicité à d'autres hypothèses, afin d'en faire résulter une plus grande stabilité des jugements.

82. — L'article 882 du Code civil conduit aussi à une restriction notable du droit de tierce opposition, quant aux jugements relatifs aux partages. Cet article permet aux créanciers de faire opposition à ce que le partage d'une succession intéressant un de leurs débiteurs soit effectué hors de leur présence. Si on procède au partage au mépris de cette opposition, ils peuvent en demander la nullité. Mais, à défaut d'opposition de leur part, ils ne peuvent attaquer le partage, même en alléguant le dol ou la fraude. Cette solution est généralement admise par la doctrine et la jurisprudence.

En appliquant ces principes, on est conduit à dire que les créanciers qui n'ont pas fait opposition ne peuvent, par tierce opposition, même en alléguant le dol ou la fraude, attaquer les jugements contenant partage d'une succession à laquelle est appelé leur débiteur [1]. Que s'ils ont fait opposition, et s'ils n'ont

---

1. Sic, sur le principe, Cass. 19 novembre 1838 (S. 39, 1, 309); 16 novembre 1847 (S. 47, 2, 657); 13 décembre 1861 et 6 mars 1862

as été mis en cause, ils peuvent, sans être obligés
l'articuler aucune fraude, demander la nullité du
partage. Cependant, en appliquant aux partages judiciaires les règles admises en matière de partages
conventionnels, la jurisprudence a admis que la
tierce opposition est recevable quand les créanciers,
intervenant avant qu'un partage soit consommé, attaquent un jugement précédemment rendu au cours
de l'instance, à l'effet de fixer les bases de la liquidation et de déterminer le mode suivant lequel il y sera
procédé [1].

Il faudrait aussi admettre, en se plaçant au même
point de vue, la tierce opposition basée sur la simu-
lation ou sur une précipitation frauduleuse ayant eu
pour résultat d'empêcher les créanciers de sauvegarder leurs droits. Dans ces deux hypothèses, où il y a
pour ainsi dire un renforcement de dol et de fraude,
la jurisprudence maintient dans les termes du droit
commun l'action des créanciers contre le partage fait
à leur préjudice. Il faudrait, par suite, si le partage
était judiciaire, admettre la tierce opposition. Ce sont
là, au surplus, des cas qui ne peuvent guère se présenter, étant donné la lenteur inévitable d'un partage
en justice, et les formalités qui l'entourent. Les recueils d'arrêts ne fournissent pas de décisions ren-

(D. 62, 2, 53); 8 janvier 1883 (S. 83, 1, 116); Riom, 11 février 1830;
Douai, 5 juin 1866 (S. 67, 2, 257); Orléans, 26 août 1869 (S. 70,
2, 113). — La règle a été appliquée même aux créanciers hypothécaires. (Douai, 5 juin 1866, précité). — Mais il semble qu'elle ne
devrait pas être étendue au tiers acquéreur d'une part hérédi-
taire. (Bordeaux, 29 août 1832, S. 33, 2, 246. V. cep. Riom 11 février 1830.)

1. V. en ce sens, Cass., 4 décembre 1834 (S. 35, 1, 456); Paris,
24 mars 1834 (S. 35, 2, 580); Agen, 11 décembre 1854 (S. 55, 2, 56).

dues sur ces points tout spéciaux que nous nous bornons à indiquer.

SECTION II. — DÉCISIONS RENDUES EN MATIÈRE DE JURIDICTION GRACIEUSE

83. — Les décisions rendues en matière de juridiction gracieuse ne sont pas, d'une manière générale, susceptibles de tierce opposition. La raison en est qu'elles ne tranchent pas un litige, qu'elles ne constituent pas la chose jugée. Il n'y a pas à appliquer une voie de recours qui, par ses motifs et son but, suppose soit une chose jugée au préjudice d'un tiers, soit une chose jugée à la suite d'un dol ou d'une fraude commis par l'un des plaideurs, à l'encontre d'une personne qu'il représentait.

Ce principe doit s'appliquer, d'une part, aux jugements rendus dans les nombreuses hypothèses qui sont de la compétence de la Chambre du conseil du tribunal civil, d'autre part, aux ordonnances sur requête[1].

84. — *a). Chambre du conseil.* — Les attributions n'en sont pas très nettement limitées, et ce n'est pas dans ce travail que nous pouvons essayer de les déterminer.

Nous nous contentons de faire remarquer que tous les cas dans lesquels le tribunal civil est investi du pouvoir de décider, sans qu'ils offrent aucun caractère contentieux, sont de la compétence de la Cham-

---

1. Il faudrait en dire autant, en matière administrative, des ordonnances ou décisions d'administration pure. (V. *supra*, n. 61.)

ore du conseil[1]. Il est bon d'observer aussi que les décisions rendues par elle, ne constituant pas la chose jugée, sont susceptibles d'être modifiées par le résultat des actions ordinaires, sans qu'il y ait à recourir à la tierce opposition[2]. C'est ce qui a été jugé par la Cour de cassation, le 22 novembre 1825 : « L'exception de chose jugée ne peut résulter d'un acte de simple juridiction volontaire ou gracieuse, intervenu sans contradiction, *inter volentes,* et par conséquent être opposée aux tiers pour empêcher de prononcer *inter nolentes* sur la question de validité de l'acte toujours susceptible d'être querellé par ceux qui se trouvent intéressés à le faire annuler. »

Ces principes doivent être appliqués aux décisions qui envoient en possession des biens d'un absent, qui homologuent sans contradiction une délibération d'un conseil de famille, qui rectifient, sur requête et sans adversaire présent, un acte de l'état civil, qui admettent une adoption[3], etc.

---

1. V. en ce sens Berlin, *Chambre du conseil* (t. I, nᵒˢ 13 et s.) et les conclusions de M. Nicias Gaillard rapportées dans cet ouvrage, t. I, nᵒˢ 660 et 661).

2. M. Berlin se sert ici d'une formule peu exacte : « Bien qu'aucun texte ne dispense les tiers dont ces décisions peuvent léser les intérêts de se pourvoir contre elles par la tierce opposition, elles n'engendrent cependant pas la chose jugée et n'imposent pas *la nécessité* de se pourvoir par tierce opposition. » La vérité est que la tierce opposition ne peut y trouver place.

3. V. en ce sens, au cas de jugement d'envoi en possession des biens d'un absent, Cass. 4 décembre 1834 (S. 35, 1, 230) ; Bordeaux, 0 nov. 1886 (*Rec de Bordeaux* 87. 22); — au cas d'homologation de la délibération du conseil de famille, Toulouse, 18 janvier 1829 (V. cep. Angers, 17 juin 1825); — au cas de refus d'homologation, Bordeaux, 2 févr. 1858 (Rec, de Bordeaux, 88, 1, 140); — au cas d'adoption, Cass. 22 novembre 1825 et Nancy, 13 juin 1826. — Un arrêt de la

85. — *b) Ordonnances sur requête.* — La difficulté est beaucoup plus sérieuse, en ce qui concerne les ordonnances rendues sur requête par les Présidents des tribunaux. On est en complet désaccord et sur leur caractère et sur les recours dont elles sont susceptibles. La question est cependant d'une haute importance, au point de vue pratique ; les hésitations de la jurisprudence donnent lieu quotidiennement à de graves embarras. Les attributions des Présidents des tribunaux sont nombreuses. Ils sont notamment, pour ne citer que les principales hypothèses, appelés à rendre des ordonnances pour autoriser les assignations à bref délai, sans préliminaire de conciliation, pour permettre une saisie-arrêt, pour envoyer en possession un légataire universel qui tient ses droits d'un testament olographe ou mystique et qui est en présence d'héritiers non réservataires.

Ces ordonnances, à notre avis, font partie de la juridiction gracieuse. Le Président y autorise certaines mesures sans contradiction, sans toucher au fond du droit, sur une simple appréciation d'opportunité dont il est le maître. Qu'on dise avec Chauveau que c'est de la juridiction gracieuse proprement dite, ou, avec M. Bertin, que c'est un acte administratif, ou, avec M. Bazot, que c'est un acte judiciaire, au fond, peu

Cour de Rennes du 25 février 1880, admet qu'on peut faire tierce opposition à un jugement nommant un administrateur provisoire à un aliéné (art. 31, l. 30 juin 1838). Un mari soutenait, dans l'espèce tranchée par cet arrêt, que le jugement portait atteinte aux droits d'administration qu'il tenait de son contrat de mariage. Il nous semble qu'il aurait pu faire valoir ses droits d'une façon principale, directe, sans faire tierce opposition, le tribunal restant, d'ailleurs, maître de modifier son jugement. (S. 80, 2, 255.)

importe. Ce qui est intéressant à constater, c'est qu'il n'y a pas chose jugée, que les tiers conservent l'exercice pur et simple de leurs droits, qu'ils peuvent les faire valoir par les voies ordinaires. Il n'y a aucune voie de recours directe, et spécialement pas ouverture de la tierce opposition [1].

86. — La solution contraire est défendue avec une grande force et une remarquable habileté dans une dissertation publiée dans le recueil Sirey (1886, 1, 9) par un magistrat qui garde l'anonyme[2]. Son argumentation peut se résumer brièvement. Il soutient d'abord, qu'il n'y a pas juridiction gracieuse dans tous les cas où il n'y a pas contradiction présente et actuelle, qu'il faut encore qu'il n'y ait pas contradiction possible. C'était, dit-il, l'opinion de d'Argentré : « *Voluntaria jurisdictio transit in contentiosam interventu justi adversarii.* » Il soutient, en outre, que les magistrats ne font jamais des actes d'administrateur, qu'ils font toujours des actes de juge, que notre législation répugne à l'idée d'un pouvoir discrétionnaire qui leur appartiendrait, que c'est enfin un principe élémentaire qu'on ne peut porter atteinte aux droits de ceux qu'on n'a pas entendus, « car la » défense est un droit sacré ».

Cette théorie ne nous paraît pas exacte. La juridiction est gracieuse, d'après nous, même s'il y a contradiction possible, par cela seul qu'il résulte de la loi que

---

1. V. en ce sens, outre les auteurs que nous venons de citer, une note de Massé dans Sirey, 1857, 1, 113.

2. Comp. les développements fournis sur ce point, dans le *Traité de l'appel* récemment publié par M. le conseiller Crépon (t. I, n°s 1182 et s.).

le juge doit se prononcer en dehors de tout débat. La règle citée d'après d'Argentré signifie simplement que, si une personne lésée par une ordonnance rendue en dehors d'elle exerce les actions qui lui appartiennent, le débat devenant sur le fond contradictoire, la juridiction contentieuse se trouve désormais seule appelée à connaître de la solution à lui donner. Nous ajouterons qu'il nous paraît évident que le magistrat ne fait pas acte de juge, quand, sans entendre aucun contradicteur, il accorde à une personne, sur un examen sommaire de ses prétentions, le droit de prendre une mesure qui n'implique rien sur le fond du droit. Qu'il ait un pouvoir discrétionnaire, cela n'est pas douteux ; la jurisprudence le lui reconnaît à chaque instant ; il paraît même difficile de le réglementer. Ce pouvoir, en effet, ne peut aller bien loin ; les droits sacrés de la défense ne sont guère violés puisque la solution du fond n'est en rien préjugée, que les tiers peuvent toujours, devant le tribunal, soutenir que la mesure ordonnée l'a été à tort, en provoquer une autre, sans être pour cela obligés de se rendre appelants, opposants ou tiers opposants.

La théorie que nous venons de critiquer est encore, en principe, soutenue par MM. Devilleneuve (S. 53, 2.177), Rodière (P. 60, 1185), Peyramont (rapport précédant l'arrêt de la Cour de cassation du 20 novembre 1867), Naquet (S. 72, 2, 233), Cazalens (D. 1875 2.73, 105, 137).

M. Naquet invoque particulièrement l'art. 2 du titre 35 de l'ordonnance de 1667, et une série de textes spéciaux du Code de procédure civile admettant, dans les hypothèses qu'ils prévoient, des recours contre les ordonnances. Ce ne sont pas là des raisons péremptoires. L'ordonnance de 1667 n'est plus en vigueur ; d'ailleurs, elle parle des jugements, et il ne semble pas que dans l'ancienne procédure du Châtelet, on trouve aucune trace d'opposition aux ordonnances des magistrats. Quant aux textes particuliers qui admettent certains recours, dans des cas déterminés, ils laissent la question entière pour les cas non prévus, puisqu'on peut aussi bien les invoquer par *a contrario* que par analogie.

87. — Cette théorie aboutit, d'ailleurs, à un très grand embarras sur la nature du recours à admettre contre les ordonnances rendues sur requête. Les uns, comme Devilleneuve, admettent l'appel devant la Cour, s'il y a eu excès de pouvoirs du Président. D'autres, comme Rodière et M. Naquet, veulent que le recours soit porté devant le tribunal. L'auteur de la dissertation que nous avons succintement analysée soutient qu'on fera tierce opposition devant le magistrat même qui a rendu la décision. Toutes ces solutions nous semblent arbitraires. Comment peut-on faire appel d'une ordonnance à laquelle on n'était pas partie ? Comment d'un autre côté pourrait-on donner aux tribunaux le pouvoir de réviser et de réformer d'une façon directe les actes de leurs Présidents ? Peut-on parler de la tierce opposition, alors que rien n'a été jugé, que l'art. 474, C. proc. civ., ne vise que les « jugements » ? Des arrêts ont parlé d'opposition ; mais le magistrat n'a pas statué par défaut ; il est dessaisi par la décision qu'il a rendue ; il n'a pas à se prononcer sur les contestations que peut soulever son ordonnance.

88. — Le mieux est, il nous semble, de dire qu'il n'y a pas de recours quelconque. La jurisprudence est hésitante. Nous croyons utile de donner une idée de son état actuel, sur l'importante question que nous examinons ici.

1° *Ordonnances permettant d'assigner à bref délai et sans préliminaire de conciliation.* La jurisprudence paraît incliner dans le sens du recours devant le tribunal. (V. Cass. 20 mai 1840, (S. 40, 1, 609), 25 juillet 1854 (S. 54, 1, 545); Limoges, 29 nov. 1832 (P. chr.); 4 janvier 1834 (P. chr.); 14 décembre 1878 (S. 79, 2, 266); Paris, 25 juillet 1851 (P. 52, 2, 661); Aix décembre 1858 (S. 59, 2, 173); Pau, 29 février 1864 (S. 64, 2, 100).

Mais on peut citer plusieurs arrêts dans le sens de l'opposition devant le Président (V. Cass. 29 janvier 1838 (S. 38,1, 641); Rome, 2 mai 1811; Toulouse, 18 janvier 1823; Rennes, 13 janvier 1813 (P. chr.); Bourges, 20 décembre 1831 (P. chr.); Bordeaux 12 janvier 1834 (P. chr.).

L'appel devant la Cour a été, aussi, parfois admis. (V. Bordeaux, 25 juin 1847 (S. 47, 2, 661); Besançon, 12 juillet 1853 (S. 54, 1, 545); Paris, 8 décembre 1852 (S. 53, 2, 177).

Enfin l'opinion que nous avons soutenue, et d'après laquelle il n'y a aucun recours, peut aussi se recommander de plusieurs arrêts (V. Colmar, 17 avril 1817 et 18 décembre 1827; Besançon, 17 mars 1827; Toulouse, 13 juillet 1827; Paris, 6 juillet 1830; Douai, 31 octobre 1835 (S. 36, 2, 38) et 8 décembre 1836 (S. 38, 2, 374); Toulouse, 28 août 1884 (D. 85, 2, 207).

89. — 2° *Ordonnances d'envoi en possession*

d'un légataire universel. C'est l'appel devant la Cour qui paraît ici avoir le plus de faveur, dans la jurisprudence. (V. en ce sens, Bastia, 10 janvier 1849 (D. 52, 2, 130) ; Riom, 6 mai 1850 (S. 50, 2, 454) ; Bourges, 30 juin 1854 (S. 55, 2, 16) ; Caen, 14 mai 1856 (S. 57, 2, 119) ; Paris, 10 janvier 1857 (S. 57, 2, 109) ; Nîmes, 3 juin 1844 (S. 45,1, 66) ; Bastia, 22 mars 1854 (S, 54, 2, 173), Nancy, 18 juin 1869 et 3 février 1870 (S. 70, 2, 316) ; Montpellier, 3 décembre 1870 (S. *ibid*) ; Dijon, 25 mars 1870 (S. 70, 2, 175) ; Limoges, 3 janvier 1881 (S. 81, 2, 104) ; Dijon, 11 janvier 1883 (S. 83, 2, 70) ; Nancy, 19 mai 1883 (S. 83, 2, 124) ; Poitiers, 17 mars 1880 (S. 82, 2, 186) ; Aix, 29 août 1883 (S. 84, 2, 691).

Cependant on ne saurait dire qu'elle est définitivement fixée. Il y a des décisions dans tous les sens.

La solution que nous soutenons a été celle de nombreux arrêts (V. notamment, Bruxelles, 3 janvier 1823 ; Toulouse, 1er août 1842 (S. 42, 2, 71) et 23 août 1842 (P. 43, 1, 749) ; Paris, 18 mai 1850 (D. 54, 5, 466) et 25 mars 1854 (S. 54, 2, 173) ; Douai, 31 juillet 1854 (S. 56, 2, 116) ; Bordeaux, 6 mai 1863 (S. 63, 2, 155) ; Angers, 23 août 1867 (S. 69, 2, 108) ; Pau, 30 mai 1870 (S. 71, 2, 26) ; Poitiers, 12 août 1874 (S. 74, 2, 254) ; Paris, 27 juin, 1878 (S. 78, 2, 215) ; Riom, 6 décembre 1878 (D. 80, 2, 3) ; Paris, 26 mars 1884 (S. 86, 2, 28).

Plusieurs arrêts ont admis l'opposition devant le Président qui a rendu l'ordonnance (Cass. 24 avril 1844 (S. 45, 1,66) ; Nîmes, 3 juin 1884 (*ibid*) ; Bastia, 22 mars 1854, précité ; Rennes, 20 janvier 1849 (S. 49, 2, 576) ; Gand, 28 mai 1856 (S. 57, 2, 119) ;

Agen, 7 juillet 1869 (S. 69, 2, 331); Besançon, 5 mai 1869 (S. 70, 2, 56).

Quelques autres se sont prononcés pour l'opposition devant le tribunal ; on peut citer, en ce sens, un arrêt de la Cour de Bordeaux, du 29 novembre 1834 (S. 35, 2, 138) et un autre de la Cour de Besançon, du 26 février 1868 (P. 68, 2, 252).

Enfin la tierce opposition a été aussi considérée comme la voie de recours à suivre, dans notre hypothèse : « L'héritier intéressé à contester l'envoi en
» possession, n'ayant pas été appelé devant le juge,
» peut, à bon droit, exciper de l'art. 474, C. proc.
» civ., et, tant qu'il ne s'est pas pourvu par cette voie,
» l'appel ne peut lui être ouvert. » (Bourges, 18 iuin 1855, S. 56, 2, 204. V. aussi Bourges, 18 décembre 1855, S. 56, 1, 13). C'est méconnaître, à notre avis, la nature de l'ordonnance d'envoi en possession, qui, intervenant en l'absence d'héritiers réservatoires, n'ordonne rien contre le successible naturel, n'est qu'une formalité judiciaire, une sorte d'exequatur provisoire qui réserve tous les droits. L'héritier n'a qu'à faire valoir les siens, et à attaquer le testament.

90. — 3° *Ordonnances autorisant une saisie-arrêt.* Elles ne sont pas davantage, à notre avis, susceptibles de recours. Cette règle paraît suivie par la jurisprudence [1].

---

1. V. not. Paris, 14 et 15 déc. 1882, S. 83. 2. 151 et les renvois ; Paris, 9 août 1889 (*Gaz. Pal.* 13 oct.) — V. aussi le traité *De l'appel* de M. Crépon, n. 1253.

Dans d'autres hypothèses encore, la question de recours contre les ordonnances sur requête a été examinée. On peut voir dans le sens de l'appel : Paris, 23 juin 1866 et Cass. 26 novembre 1867 (S. 68, 1, 73), pour le cas d'ordonnance contenant nomination de sequestre, et Bordeaux, 23 mai 1883 (S. 85, 2, 185), pour le cas de

Dans cette dernière hypothèse, nous ajouterons qu'il nous paraît difficile, en théorie, du moins, de justifier, soit la pratique inaugurée par M. de Belleyme au tribunal de la Seine et qui s'est beaucoup généralisée, d'après laquelle le Président réserve aux parties le droit de lui en référer, en cas de difficulté, et se réserve à lui-même le droit de modifier son ordonnance, soit la théorie de M. Bertin, qui, repoussant cette idée, maintient ici le droit d'aller en référé solliciter un changement à la décision rendue. Nous croyons que l'ordonnance, une fois prononcée, ne peut être modifiée que par suite de l'instance en validité ou en main levée de la saisie-arrêt, seule voie que la loi ait tracée aux parties (V. en ce sens les notes, dans D. 75, 1, 105 et S. 1886, 1, 9). La jurisprudence, d'ailleurs, est absolument en sens contraire.

91. — Cette solution nous dispense d'examiner les questions très délicates qui se posent, dès qu'on admet la possibilité d'aller en référé. On se demande si le juge des référés est compétent, même après que l'assignation en validité a été signifiée. On se demande ensuite si l'ordonnance rendue en référé est susceptible d'appel. Sur ces deux points, la jurisprudence est très divisée (V. M. Crépon, *op. cit.* n° 1254; M. Garsonnet, t. III, n° 697).

92. — Elle paraît cependant se fixer, de plus en

dépôt d'un testament, en vertu de l'article 1007, C. civ; — dans le sens de l'opposition : Aix, 27 janvier 1871 (S. 1ʳ, 2, 289) pour le cas de nomination de tiers arbitre; — enfin, dans le sens du caractère de juridiction gracieuse et, par suite, de l'absence de toute voie de recours : Cass. 15 mai 1876 (S. 76, 1, 305), et Paris 27 avril 1872 (S. 85, 2, 185). Le premier de ces arrêts est relatif au cas de nomination de sequestre judiciaire, le second au cas de dépôt de testament olographe.

plus, dans un sens conforme aux solutions d'un important arrêt de la Cour de cassation du 10 novembre 1885 (S. 86, 1, 9) [1].

Cet arrêt décide, d'une part, que le Président est absolument incompétent, dès qu'une demande en validité de la saisie arrêt a été formée, pour connaître des difficultés qui peuvent s'élever entre les parties. « La deuxième ordonnance, en rétractant absolument » la permission de saisir arrêter, fait disparaître la » matière de la saisie arrêt, et rend inutile et sans » portée la décision sur le fond ; elle entraîne ainsi » forcément préjudice au principal dont le tribunal » a été saisi, sur la demande en validité ; elle dépasse, » par conséquent, les pouvoirs du juge des référés ; » d'autre part, le Président du tribunal ne trouve ni » dans les dispositions de l'article 558, C. proc. civ., » ni dans la réserve qu'il a faite de statuer de nou- » veau, en cas de difficultés, le pouvoir de mettre à » néant une saisie arrêt dont la validité a été soumise » au tribunal par une demande régulière. »

D'un autre côté, cet arrêt admet que la deuxième ordonnance rendue en référé ne rentre pas dans la juridiction gracieuse, comme la première. Elle est susceptible d'appel, comme toute autre ordonnance de référé. Il y a ici opposition d'intérêts, contradiction, débat. La décision « a pour objet un litige sur l'exé- » cution d'une ordonnance de justice » [2].

---

1. Cependant plusieurs arrêts ont été rendus depuis, en sens contraire. V. not. Paris, 18 juill. 1889 (*Gaz. Pal.*, 89, 2, 231) ; 30 juill. 1889 (*id.* 89, 2, 337) ; 9 sept. 1889 (*Gaz. Pal.* 7 nov.)

2. V. encore pour les développements de cette question : M. Crépon *loc. cit.* ; M. Garsonnet, *loc. cit.* ; le rapport de M. le conseiller Onofrio, et les conclusions de M. l'avocat-général Desjardins (S. 86, 1, 9) ; M. Bertin, *ordonn. sur requêtes* (2e édition).

CHAPITRE IV

DE CEUX QUI PEUVENT FAIRE TIERCE OPPOSITION

SOMMAIRE

APPENDICE

De l'assignation en déclaration de jugement commun, considérée comme moyen de prévenir la tierce opposition.

87. — Nous avons été amené, en étudiant la nature et le rôle de la tierce opposition, dans notre droit, à distinguer en elle deux voies de recours bien différentes en réalité, quoique réunies sous la même dénomination : l'une facultative, à la disposition de celui dont le droit est blessé par un jugement auquel il n'a été ni partie ni représenté ; l'autre, obligatoire, ouverte à ceux qui soutiennent qu'un plaideur dont ils sont les ayants cause a agi par dol ou fraude, et qui veulent se faire restituer contre les conséquences de ce dol ou de cette fraude.

Les conditions de recevabilité de ces deux voies de recours sont évidemment différentes. Les personnes qui peuvent user de la seconde sont exclues de la première. Il est donc indispensable, pour la clarté des développements à fournir, de traiter séparément de l'une et de l'autre tierce opposition.

SECTION I
TIERCE OPPOSITION PROPREMENT.DITE OU FACULTATIVE

88. — Pour faire tierce opposition à un jugement qu'on dit être intervenu *inter alios*, il faut, d'abord, — cela résulte des termes de l'art. 474, C. proc. civ., et des principes généraux, en matière de chose jugée, — démontrer :

§ 1. Qu'on est un tiers, c'est-à-dire qu'on n'a été ni partie ni représenté ;

§ 2. Qu'on avait un droit qui rendait nécessaire qu'on fût appelé ;

§ 3. Qu'on souffre un préjudice dans son droit, par suite du jugement rendu.

Ces trois conditions qui déterminent quels sont ceux qui sont recevables à former tierce opposition, doivent être soigneusement distinguées.

§ 1.—Il faut être un tiers, c'est-à-dire n'avoir été ni partie ni représenté [1].

89. — Les idées qui se rattachent à ce premier point, celui qui soulève, dans la pratique, les plus nombreuses difficultés, ont trait à des questions souvent et depuis longtemps discutées. C'est, en effet, la théorie de l'effet relatif de la chose jugée, au point de

---

[1]. La règle est la même, en ce qui concerne la tierce opposition en matière de contentieux administratif (V. D. *Rép.*, v° *Tierce oppos.*, n° 278 et 28?. — V. aussi, *supra*, n° 61 et 62).

vue des personnes que nous avons à reprendre et à exposer. On nous pardonnera de ne pas insister sur des points qu'on peut considérer comme épuisés, au point de vue de la discussion théorique, et de nous appliquer surtout à l'examen des solutions données par la jurisprudence et les auteurs, en ce qui concerne spécialement la recevabilité de la tierce opposition.

Nous devons rappeler d'abord ce qu'on entend par un tiers, au point de vue de la chose jugée. On sait que le mot tiers est pris, en droit, dans des acceptions bien différentes, suivant les cas. Le tiers s'oppose toujours à la partie et à l'ayant cause. Mais les expressions même de tiers et d'ayant cause ont un sens relatif, contigent, variant avec les hypothèses : on est tiers ou ayant cause non pas d'une façon générale, *in abstracto,* mais relativement à tel ou tel acte fait par une autre personne.

Pour en donner une idée d'ensemble, on peut dire que le tiers est celui qui n'a pas figuré à un acte, et n'y a pas été représenté, d'après les principes du droit ; cet acte ne peut modifier sa situation. L'ayant cause a été représenté ; sa condition juridique, relativement à la chose qui a fait l'objet de l'acte, se trouve modifiée, parce qu'elle subit, d'après les règles fixées par la loi, les changements que la personne qui l'a représenté a pu apporter à cette chose.

Suivant les circonstances, celui qui a acquis un droit peut se trouver, soit dans la catégorie des tiers, soit dans celle des ayants cause, relativement aux actes qui ont pour effet de porter atteinte à ce droit. Il est facile de comprendre, en effet, que, suivant la nature d'un acte, la loi peut vouloir en étendre les résultats à un nombre plus ou moins considérable de personnes. Par exemple, la contre-lettre faite par un individu est opposable à moins de personnes que la convention apparente : des personnes, ayants cause quant à celle-ci, sont des tiers quant à la première. La date d'un acte sous-seing privé est opposable à un moins grand nombre de personnes que la convention elle-même. Cette idée devient encore plus facile à saisir, quand la loi exige, à l'égard des tiers, une mesure de publicité. Les tiers peuvent être plus ou moins nombreux, suivant que la loi a entendu qu'il faudrait avertir plus ou moins de personnes intéressées. On peut, ici encore, se trouver, suivant les cas, dans la classe des tiers, ou dans celle des ayants cause. Selon qu'il s'agira d'inscription d'hypothèque, de transcription d'aliénation à titre onéreux, de transcription de donation, de publicité de substitution, de cession de créance, de constitution de gage, etc., la loi a pu vouloir que telle personne fût avertie, dans une hypothèse, et ne le fût pas dans une autre : elle sera un tiers, dans la première, si elle n'a pas été prévenue ; elle restera ayant cause, dans la seconde, indépendamment de toute publicité.

Ces observations générales rappelées, il est facile de donner, dans notre matière, une définition des tiers. Ceux-là sont des tiers qui n'ont pas figuré personnellement à l'instance comme parties, et n'y ont pas été représentées.

90. — A. *Il faut n'avoir pas été partie.* — Celui qui a été partie au procès ne peut évidemment user de la tierce opposition (V. Cass. 10 juin 1872, S. 73, 1, 79 ; Bordeaux, 3 mai 1887, *Rec. de Bordeaux,*

87, 2, 313). La loi met à sa disposition les voies de recours ordinaires. Peu importe qu'il ait été partie comme demandeur, défendeur, ou intervenant [1]. Dans tous les cas, il a été à même de défendre ses droits. La présomption de vérité de la chose jugée lui est opposable. Les auteurs et la jurisprudence ont tiré de cette règle une conséquence intéressante, qui ne laisse pas d'être très délicate et très contestable : c'est que, lorsqu'on veut prévenir une tierce opposition, ou éviter qu'une personne oppose, plus tard, l'exception tirée de la règle *res inter alios judicata,* il suffit d'assigner cette personne en déclaration de jugement commun [2].

91. — En appliquant le principe formulé par l'article 1351, il faut ajouter que celui-là seul a été partie qui a plaidé avec la même qualité que celle par lui invoquée pour faire tierce opposition. Il peut donc se rendre tiers opposant, s'il a plaidé d'abord, au nom d'une personne dont il était le mandataire, et s'il agit ensuite en son nom personnel. Il n'a plus la même qualité [3].

La jurisprudence n'a pas toujours fidèlement respecté cette règle. Un arrêt de la cour de Metz, du 6 janvier 1818, refuse à l'administrateur d'une société, contre lequel, en cette qualité, un jugement a été rendu, le droit de faire personnellement tierce op-

---

1. Nous aurons à revenir sur le droit d'intervention, plus large que celui de tierce opposition. Pour être admis à intervenir, il suffit d'avoir intérêt. Pour faire tierce opposition, il faut un droit lésé.

2. V. sur cette question, *infra,* n° 147 et s

3. Jugé de même s'il agit plus tard comme cessionnaire d'un tiers. (Lyon, 30 décembre 1870, S. 72, 2, 17.)

position : « Un pareil moyen, dit l'arrêt, tiré d'une
» distinction plus subtile que solide entre la person-
» nalité et la qualité, ne peut rendre favorable la
» tierce opposition basée sur ce seul moyen. »

Un autre arrêt de la Cour de Bastia, du 28 juillet
1828, décide que l'avoué d'une partie qui a opposé,
au nom de cette dernière, des moyens de droit, ne
peut, plus tard, faire tierce opposition en son nom
personnel, en se basant sur les mêmes moyens.

Enfin, dans un arrêt récent du 23 janvier 1888
(S. 88, 1, 164), la Cour de cassation admet, d'une
façon générale, qu'un avoué ne peut faire tierce opposition à la décision dans laquelle il a figuré comme
avoué. Il s'agissait, dans l'espèce, d'une action en
responsabilité formée par un client contre son avoué
à qui il reprochait de ne pas avoir opposé en temps
utile une nullité de procédure. L'avoué soutenait
qu'il avait été diligent, que les juges avaient mal décidé en rejetant, comme tardive, la fin de non-recevoir qu'il avait soulevée. On décida qu'il ne pouvait
être admis à faire tierce opposition contre cette décision, et qu'il pouvait seulement, vis-à-vis de son
client, soutenir tous les moyens de nature à montrer qu'il avait été vigilant [1].

Il est douteux que le principe auquel paraît obéir
cette jurisprudence soit théoriquement bien exact. Il
nous semble que l'avoué n'a pas été *partie* au jugement, et qu'il excipe d'une qualité nouvelle, quand il

---

1. La même solution a été donnée par la Cour d'Alger, dans l'hypothèse de la tierce opposition formée par un huissier contre un
jugement prononçant la nullité d'une saisie (14 déc. 1887, *Rec.
d'Alger*, 88, 20).

se rend tiers opposant, en son nom personnel, se basant sur ce que le jugement porte préjudice à son droit. (V. Cass. 7 avril 1880, S. 81, 1, 124.) La solution donnée, dans l'arrêt de 1888, par la Cour de cassation, nous paraît, d'ailleurs, raisonnable. Nous serions en effet tenté de dire que l'avoué a réellement figuré au jugement, quand il s'agit d'une difficulté soulevée par la procédure qu'il a dirigée, de distinguer entre le cas où c'est comme simple particulier et celui où c'est en sa qualité professionnelle qu'il se rend tiers opposant, entre le cas où la décision porte sur le droit du client, et celui où elle a trait à un acte rentrant dans l'accomplisement du mandat de l'avoué. Si on admettait cette idée, il faudrait dire que l'avoué ne peut plus, vis-à-vis de son client, soutenir que c'est à tort que le juge a repoussé le moyen qu'il invoquait ; il ne pourrait que plaider qu'il n'a personnellement rien à se reprocher. Que si on veut, sans faire cette distinction, considérer l'avoué comme étant toujours un tiers, la solution donnée se justifie encore, à un autre point de vue, en ce que la décision rendue ne constituerait qu'un préjugé, insuffisant, suivant nous, pour faire tierce opposition [1].

92. — On peut se demander si l'on doit admettre à faire tierce opposition la personne qui, n'ayant pas voulu faire appel d'un jugement, demande à attaquer l'arrêt rendu sur l'appel d'un de ses consorts. Un arrêt de la Cour de cassation décide que la tierce opposition est recevable (27 janvier 1830). Il s'agissait d'une commune, condamnée en première instance

---

1. V., *infra*, nº 132 et s.

au délaissement d'un immeuble qu'elle détenait en vertu d'une transaction ; en appel, le débat avait été tranché à l'aide de titres différents, antérieurs à cette transaction : elle se trouvait lésée par l'appréciation qui en avait été faite. Qu'en principe la tierce opposition de celui qui n'a pas fait appel soit recevable contre l'arrêt, cela ne paraît pas douteux. Il est un tiers au regard de la chose jugée par l'arrêt. Mais il est nécessaire que cet arrêt juge autre chose que la décision première, qu'il contienne des solutions nouvelles, qu'il n'y ait pas, dans ses motifs, un simple préjugé défavorable à des prétentions que le plaideur qui n'a pas fait appel se réserve de soulever plus tard. Il est douteux qu'à ce point de vue, dans l'hypothèse que nous avons rappelée, la condition du préjudice aux droits du tiers opposant se soit trouvée remplie.

93. — Que si une personne a soutenu seule un procès, alors qu'elle avait légalement besoin d'être autorisée, il est bien certain que ce n'est pas la tierce opposition que la loi lui ouvre. Bien que plaidant sans les formalités requises, la personne incapable n'en a pas moins été partie. Elle devra donc user soit des voies ordinaires, soit de la requête civile (art. 480 § 2, et 481, C. proc. civ.). C'est toutefois un point douteux que de savoir si cette dernière voie est accessible à la femme mariée. Nous serions disposé à l'admettre, avec la plupart des auteurs, et malgré le dissentiment d'Aubry et Rau (t. V, p. 162) qui donnent à l'art. 480, § 2, une portée trop restreinte à notre avis.

Il reste à savoir si la personne chargée de représenter, d'assister ou d'autoriser cet incapable, n'aurait pas le droit de faire tierce opposition. En principe, nous ne le croyons pas. La solution contraire peut seulement être admise, quand il s'agit du mari. La nécessité de son autorisation résulte de ses droits et prérogatives et, agissant en son nom personnel, il peut se dire un tiers, lésé par la décision rendue. La jurisprudence s'est prononcée en ce sens, et a admis la tierce opposition du mari aux jugements rendus contre sa femme non autorisée (Cass. 9 janvier 1822 ; Montpellier, 27 avril 1831 (S. 32, 2, 77) ; Paris, 18 janv. 1887, *le Droit*, 26 févr. 1887) [1].

94. — Nous devons ajouter enfin qu'un simple changement survenu dans l'état d'une partie, au cours d'un procès, ne fait pas qu'elle devienne un tiers et puisse plus tard faire tierce opposition au jugement. Dans notre droit, il n'y a pas même lieu, en pareil cas, à reprise d'instance (art. 342 et 345, C. proc. civ.) Si donc, par exemple, une femme se marie au cours de l'instance et continue à plaider seule, ce n'est pas là une raison pour ouvrir soit à elle, soit à son mari, la voie de la tierce opposition (Cass., 10 décembre 1812). De même, si un mineur, représenté à un procès par son tuteur, devient majeur, au cours du procès, il n'y a pas lieu à interruption de l'instance, il continue à y être représenté, tant qu'il ne signifie pas son changement d'état. (Cass., 10 juillet 1827.)

Le décès d'une partie, pendant l'instance, entraîne interruption, si l'affaire n'était pas en état (art. 344, C. proc. civ.). Mais il ne semble pas que cet événement puisse jamais être la source d'un recours par

---

1. Ce dernier arrêt décide qu'il en est ainsi, alors même que les significations relatives au jugement ont été faites au domicile du mari.

tierce opposition. Si l'affaire était déjà en état, les successeurs du défunt sont réputés y avoir été parties. Si non, la procédure est frappée de nullité par l'art. 344, C. proc. civ. (Cass. 5 mars 1873, D. 73. 1, 28.)

95. — B. *Il faut n'avoir pas été représenté.* — On peut avoir été représenté à un jugement et être lié par lui, soit parce qu'on tient ses droits d'une personne qui y a figuré, soit parce qu'on a donné à cette personne un mandat conventionnel ou qu'elle était investie d'un mandat judiciaire ou légal. Dans ces hypothèses, où on doit subir l'effet de la chose jugée contre un autre, on a les voies de recours mises à la disposition du plaideur lui-même ; mais on ne peut faire tierce opposition [1].

Etudier ceux qui peuvent faire tierce opposition, c'est donc, comme nous l'avons dit, appliquer ici la théorie de l'effet relatif de la chose jugée.

96. — *Ayants cause à titre universel.* Il n'y a pas de difficulté à reconnaître que les successeurs universels, soit qu'ils continuent la personne de leur auteur, soit qu'ils aient simplement recueilli une quote part de son patrimoine, sont obligés par les jugements rendus contre lui comme ils le sont par les conventions qu'il a faites. « *Quod ipsis qui contraxerunt obstat et successoribus eorum obstabit.* » (L. 143, D. *de reg. jur.*). Ils ne peuvent donc faire tierce opposition aux jugements rendus contre leur auteur [2].

Peu importe, d'ailleurs, suivant l'opinion générale,

---

1. Sauf, bien entendu, le recours pour dol et fraude. (V. *infra*, n° 139 et s.)

2. Sic, C. d'Etat, 9 avril 1817 (S. chr). — V. aussi Cass., 30 janvier 1855, D. 55, 1, 118.

qu'ils aient accepté la succession de celui-ci simplement ou sous bénéfice d'inventaire. Ils ne sont des
tiers, quant aux actes faits par le *de cujus*, qu'en ce
qui concerne l'exercice du droit à une réserve qu'ils
tiennent de la loi, dans les cas déterminés par elle.

97. — *Créanciers chirographaires.* La situation des créanciers chirographaires n'ayant pas sur
les différents biens de leur débiteur, considérés séparément, de droit propre, n'ayant qu'un gage général,
est quelque peu analogue, au point de vue de la
chose jugée, à celle des ayants cause à titre universel.
Les jugements rendus contre ce débiteur leur sont
opposables, sauf le cas de fraude, sans qu'il y ait de
distinction à faire, à raison de l'antériorité ou de la
postériorité de leurs droits[1].

La jurisprudence a fait de nombreuses applications de cette règle. Elle a décidé, par exemple, que
des légataires de sommes d'argent ne peuvent faire
tierce opposition aux jugements qui établissent, contre les héritiers, l'existence de dettes de la succession (Nîmes, 18 février 1807), et que les créanciers du
mari ne peuvent attaquer par cette voie le jugement
qui fixe les reprises dues aux héritiers de la femme
(Agen, 1er mai 1830).

Les créanciers chirographaires sont représentés
par l'héritier même bénéficiaire de leur débiteur
(Nîmes, 8 février 1832. S. 32, 2, 336 ; v. aussi Cass.
10 novembre 1828)[2] ; ils le sont aussi par le curateur

---

1. V. Demolombe, t. XXX, n° 357 ; Bonnier, n° 884.

2. La solution contraire a été admise, dans le cas où le créancier a fait opposition et s'est fait connaître à l'héritier bénéficiaire.
(Cass., 11 janvier 1882, S. 84, 1, 317 ; Paris, 28 juin 1811.)

nommé à la succession vacante (Orléans, 26 août 1869, S. 70, 2, 113), par le liquidateur judiciaire ou par le syndic (Nancy, 19 février 1881, S. 12, 2, 101)[1].

98. — La question devient difficile quand il s'agit de jugements rendus entre le débiteur et l'un de ses créanciers, et reconnaissant au profit de ce dernier l'existence d'un droit de préférence. Demolombe, (t. XXX, n. 358) dit que les autres créanciers ne peuvent être considérés comme représentés par leur débiteur à un pareil jugement. La solution contraire nous semble plus exacte en principe. Le débiteur qui peut compromettre les droits de ses créanciers chirographaires par une obligation quelconque à laquelle il peut attacher telles garanties qu'il lui plaît, peut les diminuer aussi par l'effet d'un jugement aboutissant au même résultat.

C'est avec raison qu'on a jugé, par exemple, qu'un créancier chirographaire ne peut faire tierce opposition au jugement qui autorise un créancier gagiste à procéder à la vente de son gage. L'arrêt rappelle très exactement que « les créanciers, ne pouvant invoquer » d'autres droits que ceux de leur débiteur, sont astreints à exécuter les engagements non entachés » de fraude qu'il aurait pu contracter ». Ils ne peuvent donc considérer comme leur étant étranger le jugement qui reconnaît l'existence d'un droit de gage[2] (Cass, 8 juillet 1850, S. 51, 1, 38).

1. V. encore sur l'application de la règle, Cass., 11 juin 1822 ; Paris, 30 avril 1884 (D. 85. 2. 48) ; Orléans, 22 juill. 1885 (*Gaz. pal.* 85. 2. 374) ; Conseil d'Etat, 19 mars 1823. et quelques autres décisions citées dans Carré, Chauveau, et Dutruc, v° *Tierce opposition*, n° 72 et s.

2. V. encore, en ce sens, Cass. 13 avril 1841, S. 41, 1, 552 ; 15 avril 1856, D. 56, 1, 252 ; 30 mars 1875, S. 75, 1, 341.

Il est certain, d'ailleurs, qu'avec la jurisprudence, il faut à ce principe apporter une restriction.

Plusieurs arrêts de la Cour de cassation décident qu'un débiteur ne représente plus ses créanciers, *quand il s'agit de la répartition de son patrimoine.* « Si les créanciers chirographaires, dit un arrêt du
» 16 novembre 1874 (S. 75, 1, 65), doivent être con-
» sidérés comme ayant été représentés par leur dé-
» biteur dans les instances qui, liées entre ce dernier
» et des tiers sur des droits ou des engagements re-
» latifs à son patrimoine, doivent avoir pour unique
» résultat d'en fixer la consistance, il n'en est plus
» de même, lorsqu'il s'agit de litiges portant sur le
» point de savoir comment se répartira entre les dif-
» férents créanciers l'émolument de ce patrimoine ;
» sans intérêt, dans de pareils litiges, où ne se dé-
» battent que les droits de ses créanciers, le débi-
» teur commun est, par cela même, sans qualité pour
» les représenter, et, dès lors, les jugements qui ont
» reconnu des privilèges ou des droits de préférence
» au profit de tels ou tels d'entre eux, n'ont pas,
» quoique rendus avec le débiteur commun, l'auto-
» rité de la chose jugée, au regard de ceux qui n'ont
» pas été parties. »

Cette solution, dans sa généralité, nous semble difficile à admettre. Il est certain que, lorsqu'il s'agit de *la distribution judiciaire* d'une somme apparte-nant au débiteur, c'est entre les créanciers que les questions de préférence doivent se débattre, et ceux qui prétendent avoir, d'après la loi, un droit préfé-rable à celui des autres ne peuvent le faire juger qu'à l'encontre de ces derniers. Mais, jusqu'à ce qu'il s'agisse d'une *distribution judiciaire*, bien que le débat ait trait à un droit de préférence, consenti par le débiteur, celui-ci nous paraît être un contradicteur suffisant.

La règle que nous critiquons comme trop générale est formulée aussi par la Cour de cassation, dans deux autres arrêts du 8 décembre 1852 (S. 53, 1, 106), et du 1er août 1865 (S. 65, 1, 407). Dans les deux cas, il s'agit de *la distribution* de sommes d'argent ayant appartenu au débiteur. Dans le premier, un jugement avait reconnu au créancier d'un notaire destitué un privilège sur le prix de l'office ; avant qu'il fut payé, un autre créancier avait fait opposition et demandé ensuite la rétractation de la décision rendue. Peut-être peut-on penser qu'il aurait pu, sans même faire tierce opposition, se contenter de provoquer l'ouverture d'une distribution où la question de privilège aurait été débattue à son égard. Dans la seconde hypothèse, c'est contre un jugement rendu au cours d'une procédure d'ordre que l'on a admis la tierce opposition d'un créancier chirographaire, en considérant que le débiteur ne l'avait pas représenté. La solution nous paraît très raisonnable [1].

99. — Le créancier chirographaire devient un tiers lorsqu'il se trouve investi d'un droit propre, résultant d'un privilège spécial, ou lorsqu'il a fait procéder à une saisie sur son débiteur. Ce sont là des solutions admises, en matière de chose jugée, aussi bien

---

1. V. encore, sur la tierce opposition formée par un créancier chirographaire, en matière d'ordre, même après le délai de l'art. 756 C. proc. civ., Cass., 19 novembre 1872, D. 73. 1. 424 ; 27 avril 1869, D. 69. 1. 331.

que lorsqu'il s'agit d'appliquer l'article 941 ou l'article 1328 du Code civil.

Il est arrivé, par exemple, qu'un banquier avait fait un prêt en recevant des connaissements en gage ; il les avait transmis à un commissionnaire vendeur pour toucher de l'acquéreur le prix des marchandises vendues. En son absence, un jugement était intervenu entre le débiteur, le commissionnaire et d'autres créanciers, décidant que la somme à retenir par le commissionnaire ne comprendrait pas le prêt fait par le banquier. On a jugé avec raison qu'il était un tiers, puisqu'il avait un privilège résultant de son droit de gage et qu'il devait être admis à faire tierce opposition au jugement dont l'exécution était de nature à empêcher l'exercice de ce privilège (Cass., 6 février 1882, S. 83, 1, 393 et la note de M. Labbé) [1].

Le cas du créancier saisissant n'est pas non plus douteux. Il est un tiers, par exemple, si après la saisie-arrêt, un jugement intervient entre le débiteur et le tiers saisi, sans qu'il soit appelé (Cass., 24 janvier 1828). Enfin le syndic, comme représentant la masse des créanciers du failli, est un tiers, quant aux jugements rendus après la faillite et portant atteinte aux droits des créanciers, sans qu'ils aient été appelés ni représentés (V. Lyon, 7 fév. 1882, *Gaz. pal.* 83, 1, 6).

100. — *Ayants cause à titre particulier.* Les

---

1. La jurisprudence admet que les créanciers gagistes, comme les créanciers hypothécaires, sont représentés par leur débiteur quant aux jugements qui statuent sur la propriété de la chose objet de leur gage. (Cass., 10 août 1828.) — V., *infra*, n° 110 et 111.

ayants cause à titre particulier doivent subir l'effet des jugements rendus contre leur auteur, avant la naissance de leur propre droit, comme ils devraient subir l'effet des contrats qu'il aurait passés avant le même temps. Dans les deux cas, il est vrai de dire qu'ils ne peuvent avoir sur la chose acquise par eux que les droits qu'avait leur auteur au moment où il la leur a transmise.

Mais ils deviennent des tiers, quant aux jugements rendus postérieurement à leur acquisition. Leur auteur qui, à ce moment, ne pourrait, par aucune convention, diminuer les droits qu'il leur a consentis, ne peut pas davantage les compromettre par les procès qu'il soutiendrait. Il n'a plus qualité pour plaider. Cette règle élémentaire, reproduite par de nombreuses lois romaines, doit, d'ailleurs, être combinée, dans notre législation, avec les dispositions qui exigent l'accomplissement de mesures de publicité pour l'acquisition vis-à-vis des tiers, de certains droits.

101. — Avant d'étudier séparément les différentes applications du principe que nous venons de rappeler, il est une question commune aux divers ayants cause à titre particulier, qu'il convient d'examiner tout d'abord. Il peut arriver qu'un procès relatif à la chose sur laquelle un droit est aliéné soit pendant, au moment de cette aliénation. L'acquéreur est-il représenté au jugement rendu contre son auteur qui a seul continué l'instance ? Peut-il y faire tierce opposition ?

Les lois romaines étaient déjà en désaccord sur ce point. Ulpien (L. 11, § 9 et 10, D. *de exc. rei jud.*, paraît admettre que la chose jugée sera opposable à l'acquéreur. Papinien (L. 29 § 1 D. *h. t.*) paraît considérer cet acquéreur comme un tiers. La dissidence a continué dans notre droit. De très bons auteurs y soutiennent que l'acquéreur est tenu : ils se basent sur l'effet rétroactif des décisions judiciaires, et sur cette idée que l'auteur n'a pu transmettre plus de droits qu'il n'en avait, que, par suite, il a aliéné la chose avec la charge du procès, grevée, comme on l'a dit, de la servitude du litige[1]. Telle est l'opinion de Marcadé, Duranton, Aubry et Rau. M. Colmet de Santerre l'enseigne également (t. V, n° 328 *bis* XVII.)

La jurisprudence s'est en général refusée à l'admettre ; et c'est, suivant nous, avec raison. A partir du jour ou l'auteur a transmis un droit sur la chose litigieuse, il n'a plus qualité pour plaider quant à ce droit. Il n'y a pas à parler d'effet rétroactif de la décision, puisque cette décision, en ce qui touche l'acquéreur, n'existe pas, frappe dans le vide. Ajoutons que l'idée de servitude du litige est une idée arbitraire qu'on ne saurait admettre sans un texte ; on ne peut dire que les droits de l'aliénateur étaient diminués par cela seul qu'un procès était engagé contre lui, ou qu'il en avait intenté un lui-même ; on ne peut attribuer une sorte de caractère réel aux droits résultant éventuellement de l'instance en cours, si bien qu'on puisse les opposer à d'autres que le plaideur condamné. Tout ce qui résulte du fait de 'engagement du procès, c'est que l'acquéreur a reçu la chose avec l'éventualité du débat, qu'il doit ac-

---

1. Proudhon dit de l'acquéreur, en ce qui concerne les procès engagés postérieurement à son acquisition : « Il n'est pas l'ayant cause « de l'engagement du litige, puisqu'il n'existait pas lorsque la chose « vendue lui a été livrée ; le vice du litige ne lui a pas été transmis « puisqu'il n'affectait pas le fond, quand il l'a reçu. »

cepter ce débat tel qu'il se trouve lors de l'acquisition, tant au point de vue de la juridiction saisie que des conclusions prises par son auteur. Mais il n'en reste pas moins vrai qu'il doit être partie au procès, à partir du jour de son acquisition, et que, s'il n'a pas été appelé, il peut faire tierce opposition (Cass., 8 mai 1810; 14 juin 1815; 19 août 1818; 30 mars 1858, D. 58, 1, 164. V. aussi Demolombe, n. 352) [1].

102. — On peut supposer, dans un autre ordre d'idées, que le successeur à titre particulier a eu connaissance du procès suivi par ou contre son auteur, qu'il a gardé le silence, et plus tard seulement, le jugement étant défavorable, a voulu en écarter l'application. Ne doit-on pas dire que, dans cette hypothèse, il s'est considéré comme représenté au procès et doit en subir les conséquences ? Une loi célèbre, la loi 63 D. *de re judic.* l'admettait : « *Scientibus sententia,*
» *quæ inter alios data est, obest, cum quis de ea re*
» *cujus actio vel defensio primum sibi competit*
» *sequenti agere patiatur, veluti si creditor expe-*
» *riri passus sit debitorem de proprietate pigno-*
» *ris,... aut possessor venditorem de proprietate*
» *rei emptæ; et hæc ita ex multis constitutionibus*
» *intelligenda sunt. Cur autem his quidem scien-*
» *tia nocet ?... Illa ratio est... is vero qui prio-*
» *rem dominum defendere causam patitur ideo*
» *propter scientiam, præscriptione rei, quamvis*
» *inter alios, judicatæ summovetur, quia ex volun-*
» *tate ejus de jure quod ex persona agentis habuit,*
» *judicatum est..... »*

---

1. V. plus loin, nº 104, quelques décisions contraires. — Dutruc, *op.cit.* (nᵒˢ 49 et s.) cite plusieurs autres arrêts, dans l'un et l'autre sens.

Notre ancien droit à souvent fait l'application de cette règle. Tout le monde reconnaît aujourd'hui qu'il faut la rejeter. Il y a là une présomption qu'on ne peut admettre sans un texte précis, et il ne paraît pas à souhaiter que ce texte soit jamais admis (Cass., 19 août 1818 et tous les auteurs) [1].

La jurisprudence et la doctrine sont, au surplus, d'accord pour reconnaître que si le successeur avait, en réalité, non-seulement connu, mais approuvé, dirigé le procès sous le nom de son auteur, qui aurait été ainsi son prête nom, il ne pourrait être admis plus tard à en écarter les effets. C'est une solution raisonnable et de tous points conforme aux principes (Cass., 2 mai 1811 ; 16 février 1830. V. aussi Demolombe, t. XXX, n. 355, et tous les auteurs).

Il nous reste maintenant à faire application aux divers ayants cause à titre particulier des règles que nous venons de préciser.

103. — *Acquéreurs entre vifs de la chose litigieuse.* L'acquéreur de la propriété d'une chose est obligé de subir les jugements rendus antérieurement à son acquisition (Aubry et Rau, t. VIII, p. 373, note 317.) Si un arrêt a, quelque temps auparavant, restreint les droits de son vendeur, il ne peut y faire tierce opposition (Agen, 21 février 1810).

Mais, comme nous l'avons dit, il est un tiers quant aux décisions rendues postérieurement, en dehors de lui. La jurisprudence s'est nettement prononcée dans ce sens. « Si les jugements rendus avec le vendeur » peuvent être opposés à l'acquéreur, toutes les fois

1. V. aussi, en ce sens, Aix, 15 nov. 1887, *Rec. de Marseille*, 88.

» que ces jugements sont antérieurs à la vente, il
» n'en est pas de même des jugements rendus contre
» le vendeur, à une époque ou celui-ci a cessé d'être
» propriétaire, et à laquelle il n'aurait pas le droit de
» grever de nouvelles charges l'immeuble par lui
» aliéné; dans ce cas, l'acquéreur ne peut être con-
» sidéré comme l'ayant cause du vendeur; les juge-
» ments rendus contre celui-ci sont respectivement
» à l'acquéreur et aux tiers détenteurs *res inter*
» *alios judicata,* et, s'ils leur sont opposés, ils ont
» droit et qualité pour les attaquer par la tierce op-
» position. » (Cass., 11 mars 1834, S. 34, 1, 345) [1].

Par application de cette règle, on a jugé que l'acquéreur est recevable à attaquer un jugement prononçant la nullité de la donation faite à son auteur
de la chose par lui aliénée (Cass., 5 janvier 1846, S. 47
1, 134), où même un jugement qui, après la vente, a
déclaré périmée une instance commencée par le
vendeur et à laquelle l'acquéreur n'a pas été appelé
(Nimes, 23 juillet 1881, sous Cass., 21 novembre
1882, S. 83 1, 277) [2].

104. — La règle est la même si la transmission
de propriété a eu lieu au cours du procès. Ainsi que
nous l'avons déjà démontré (n° 101), l'acquéreur est
un tiers, au regard du jugement rendu contre son

1. Le même principe a été appliqué à l'acquéreur d'un droit de
propriété littéraire (Trib. civ., Paris, 23 déc. 1887, *Gaz. Pal.*, 88, 1, 130).
2. V. encore sur l'application du principe : Cass., 10 août 1807;
27 juin 1810; 14 juin 1815; 21 février 1816; 12 décembre 1821; 26 mars
1838, S. 38, 1, 757; Douai, 5 juin 1820; Orléans, 29 juillet 1880,
D. 81, 2, 161; Poitiers, 7 janvier 1885, D. 86, 2, 72; Cons. d'Etat,
14 juin 1815; 16 juin 1824. — Les décisions contraires sont an-
ciennes et peu motivées. (Paris, 29 prairial an X et 18 ventôse an XI;
Cons. d'Etat, 18 août 1807 et 18 avril 1816; Grenoble, 30 juin 1818.)

auteur, après l'aliénation (Cass., 8 mai 1810 ; 19 août 1818 ; 25 mars 1828 ; Bordeaux, 19 août 1840, S. 41, 2, 7). Il pourrait même faire tierce opposition à l'arrêt, s'il avait acquis la chose au cours de l'instance d'appel. (Cass., 25 mars 1828.)

Bien que Demolombe dise que c'est là une jurisprudence bien fixée, on peut citer des décisions contraires ; la plus récente est un arrêt de la Cour d'Aix du 14 novembre 1865 (S. 66, 2, 51). Ses motifs résument assez clairement la théorie que nous avons réfutée plus haut. « Il est certain, en fait, dit l'arrêt, » que D. a acheté l'immeuble dont s'agit au procès » pendant l'instance introduite contre E., son ven- » deur et tendant à faire déclarer que celui-ci n'était » pas légitime propriétaire ; dans ces conditions, le » vendeur E. avait qualité pour continuer à défen- » dre dans l'instance déjà engagée contre lui. En ef- » fet, les demandeurs, dans cette circonstance, n'a- » vaient pas à la reprendre contre un acquéreur dont » l'existence ne leur était même pas connue ; ayant » plaidé contre leur véritable et unique adversaire, » la décision qu'ils ont obtenue contre lui doit leur » profiter envers tous. Si l'acquéreur a connu le pro- » cès, lors de la vente, il a à s'imputer de n'être pas » intervenu ; s'il l'a ignoré, il a une action en dom- » mages-intérêts contre son vendeur qui l'a trompé » en ne le lui faisant pas connaître ; si le vendeur » avait qualité pour suivre l'instance, il y représen- » tait l'acquéreur ; la tierce opposition n'est donc » pas recevable. » Ce sont là des raisons d'utilité pratique qui ne peuvent être considérées comme ayant une valeur sérieuse en droit. La considération qu'il n'y a pas lieu à reprise d'instance n'entraîne pas notamment, comme l'exprime l'arrêt, cette conséquence que le vendeur représente l'acquéreur, et qu'il doive y avoir chose jugée contre celui-ci, alors qu'il a acquis un droit propre et n'a pas été appelé à le défendre ; les règles tracées en matière de reprise d'instance n'ont trait qu'à la régularité de la procédure, vis-à-vis des parties en cause et sont sans effet vis-à-vis des tiers. (V. encore, dans le sens de la représentation de l'acquéreur, Liège, 5 décembre 1812 ; Limoges, 13 février 1816 ; Riom, 11 février 1830.)

105. — Enfin, et par application encore de la règle générale que nous avons posée (n° 102), il est certain que l'acquéreur à titre onéreux ou gratuit de la propriété d'une chose est recevable à faire tierce opposition, bien qu'il ait eu connaissance du procès. « On ne peut pas dire qu'un vendeur représente l'ac- » quéreur, relativement aux droits immobiliers qu'il » a aliénés, puisque ces droits ne lui appartiennent » plus, et que, s'en étant irrévocablement dessaisi, il » ne peut plus ni en traiter, ni en disposer, ni les » compromettre d'aucune manière au préjudice de » l'acquéreur qui en est devenu seul maître et pro- » priétaire, et contre lequel doivent, en conséquence, » être exercées toutes les actions en revendication ou » en dessaisissement ; aucune disposition de la loi n'o- » blige l'acquéreur à intervenir sur les demandes en » revendication qui peuvent être formées contre le » vendeur, quoiqu'il en ait connaissance, et, au con- » traire, l'art. 474, C. proc. civ., décide bien positive- » ment qu'il n'y est pas obligé, puisque, sans aucune » restriction quelconque, il admet la tierce opposition

» de la partie qui n'a été ni appelée, ni représentée,
» lors du jugement. » (Cass., 19 août 1818 ; v. aussi
Cass., 1ᵉʳ juin 1858, S. 59, 1, 407.)

L'acquéreur ne serait irrecevable dans sa tierce
opposition que s'il avait réellement plaidé sous le
nom du vendeur. (Cass. 2 mai 1811 et 16 février 1830.)

106. — *Cessionnaires de créances.* Ce sont des
acquéreurs auxquels doivent s'appliquer les règles que
nous venons de développer. La jurisprudence l'a
souvent admis. Par exemple, on a jugé qu'ils ne sont
pas représentés aux jugements qui ont pour effet
l'extinction ou l'inefficacité de la créance cédée et
peuvent y faire tierce opposition (Nancy, 22 février
1867, S. 68, 2, 50). La règle est appliquée par un
arrêt de la Cour de Paris, du 24 janvier 1873 (S. 75,
2, 335) à la cession d'un droit au bail[1].

Peu importe, ici encore, que la cession ait eu lieu
au cours du procès, et même après un jugement de
première instance, s'il y a eu appel : « Le cession-
» naire dont la cession, intervenue dans le cours d'une
» instance entre le cédant et le débiteur du droit
» cédé, a été notifiée à celui-ci depuis le jugement
» rendu au profit du créancier, mais avant l'appel
» interjeté par le débiteur, ne saurait être considéré
» comme ayant été représenté par son cédant dans
» l'instance d'appel où il n'a figuré ni comme inté-
» ressé, ni comme intervenant, si d'ailleurs il n'est
» pas constaté en fait qu'il ait confié au cédant le
» soin de le représenter. Ainsi, en l'absence de toute

---

1. V. encore, dans le même sens, Paris, 20 brumaire an XI ; Colmar, 11 mai 1811 ; v. aussi Cass., 16 novembre 1836 (S. 36. 1. 960) ;
16 août 1841 (S. 41. 1. 619) ; Cons. d'Etat, 1ᵉʳ septembre 1815.

» constatation de cette nature, il est recevable à se
» pourvoir par tierce opposition contre l'arrêt qui,
» sur l'appel du débiteur, lui fait grief à lui-même,
» en déclarant contre le cédant personnellement
» l'annulation ou l'extinction de l'obligation du dé-
» biteur, de même qu'il aurait été recevable à inter-
» venir dans l'instance d'appel, soit pour y prendre
» les lieu et place du cédant, soit pour concourir avec
» celui-ci à la défense de ce qui avait été l'objet même
» de la cession. » (Cass., 1er juin 1858, S. 59,1, 417)[1].

107. — *Légataires particuliers.* Ils deviennent des tiers, à partir du moment où le legs leur est acquis, ou à partir de l'envoi en possession ou de la délivrance, si ces formalités sont nécessaires. Cette solution a été admise à l'occasion d'un jugement rendu contre le curateur à une succession vacante, au profit d'une personne prétendant exercer des droits sur un immeuble dépendant de cette succession et légué à une autre personne. La tierce opposition de celle-ci a été déclarée recevable. « Les biens
» dont la délivrance a été consentie à un légataire
» particulier n'appartiennent plus à la succession du
» testateur, et, par suite, le curateur de cette succes-
» sion n'a pas qualité pour représenter le légataire,
» relativement auxdits biens dans les instances intro-
» duites ultérieurement... » (Cass., 25 juillet 1875, S. 75, 1, 413.)

---

1. La cession doit avoir été signifiée pour que le cessionnaire puisse être considéré comme un tiers à l'égard de la chose jugée. V. Cass., 16 juillet 1816, D. *Rép*, v°. *Vente*, n° 1743 ; 5 juin 1855, (D. 55. 1. 281); V. cep. Cass., 16 juin 1829 (D. *Rép.* v°. *Tierce opposition*, n° 160).

108. — *Usufruitiers, titulaires de servitudes
réelles.* — Ce sont toujours les mêmes distinctions à
appliquer. Proudhon qui considère, comme tous les
auteurs, que l'usufruitier est un tiers à l'égard des
jugements rendus après la naissance de son droit, relativement à la chose qui en est l'objet [1], ne donne
pas la même solution en ce qui concerne le titulaire
d'une servitude réelle. « Il faut tenir pour constant,
dit-il, que le droit de la tierce opposition à un jugement rendu contre celui qui possédait le fonds à
titre de maître ne peut appartenir au tiers qui
n'avait qu'un simple droit réel sur le fonds, à moins
qu'il n'y ait eu entre les plaideurs collusion frauduleuse pratiquée contre lui, pour le dépouiller de son
droit. » A l'appui de cette solution, il invoque, outre une série de lois romaines, cette idée que les droits
consentis par le possesseur doivent tomber, puisque
le jugement démontre que son droit de propriété
n'existait pas ; et il décide d'une façon générale que
le possesseur est un contradicteur légitime pour
plaider sur la résolution de son droit, même en tant
que cela intéresse les personnes avec lesquelles il a
traité. Les textes du droit romain sur ce point nous
semblent quelque peu contradictoires et en sens divers : ils ne fournissent pas un élément de solution.
Quant à l'argument donné par Proudhon, que nous
retrouverons en étudiant l'hypothèse des créanciers
hypothécaires, il est sans valeur ; s'il était exact, il
devrait aboutir à enlever aussi le droit de tierce opposition à l'usufruitier. Dans tous les cas, il faut dire

1. V. en ce sens, Cons. d'Etat, 14 mars 1853 (D. 54, 3, 25).

que, sans doute, la résolution du droit du possesseur d'un fonds entraîne celle des droits qu'il avait lui-même consentis, qu'il avait distraits du sien ; mais il reste à prouver le fait de la résolution ; on ne peut l'établir à l'encontre de ceux qui ont un droit propre en leur opposant un jugement auquel ils n'ont pas été parties. L'idée du possesseur constitué contradicteur légitime pour plaider au nom de ceux auxquels il a conféré des droits, est purement arbitraire, et, si on se place à un point de vue de législation pure, serait d'ailleurs désastreuse par ses conséquences.

109. — *Fermiers et locataires*. La solution à donner dans l'hypothèse des locataires ou des fermiers dépend évidemment du caractère qu'on reconnaîtra à leur droit. Si leur droit a le caractère de droit réel, ils doivent être assimilés aux autres ayants cause à titre particulier que nous avons indiqués jusqu'ici. Mais, en admettant avec la doctrine et la jurisprudence actuelles, que leur droit est personnel, on est conduit à dire que, même après la naissance de ce droit, ils sont représentés par le bailleur ; ils n'ont pas en effet de droit propre sur la chose, et n'ont pas par suite une qualité qui oblige à les appeler au procès. (Rouen, 23 décembre 1812).

De même, le sous-locataire serait non recevable à former tierce opposition au jugement rendu entre le locataire principal et le bailleur (Paris, 11 novembre 1812)[1].

Il faudrait en dire autrement du cessionnaire du droit au bail. Il est un véritable acquéreur[2].

1. V. encore Nimes, 13 novembre 1810. (D. *Rép.*, v°. *Louage*, n° 446). et Bordeaux, 3 décembre 1841. (D. *Rép.*, v°. *Tierce opposition*, n° 174), — V. cependant Dutruc, *op. cit.*, n° 111.
2. V. *supra*, n° 106.

110. — *Créanciers hypothécaires*. On peut dire que c'est une question dont la discussion est épuisée que celle de savoir si les créanciers hypothécaires sont représentés par leur débiteur dans les instances ayant trait à son droit de propriété sur l'immeuble hypothéqué. La doctrine et la jurisprudence sont fixées en sens contraires : mais, des deux côtés, la lutte est terminée : les tribunaux ne s'occupent plus de ce point de droit qu'ils considèrent comme définitivement tranché dans le sens dela représentation des créanciers. Et pourtant, après la démonstration si remarquable, si complète et si claire qui se dégage de la dissertation écrite par M. Valette sur cette question, on peut à bon droit s'étonner que le système inauguré par Merlin et Proudhon ait triomphé.

Les lois romaines paraissent elles-mêmes bien nettes pour considérer les créanciers hypothécaires comme des tiers (L. 3 *pr.* D. *de pign. et hyp.*, ; l. 11 § 10, D. *de Exc. rei jud.* ; l. 29, § 1, *id.*). C'était aussi la solution enseignée par Pothier. D'un autre côté les motifs invoqués par la jurisprudence et qui sont ceux qu'indiquaient déjà Merlin et Proudhon n'ont rien de bien décisif.

Ils soutiennent que l'hypothèque n'est pas, comme l'usufruit, un démembrement de la propriété, que le débiteur est un contradicteur légitime, au regard de ses créanciers. Proudhon ajoute même que le possesseur est un contradicteur légitime en ce qui concerne les conséquences du jugement pour tous ceux auxquels il a conféré des droits. « Le créancier hypothé-
» caire, dit à son tour M. Larombière, en tant qu'ayant
» cause, se distingue essentiellement des autres

» ayants cause tels que l'acquéreur, le donataire et le
» cessionnaire, en ce que, nonobstant les droits
» d'hypothèque qui lui sont attribués, le propriétaire
» continue d'exercer seul les actions concernant la
» chose. » Toutes ces considérations sont sans valeur.
Peu importe que l'hypothèque doive ou non être qualifiée démembrement de la propriété : ce qui est certain, c'est que c'est un droit réel, un droit distinct de celui du débiteur, et que celui-ci ne peut atteindre, pas plus par l'effet des procès qu'il soutient que par l'effet des obligations qu'il contracte.

La jurisprudence commet encore une confusion évidente en faisant intervenir la règle : *Resoluto jure dantis....* Il s'agit précisément de démontrer que le droit est résolu ; la démonstration n'est pas faite au regard du créancier hypothécaire, puisque le jugement qu'on lui oppose est pour lui *res inter alios acta.*

La seule raison sérieuse alléguée par les tribunaux est celle de l'intérêt pratique. On peut se demander, en effet, si ce ne serait pas une gêne considérable que l'obligation d'appeler dans les procès intéressant la propriété d'un immeuble tous les créanciers hypothécaires. Mais il faut répondre que le danger est bien plus grand de laisser un débiteur peu soucieux de ses droits compromettre ceux qu'il a conférés à des créanciers. On peut ajouter d'ailleurs que celui dont le droit est bien établi n'a guère à craindre que les créanciers, s'il ne les a pas appelés, soient plus tard disposés à recommencer un procès qu'il leur serait impossible de gagner.

Sauf **M. Larombière**, tous les auteurs admettent actuellement cette solution. La Cour de cassation l'avait consacrée dans deux arrêts des 9 décembre 1837 (S. 36 1, 177) et 28 août 1849 (S. 50, 1, 49)[1]. Mais elle s'est définitivement fixée en sens contraire. La première décision qui ait consacré la solution devenue définitive date du 12 fructidor an IX, rendu sur les conclusions de Merlin. On peut citer depuis de nombreux arrêts. (V. notamment Cass., 27 messidor an XIII ; 16 juin 1811 ; 21 février 1816; 21 août 1826 ; 15 janvier 1828 ; 22 mars 1831, S. 31, 1, 350 ; 3 juillet 1832, S. 32, 1727 ; 26 mai 1841, S. 41 1, 749 ; 6 décembre 1859, S. 60, 1, 9 ; 9 juin 1863, D. 64, 1, 84 ; 15 juillet 1869, S. 69, 1, 456 ; 26 août 1872, S, 72, 1, 366; 13 décembre 1864, S. 65, 1, 27 ; 8 janvier 1883, S. 83, 1, 116.)

La jurisprudence des Cours d'appel, quoique plus hésitante, s'est cependant rangée à celle de la Cour de cassation. La solution que nous avons admise a été consacrée par plusieurs arrêts (Paris, 27 mars 1824 ; Caen, 30 mai 1827 ; Paris, 16 août 1832, S. 33, 1, 474, et 24 mars 1834, S. 34, 2, 580[2]; Lyon, 30 avril 1851, P. 52, 2, 116 ; Nancy, 22 février 1867, S. 68, 2, 50).

1. Dans l'espèce du premier de ces arrêts, il s'agissait de la tierce opposition d'un créancier hypothécaire au jugement rendu contre le débiteur et prononçant la résolution de la vente d'une machine devenue immeuble par destination : l'arrêt juge que le créancier « avait un droit personnel au maintien de l'hypothèque » et par suite à contester la demande en résolution ; qu'il n'avait « pu être représenté dans l'exercice de ce droit ».

2. « Il est conforme aux principes et à la raison, dit cet arrêt, » que des créanciers ne peuvent être considérés pour tout ce » qui concerne l'exercice de leurs droits hypothécaires comme » ayant été représentés par leur débiteur dont les intérêts sont » étrangers et souvent même opposés aux leurs ».

Ce dernier arrêt très bien motivé développe d'une façon précise le système que nous avons résumé : « S'il est de règle que les créanciers chirographaires » sont toujours représentés par leur débiteur dans les » instances où celui-ci figure, il en est tout autrement » des créanciers hypothécaires ; l'hypothèque étant un » droit réel immobilier, qui entre dans le patrimoine » du créancier, le débiteur ne peut plus en disposer, » ni lui faire subir aucune atteinte, soit par l'effet d'une » convention, soit par l'effet d'un jugement, sans la » participation ou le consentement de ce créancier. On » objecte en vain que le créancier hypothécaire n'est » que l'ayant cause du débiteur ; sans doute, il est bien » son ayant cause, en ce sens qu'il tient ses droits de » lui, comme l'acquéreur, l'usufruitier ou l'usager les » tiennent du vendeur ou du propriétaire concédant ; » mais il n'est, à proprement parler, l'ayant cause du » débiteur que pour les actes antérieurs à la concession » de l'hypothèque ; pour tout ce qui l'a suivie, il est » un véritable tiers, ayant des droits qui lui sont pro- » pres, distincts de ceux du débiteur et peut par con- » séquent repousser, comme étant pour lui *res inter* » *alios judicata*, les jugements rendus contre son dé- » biteur postérieurement à la naissance et à l'inscrip- » tion de l'hypothèque. Le débiteur n'est donc pas le » représentant légal de ses créanciers hypothécaires, » dans les instances relatives à la propriété de l'im- » meuble grevé, et dès lors, ces créanciers sont rece- » vables à former tierce opposition aux jugements » postérieurs à leur hypothèque qui anéantissent ou » amoindrissent entre les mains du débiteur l'im- » meuble qui formait leur gage. »

Mais la théorie adverse est celle des décisions les plus nombreuses et les plus récentes (V. Turin, 3 mai 1809 ; Rennes, 7 mars 1820 ; Riom, 3 août 1826 ; Paris, 2 février 1832, S. 32, 2, 301 ; Douai, 5 juin 1866, S. 67, 2, 257 ; 23 janvier 1869, D. 69, 2, 254 ; Bordeaux, 2 août 1872, S. 72, 2, 296 ; Riom, 23 février 1882, D. 83, 2, 57 ; Nancy, 10 janvier 1885 (*Gaz. Pal.* 85, 120); Grenoble, 30 déc. 1887 (*Rec. de Grenoble*, 88, 99) ; Trib. civ. Seine, 22 déc. 1885 (*Gaz. Pal.* 86, 1, *Suppl.* 61) ; Trib. civ. Perpignan, 11, mai 1885 (*La Loi*, 13 oct. 1885) ; Trib. civ. Seine, 20 juin 1888 (*Gaz. Trib.* 21 juill. 1888) ; Trib. civ. Toulouse, 15 avril 1889 (*Gaz. Midi*, 21 avril.)

111. — La jurisprudence n'est pas allée jusqu'aux dernières conséquences du principe qu'elle a adopté ; elle ne l'applique pas quand il s'agit, non plus d'un débat sur la propriété du bien hypothéqué, mais d'un procès entre le débiteur et un de ses créanciers hypothécaires. Logiquement, et jusqu'au jour où un ordre est ouvert, nous ne voyons pas qu'il y ait une raison de reconnaître à un créancier hypothécaire la qualité de tiers à l'égard d'un jugement portant sur les droits d'un autre créancier, si on la lui refuse quand il s'agit d'un jugement statuant sur la propriété même du fonds. C'est, en réalité, parce que la représentation du créancier hypothécaire conduirait alors à des conséquences trop contraires à la logique et à l'équité qu'on a apporté à la règle un tempérament qui en est la meilleure réfutation. M. Larombière, à propos de notre hypothèse, dit que le créancier « a un droit » propre et personnel qu'il n'appartient qu'à lui de » faire valoir dans son intérêt et en son nom. Comme

» ce droit, l'un des effets essentiels de l'hypothèque
» ou du privilège, ne saurait être exercé par le débi-
» teur, les jugements rendus avec lui seul qui au-
» raient pour résultat d'en détruire, restreindre ou
» modifier l'efficacité, au préjudice des tiers créan-
» ciers hypothécaires ou privilégiés auxquels seuls
» il appartient, ces jugements, de même que toute
» convention ordinaire, ne leur sont pas opposables,
» et ils peuvent les repousser comme *res inter alios*
» *judicata* ou y faire tierce opposition.» Cela est très
» exact, mais est la contradiction même de la règle
admise par la Cour de cassation en ce qui concerne
les jugements rendus sur la propriété du fonds. On
peut faire une observation analogue à propos des
motifs très bien déduits d'un arrêt de la Cour de cassation du 20 juin 1854 (S. 54, 1, 603.) « En droit,
» dit cet arrêt, le débiteur ne représente pas ses
» créanciers hypothécaires dans les instances où sont
» engagés des intérêts qui leur sont propres, par
» exemple, sur le point de savoir si l'un des créan-
» ciers a ou n'a pas le droit de prendre à une certaine
» époque inscription sur les biens d'un débiteur
» commun ; une telle question peut sans doute in-
» téresser ce dernier, au point de vue de son crédit,
» mais elle intéresse bien plus encore les autres
» créanciers hypothécaires, puisque de sa solution
» peut dépendre le sort de leurs créances ; le débi-
» teur ne peut pas plus en plaidant qu'il ne le pour-
» rait en contractant avec un de ses créanciers pri-
» ver les autres des garanties qu'il leur a données ;
» ceux-ci ont à la conservation de leur rang hypo-
» thécaire un intérêt personnel et distinct de leur

» débiteur ; ils ne sont donc pas représentés
» par lui dans les procès ou cet intérêt est en jeu,
» et ils peuvent, dès lors, former tierce opposition
» aux jugements qui leur préjudicient en recon-
» naissant à d'autres des droits de préférence ou de
» concours sur les biens soumis à leur hypothè-
» que. »

Quoi qu'il en soit, de nombreux arrêts ont admis
cette règle que les questions de rang et de priorité
doivent faire l'objet d'un débat entre les créanciers
et qu'eux seuls peuvent défendre leurs droits respectifs sur les biens hypothèqués (Cass. 22 juin 1825 ;
9 décembre 1835, S. 36, 1, 177 ; 13 juin 1837, S. 38,
1, 45 ; 3 mai 1843, S. 43, 1, 369 ; 20 juin 1854, précité ; 1er juillet 1856, S. 58, 2, 205 ; 3 août 1859, S.
59, 1, 801 ; 21 avril 1868, S. 68, 1, 284 ; 10 mars
1868, S. 68, 1, 221 ; 2 juillet 1879, S. 80, 1, 311 ;
7 janvier 1880, D. 80, 1, 129 ; 23 mai 1882, S. 83, 1,
97.)

La jurisprudence des Cours d'appel offre aussi de
nombreuses applications de cette même idée. La Cour
de Lyon, dans un arrêt du 23 juillet 1858 (P. 60, 121)
admet un créancier hypothécaire à faire tierce opposition à un arrêt ordonnant que le prix de vente d'un
immeuble à lui hypothéqué, et déclaré dotal, serait
employé à l'acquisition d'un autre immeuble. La
Cour d'Orléans (9 juin 1874, S. 74, 2, 302) dit qu'il
faut distinguer « suivant que le créancier ne fait
» qu'exercer un droit qu'aurait pu faire valoir
» son débiteur, ou exercer un droit qui lui est
propre. » Mais est-ce que ce n'est pas toujours un
droit qui lui est propre que celui de défendre son

hypothèque, quel que soit le danger qui la menace[1]?

La Cour de Paris étend encore la règle formulée par la Cour de cassation en faveur des créanciers et en démontre, par les conséquences qu'elle lui donne, toute la fragilité. « S'il est vrai, dit-elle, dans un arrêt » du 24 avril 1866 (sous Cass., 10 mars 1868, S. 68, » 1, 221), qu'en principe le débiteur représente le » créancier hypothécaire dans les instances qui met- » tent à la fois en question la propriété de l'un et le » gage de l'autre, c'est qu'alors l'intérêt du créan- » cier se confond avec celui du débiteur; en effet, » dans ce cas, la propriété et l'hypothèque, unies » dans leur existence, se soutiennent ou périssent » ensemble par les mêmes causes, et le débiteur, en » défendant et conservant son droit, défend et con- » serve, par voie de conséquence, le droit qu'il a con- » féré à son créancier dont il est légalement le re- » présentant; mais ce principe cesse de recevoir son » application, *soit dans les questions de propriété,* » lorsque le créancier a un intérêt distinct de celui » de son débiteur et qu'aucun autre que lui-même » n'a mission de faire valoir, *soit dans les questions* » *d'hypothèque,* où la lutte, circonscrite aux créan- » ciers entre eux, laisse la propriété en dehors du » débat et ne porte que sur les droits de préférence » dont chacun possède ses moyens propres et doit » être défendu par celui auquel il appartient. »

La distinction entre le cas où les créanciers hypothécaires sont des tiers, et celui où ils sont représentés, devient, dans cet arrêt, des plus arbitraires. Comment peut on songer à faire dépendre une solu-

1. V. encore Angers, 16 févr. 1882, D. 83, 2, 219.

tion aussi importante de l'appréciation de l'identité ou de la différence des intérêts? N'est-ce pas la distinction des droits, et non celle des intérêts qu'il faut considérer? Si nos intérêts sont les mêmes, mais que mon débiteur ait mal défendu les siens, comment peut on soutenir que j'ai été représenté, et que mes droits doivent aussi disparaître sans que j'aie été appelé à les soutenir?

112. — *Personnes représentées par un mandataire conventionnel, judiciaire ou légal.* Il n'y a pas de difficulté, en principe, à reconnaître qu'on ne peut faire tierce opposition aux jugements dans lesquels on a été représenté par un mandataire, en supposant, bien entendu, que ce mandataire est resté dans la limite de ses pouvoirs. Les applications de la règle sont seules susceptibles de controverse.

113. — A propos du mandat conventionnel, la jurisprudence a déduit des conséquences très exactes de notre principe. Elle a jugé que lorsque le gérant ou l'administrateur d'une société a plaidé régulièrement sur une difficulté rentrant dans la gestion des affaires sociales, il n'y a pas de tierce opposition possible de la part d'un associé (Cass., 19 novembre 1838, S. 39, 1, 307; Aix, 11 janv. 1887, *Bull. d'Aix*, 17, 333). De même l'acquéreur qui non-seulement a eu connaissance du procès soutenu par son vendeur relativement à la chose par lui acquise, mais l'a chargé de continuer ce procès, ne peut y faire tierce opposition (Cons. d'Etat, 29 janvier 1841, S. 41, 2, 250). D'une façon plus générale, il peut arriver qu'une personne soutienne un procès par l'intermédiaire d'un prête-nom;

lorsque le fait est établi, elle ne peut faire tierce opposition (V. Cass., 25 janvier 1864, S. 64, 1, 105)[1].

On peut rattacher à cette hypothèse le cas de la déclaration de command, qui ne se confond d'ailleurs
ni avec celui du mandat ni avec celui du prête-nom.
Il nous paraîtrait raisonnable de considérer la personne bénéficiant de la déclaration de command
comme ayant été représentée jusque-là par celui qui
lui transmet son acquisition, quant aux procès qui
auraient pu s'élever au point de vue de cette acquisition[2].

114. — Certaines personnes sont investies par la
justice d'un véritable mandat. Il suffit de rappeler
ici les cas des liquidateurs judiciaires, des administrateurs nommés par les tribunaux, des curateurs
aux successions vacantes (Cass., 12 août 1824)[3], des
curateurs aux délaissements d'immeubles, des envoyés en possession des biens d'un absent, des syndics de faillite[4]. Le Conseil d'Etat a décidé récemment
(1er juin 1883, S. 85, 3, 21), que l'agent nommé par
le préfet pour liquider les dettes d'un syndicat avait
qualité pour représenter les membres de ce syndicat
dans les procès engagés avec les créanciers.

115. — Enfin la loi elle-même a conféré dans certains cas des pouvoirs de représentation. Le tuteur
représente en justice le mineur ou l'interdit ; ceux-ci
ne peuvent faire tierce opposition aux jugements ren-

---

1. V. *supra*, nos 102 et 105. — Comp. art. 285 C. proc. civ. sur la
représentation du garanti par le garant.
2. V. en sens contraire Cass., 10 août 1807 ; Dutruc, *op. cit.*,
3. V. *supra*, nos 97 et 107.
4. V. Cass., 19 novembre 1838, S. 39. 1. 367 ; 8 juillet 1850, S. 51.
1. 38 ; 20 août 1864, S. 64. 1. 193. — V. *supra*. no 97.

lus contre lui, dans la limite de ses pouvoirs tels que la loi les a déterminés. (Cass., 25 fruct. an III ; 23 brum. an V ; 12 mars 1823 ; 19 juin 1844, S. 44, 1, 547 ; 28 août 1849, S. 50, 1, 49 ; 10 janvier 1885, D. 85, 1, 465).

Le tuteur à la substitution représente les appelés dans les procès qui intéressent les biens grevés. Si la substitution n'avait pas été publiée conformément à l'article 1069, C. civ., les jugements rendus contre le grevé seul obligeraient d'ailleurs les appelés.

116. — Le mari est chargé, sous certains régimes matrimoniaux, d'administrer les biens de la femme. Il est clair qu'elle ne peut faire tierce opposition aux jugements qui ont été rendus contre lui, lorsqu'il est resté dans les limites de ses pouvoirs (Bruxelles, 30 prairial an XIII ; Cass., 14 août 1865, S. 65, 1, 440).

Si la femme vient à décéder au cours du procès, on peut se demander si le mari a qualité pour continuer à plaider, soit comme administrateur des biens de la femme, soit même, sous le régime de communauté, comme administrateur des biens communs, et si les jugements rendus contre lui seul seront opposables aux ayant droits de la femme. Un arrêt de la Cour de cassation du 7 juillet 1824 paraît l'admettre, en statuant dans le cas d'un procès soutenu par le mari sur la validité d'une acquisition faite au cours de la communauté. Il se base sur ce que le mari a seul acheté, et que, d'ailleurs, par suite de jugement, les biens sont censés n'avoir jamais fait partie de la communauté. Cette solution est bien douteuse. Le mari avait seul acheté à une époque où il agissait au nom de la communauté ; elle est dissoute : peut-il continuer à plaider en son nom ? Les biens sont censés n'avoir jamais été communs : sans doute ; mais cettee solution n'est pas vraie au regard des ayant droit de la femme, pour lesquels ce jugement est *res inter alios acta*.

117. — Les administrateurs des établissements publics ou d'utilité publique les représentent évidemment dans les procès qu'ils ont qualité pour soutenir. L'application de la règle n'a soulevé de difficultés que quant à la représentation de la commune par son maire.

Il est certain que si les habitants d'une commune ne peuvent, comme tels, faire tierce opposition aux jugements rendus contre le maire régulièrement autorisé (Amiens, 12 janvier 1821 ; Cass., 1er juin 1830)[1], ils peuvent, au contraire, user de cette voie de recours, dès qu'ils invoquent un droit propre, à eux personnel, ne rentrant pas dans les droits communs à tous les habitants, en un mot un droit que seuls ils ont qualité pour défendre. C'est ce qui a été décidé dans le cas d'un jugement rendu contre le maire d'une commune et déclarant soumis au droit de parcours au profit d'une autre commune, un terrain qu'un des habitants revendiquait comme sa propriété exclusive. (Cass., 19 novembre 1338, S. 38, 1, 1001). Les sections de commune, en tant qu'elles ont des droits propres, ne sont pas non plus repré-

---

1. La même représentation a lieu, au point de vue de la chose jugée, lorsque les droits d'une commene ont été soutenus par un contribuable régulièrement autorisé à les exercer (Cass., 18 juin 1877, S. 77. 1. 478).

sentées par le maire ; les lois municipales ont toujours eu soin d'organiser, pour leurs intérêts, un mode de protection particulier.

118. — Nous avons supposé jusqu'ici que le mandataire conventionnel, judiciaire ou légal, a agi régulièrement, dans les limites de son mandat. Cette condition est nécessaire pour qu'il y ait représentation. Si ce mandataire a dépassé ses pouvoirs, la personne au nom de laquelle il a agi, en apparence, est, en réalité, un tiers ; elle peut invoquer la relativité de la chose jugée ; elle peut faire tierce opposition [1]. Par exemple, le mari a exercé seul une action immobilière de la femme, sous le régime de la communauté ; le jugement n'est pas opposable à la femme ; elle aurait dû être appelée ; elle peut y faire tierce opposition. Cette solution a été admise par un arrêt de la Cour de Paris (23 mai 1872, D. p. 72, 2, 169) et par un autre arrêt récent de la Cour de Poitiers (16 janvier 1889, *Gaz. Pal.*, 27 janvier 1889) [2]. De même, si le directeur d'une société a soutenu un procès, sans que les statuts de cette société lui donnent pouvoir à cet effet, celle-ci peut faire tierce opposition (Trib. com., Seine, 12 août 1882, *Gaz. Pal.*, 83, 2, 256) [3].

119. — L'article 481 du Code de procédure civile

---

1. Il pourrait arriver qu'il y ait difficulté sur le point de savoir, à l'inverse, si le prétendu mandataire a bien agi comme tel, et n'a pas en réalité plaidé en son nom personnel. Cette dernière solution a été donnée dans une hypothèse où des mineurs soutenaient, devenus majeurs, que dans un jugement qui leur était opposé, leur mère, tutrice légale, n'avait agi qu'en son nom personnel (Cass , 16 décembre 1874, S. 75, 1, 166).

2. V. Laurent, t. XXII, n° 150 ; Guillouard, t, II, n° 820.

3 Il ne paraît pas douteux d'ailleurs qu'un actionnaire puisse faire tierce opposition au jugement prononçant la dissolution de la société (Paris, 7 juin 1886, *Journ. des sociétés*, 86, 712).

donne une règle particulière pour l'État, les communes, les établissements publics et les mineurs. Ils sont reçus à se pourvoir par requête civile « s'ils n'ont pas été défendus, ou s'ils ne l'ont pas été valablement, » ce qui comprend, nous semble-t-il, l'hypothèse où leur représentant a dépassé ses pouvoirs. Cette disposition est une trace de la confusion que l'ancien droit établissait souvent entre les cas de requête civile et ceux de tierce opposition ; dans son esprit, elle est destinée à protéger d'une façon spéciale les personnes qu'elle vise ; mais elle peut aboutir à être, en réalité, pour elles plus gênante qu'utile, puisqu'elle les astreint à suivre une voie de recours plus difficile et plus coûteuse que la tierce opposition[1].

120. — En dehors de la représentation, par suite de l'idée de succession à titre universel ou particulier, ou par suite de l'idée de mandat, la règle de l'effet relatif de la chose jugée reprend toute son application. Nous n'admettons pas, quant à nous, l'idée d'un pouvoir de représentation résultant d'une communauté d'intérêts, d'une solidarité ou d'une indivisibilité d'obligation. Nous ne voulons pas faire ici un examen approfondi de ces questions si souvent examinées. Avant d'en étudier sommairement l'application à notre sujet, nous nous contenterons de rappeler que le principe de l'effet relatif de la chose jugée repose sur une idée de justice si impérieuse qu'il ne

---

1. V. dans le sens de la solution donnée au texte, spécialement dans l'hypothèse du mineur, Paris, 2 juillet 1840, D. *Rép.*, v. *Tierce opp.*, n° 108 ; 26 avril 1853, D. 53, 2, 200. — Cependant la tierce opposition a été déclarée recevable, dans cette même hypothèse, par quelques arrêts. (Paris, 19 avril 1839, D. *Rép.*, *id.*, n° 110 ; Besançon, 20 novembre 1854, D. 64, 2, 193.)

faut l'abandonner qu'en présence de dispositions certaines, et qu'il n'en existe pas, en dehors des hypothèses que nous avons parcourues. Les lois romaines
sur ces questions sont peu péremptoires, car la plupart des textes s'occupent, non pas de l'effet positif de
l'autorité de la chose jugée, mais de son effet extinctif au point de vue de la consommation de l'action.
On ne peut les faire intervenir qu'avec discrétion
et ménagement, dans notre droit, au risque d'introduire chez nous un système édifié par les jurisconsultes romains, dans un but tout différent de celui auquel on l'appliquerait[1].

121. — De plus, en restant encore dans les généralités, il nous paraît difficile d'admettre la solution que,
dans un esprit d'utilité pratique, la jurisprudence et
un grand nombre d'auteurs ont adoptée, et d'après
laquelle un jugement rendu contre une personne qui
n'était pas le véritable contradicteur pourra avoir
effet au profit de celui dont le droit a fait l'objet du
procès, mais ne pourra lui nuire. Cette idée paraît de
création récente ; si elle peut, plutôt toutefois en apparence qu'en réalité, se recommander de quelques décisions des lois romaines, elle ne semble pas trouver
de point d'appui dans l'ancien droit ni dans les travaux préparatoires ; elle est due à une généralisation

1. Comp. l'art. 58 du nouveau Code de procédure allemand :
« Sauf les cas où il en est autrement ordonné par les dispositions
» du droit civil ou de la présente loi, les consorts doivent être envi-
» sagés isolément dans leurs rapports avec l'adversaire, de telle
» sorte que le fait de l'un ne profite ni ne préjudicie aux autres. »
Le projet de Code civil allemand admet d'ailleurs le principe de
l'effet strictement relatif de la chose jugée. (V. M. Saleilles, *De
l'obligation, d'après le projet du Code civil allemand*, p. 112.)

progressive de quelques distinctions avancées autrefois par Duranton, Toullier, Proudhon, admises peu à peu par les tribunaux, étendues ensuite par plusieurs auteurs, et surtout par ceux qui suivent davantage les tendances de la jurisprudence, MM. Larombière et Aubry et Rau.

Cette théorie, qu'on a appelée théorie du « mandat restreint » ou de la « représentation imparfaite[1], n'est pas juridique. Comme elle aboutit à la recevabilité de la tierce opposition dans les hypothèses que nous allons examiner, nous n'avons pas à en faire une réfutation approfondie. Il nous suffira d'observer que si l'idée de gestion d'affaires est inacceptable et, d'ailleurs, inexactement appliquée[2], il n'est pas plus vrai de dire que celui qui a plaidé avec une

---

1. La seconde formule paraît plus exacte. La plupart des auteurs qui ont admis la théorie à laquelle nous faisons allusion repoussent, en effet, l'idée d'un mandat qui n'existerait que pour gagner un procès, non pour le perdre. M. Larombière (sur l'art. 1351, n° 100) dit lui-même très bien : « Un pareil mandat serait absurde, » car il impliquerait de la part du mandant une exigence à laquelle » il n'est pas au pouvoir du mandataire de satisfaire. La condition » opposée à son exercice l'anéantirait dans son principe même, et » en réalité, il n'y aurait pas de pouvoirs conférés du tout, puisque » leur existence ou leur perfection ne pourrait se vérifier que par » l'exercice même du mandat, et que la personne qui en serait investie devrait commencer par faire acte de mandataire avant de » savoir si elle l'est en effet. »

2. V. sur ce point une note très intéressante de M. Raynald Petiet, dans Sirey, 1888, 1, 481. M. Petiet montre très bien qu'il ne peut y avoir gestion d'affaires chez celui qui a plaidé pour son compte, dans son intérêt, et que son adversaire considérait comme le légitime contradicteur. Il montre très bien aussi qu'y eut-il gestion d'affaires, cela ne conduirait pas à la distinction de la jurisprudence ; car la gestion doit être ratifiée, indépendamment de ses résultats, si elle a été utilement faite, sage et habile. — La plupart des auteurs et notamment MM. Demolombe, Griolet, Laurent, Colmet de Santerre, repoussent d'ailleurs cette distinction.

personne qui n'était pas investie, exclusivement du moins, du droit litigieux, l'a considérée comme contradicteur définitif et a accepté les conséquences de la représentation, au profit des autres intéressés. C'est là une allégation sans fondement sérieux, qui ne peut pas suffire pour faire considérer, suivant les cas, une personne comme tiers ou comme partie, comme absente ou comme présente à une instance.

122. — Il nous reste à examiner quelques applications de la règle que nous avons admise.

De plusieurs créanciers solidaires, un seul a plaidé : les autres, suivant nous, ne sont pas représentés. Chacun a qualité pour toucher la créance, mais non pour la compromettre ou pour en disposer. Les art. 1197 et 1198 du Code civil ne conduisent pas à ce résultat qu'un créancier solidaire puisse, en plaidant mal ou même en ne plaidant pas, représenter les autres. Ceux qui admettent ici, comme Demolombe ou comme M. Larombière, l'idée de la représentation, sont obligés de réserver les cas où il y aurait un fait personnel du créancier qui a soutenu le procès, tel qu'une reconnaissance, un acquiescement, une renonciation. Mais, est-ce que les autres créanciers ne soutiendront pas toujours qu'il y a eu des moyens non présentés, que celui qui a plaidé a eu tort de ne pas recourir à tel ou tel argument de nature à écarter la prétention du débiteur ?

Une autre opinion applique ici l'idée de représentation imparfaite. C'est là, au surplus, une difficulté qui ne paraît pas s'être présentée en pratique.

123. — Un jugement a été rendu contre un seul de plusieurs codébiteurs solidaires : les autres peuvent faire tierce opposition. La théorie qui admet la représentation complète, à moins qu'il s'agisse d'exceptions personnelles, ou qu'il y ait eu reconnaissance, acquiescement, ou renonciation du débiteur solidaire qui a soutenu le procès, s'appuie sur des textes romains, sur la tradition, sur les articles 1206 et s. et 2249, C. civ. Ces raisons ne nous paraissent pas décisives. Sans doute il y a, dans certains cas, une représentation des codébiteurs solidaires les uns par les autres. Mais il ne faut pas l'étendre. Le débiteur solidaire ne peut ni par des conventions qu'il ferait seul, ni par des procès qu'il soutiendrait seul, diminuer ou compromettre la situation des autres codébiteurs. Ceux-ci restent des tiers au point de vue de la chose jugée.

Parmi les auteurs, la question est toujours vivement controversée. La jurisprudence, après avoir hésité entre la représentation complète et la représentation imparfaite, paraît se prononcer dans le sens de la première de ces solutions (V. Cass., 14 août 1811; 29 novembre 1836, S. 37, 1, 362; 28 décembre 1881, S. 83, 1, 465; 1er décembre 1885, S. 86, 1, 55; Bourges, 18 mars 1859, S. 60, 1, 135; Dijon, 26 décembre 1871, S. 72, 2, 18; Alger, 7 décembre 1883, S. 86, 2, 80. V. cep. Cass., 11 février 1824; 15 janvier 1839, S. 39, 1, 97; 25 mars 1861, S. 61, 1, 433; Limoges, 19 décembre 1842, S. 43, 2, 495. V. aussi Alger, 2 janvier 1883, S. 84, 2, 17)[1].

124. — La caution n'a pas été non plus, suivant nous, représentée par le débiteur principal, s'il a été

---

1. Ce dernier arrêt semble se prononcer dans le sens de notre solution. — V. au surplus les autorités indiquées sur cette question dans la note de M. Lacoste, Sirey, 1884, 2, 17.

seul poursuivi et condamné. La tradition, sur ce point, est encore des plus confuses. Le droit romain peut fournir des armes à tous les partis. Dans notre ancien droit, Pothier admettait la représentation, mais en réservant toujours la faculté de tierce opposition, ce qui est contradictoire. Aujourd'hui, la controverse n'a pas cessé. Certains auteurs soutiennent qu'il y a représentation, en alléguant que la caution a un caractère accessoire, et que son sort dépend de celui de l'obligation principale. Il est facile de répondre qu'il s'agit précisément de savoir quelle est l'obligation principale, si elle existe, si elle est valable, et que le jugement sur ce point est pour la caution *res inter alias acta*. D'autres auteurs appliquent ici l'idée de représentation imparfaite. D'autres enfin admettent la solution simple et générale qui nous paraît seule vraie, seule conforme aux principes et à l'équité.

La jurisprudence, en réservant toujours le cas des moyens personnels, s'est, ici encore, rangée à l'idée de représentation complète. (V. en ce sens, Cass., 27 novembre 1811 ; 11 décembre 1834, S. 35, 1, 576 ; Grenoble, 18 janvier 1832, S. 33, 2, 102 ; 4 août 1842, S. 42, 1, 673 [1].)

125. — Dans le cas où de plusieurs codébiteurs ou de plusieurs cocréanciers d'une chose indivisible, un seul a plaidé, le jugement rendu contre lui ne doit pas nuire aux autres. Ils peuvent y faire tierce oppo-

---

1. Sur le cas des cautions solidaires, que la jurisprudence traite comme les débiteurs solidaires, v. Cass., 28 décembre 1881 (S. 83, 1, 465) et 7 juin 1882 (S. 82, 1, 321, V.,—au surplus, pour l'indication des autorités en sens divers sur cette question, la note de M. Lacoste, précitée.

sition. On ne peut même faire intervenir ici l'idée du mandat réciproque, qui est du moins soutenable, dans une certaine mesure, quand il s'agit de solidarité (C. pr. cass., 15 janvier 1839, S. 39, 1, 97).

126. — A plus forte raison encore faut-il dire que les copropriétaires d'une chose indivise ne se représentent pas, et que si un d'eux a plaidé, même sur l'existence d'un droit indivisible, comme une servitude, le jugement rendu contre lui ne peut avoir d'effet contre les autres. (Lyon, 18 juillet 1885, *Mon. Lyon*, 9 janvier 1886.) Celui qui a plaidé seul n'avait aucune qualité pour soutenir les droits de ses copropriétaires : il ne peut les diminuer, ni par les conventions qu'il fait, ni par les procès auxquels il prend part. Pothier reproduit ici la solution que nous avons critiquée plus haut et qui consiste à dire qu'il y a effet contre les copropriétaires, sauf tierce opposition de leur part. La Cour de cassation semble avoir décidé en ce sens (Cass., 19 décembre 1832, S. 33, 1, 473).

127. — Il ne peut être douteux que les cohéritiers ne se représentent pas entre eux, qu'ils ne représentent pas les légataires, après que ceux-ci ont obtenu l'envoi en possession ou la délivrance de leurs legs, que les légataires enfin ne se représentent pas les uns les autres (Cass., 12 janvier 1814; 22 août 1827; 10 août 1858, S. 59, 1, 27; Caen, 8 mai 1827) [1].

128. — Nous ne voulons pas continuer l'examen des applications nombreuses qui doivent encore être faites du principe auquel nous nous sommes rattaché. Il faut dire que l'héritier apparent ne repré-

---

1. V. aussi *supra*, n. 107.

sente pas l'héritier véritable. (V. *cep.* Cass., 12 août 1824, et Metz, 29 mai 1818) ; que le propriétaire apparent ne représente pas le vrai propriétaire (V. *cep,* Cass., 7 juillet 1824; 19 novembre 1838, S. 39, 1, 307 ; Pau, 4 juillet 1823 ; Paris, 3 mars 1829) [1] ; que le propriétaire sous condition ne représente pas celui qui, par suite de l'arrivée de la condition, est censé avoir toujours été seul propriétaire [2] ; que l'usufruitier ne représente pas le nu-propriétaire ; que les créanciers exerçant les droits de leur débiteur ne le représentent pas (Cass., 14 avril 1806) ; que l'acquéreur ne représente pas le vendeur (Alger, 19 février 1886, *rec. d'Alger*, 86, 201); qu'une communauté d'officiers ministériels ne représente pas les membres qui la composent, et qui n'ont pas été personnellement parties au procès (Cass., 28 août 1838, S. 38, 1, 808). Dans toutes ces hypothèses, et en se plaçant en dehors du point de vue pratique qui a souvent guidé la jurisprudence, l'idée de représentation nous paraît contraire aux principes du droit [3].

§ 2. — Il faut avoir dû être appelé.

129. — Les personnes non parties ni représentées à une décision doivent, en outre, pour être rece-

---

1. Comp. un arrêt de la Cour de cassation du 15 mars 1843 (S. 43. 1. 606) décidant que le concessionnaire d'une mine a pu être représenté par le propriétaire du sol dans un procès relatif à la possession d'eaux.

2. Comp. cep. art. 958, C. civ.

3. Il a été encore jugé avec raison qu'un hospice n'est pas représenté par le préfet (Cons. d'Etat, 2 mai 1820, D. *Rép.*, v°. Tierce *oppos.*, n° 284), et que l'Etat n'est pas représenté par l'ingénieur d'un département (Cons. d'Etat, 24 févr. 1857).

vables à l'attaquer par la voie de la tierce opposition, avoir dû y être appelées. Nous entendons par là qu'il est nécessaire qu'elles aient une qualité telle qu'elles puissent dire qu'elles devaient être parties au procès, ou, en d'autres termes, qu'elles aient, relativement à la chose qui en faisait l'objet, un droit qui rendait leur présence nécessaire, leur attribuait le rôle de contradicteurs dans l'instance. En un mot, il ne peut suffire de prouver qu'on est un tiers et qu'on souffre un préjudice : il faut de plus démontrer qu'on aurait dû, à raison de son droit, être présent à l'instance [1] : l'omission qui a été faite, à cet égard, a pour conséquence l'instabilité du jugement rendu.

Cette seconde condition, que nous considérons comme devant apporter une restriction nécessaire au droit de tierce opposition qui, sans elle, constituerait une voie de recours presque sans limites, était-elle admise dans l'ancien droit ? Nous n'oserions dire que ce fût là une doctrine et une jurisprudence constantes. Mais il semble bien que c'était, du moins, la solution généralement adoptée. Denizart la formule très nettement et sans indiquer qu'elle donnât lieu, de son temps, à aucune controverse [2]. Sous le Code de procédure, on la retrouve soutenue par Merlin, Carré, Proudhon, Rauter, et admise quelque temps par la jurisprudence (Cass., 20 prairial an X ; 10 dé-

---

1. « On est dans la nécessité d'appeler un tiers dans la cause » toutes les fois que les parties qui y figurent ne pourraient, sans » la participation de ce tiers, valablement compromettre sur le droit » de propriété de la chose qui fait l'objet du procès. » (Proudhon, nº 1290.)

2. V. *supra*, n. 21.

embre 1812, 21 février 1846 [1], 19 août 1818, 3 février 1822 ; Paris, 29 prairial an X, 19 janvier 808, 7 juillet 1809, 17 mai 1814 ; Grenoble, 15 février 1813 ; Besançon, 30 janvier 1848 ; Rouen, 21 écembre 1841 (D. *Rép. V° Tierce opposition*, n° 42).

Cette solution a été, depuis, abandonnée. La jusprudence et les auteurs s'accordent aujourd'hui à écider qu'il n'est pas nécessaire pour avoir le droit e faire tierce opposition à un jugement qu'on ait û y être appelé et cette opinion, soutenue, en premier lieu, par Pigeau, Thomine Desmazures, Favart e Langlade, a si bien triomphé que Dalloz, dans son *épertoire*, n'hésite pas à dire que le système contraire disparu. (V. en ce sens, Cass., 15 juillet 1822 ; 22 oût 1827 ; 9 décembre 1835, S. 36 1, 177 ; 26 mars 838, S. 38 1, 757 ; 24 décembre 1838, S. 39, 1, 9 ; Agen, 9 août 1827 ; Nîmes, 20 novembre 1829 ; 3 janvier 1836, P. chr. : Bordeaux, 4 janvier 1830 ; ouai, 23 mars 1831, S. 31 2, 244 ; Paris, 19 mars 834, S. 36, 1, 177 ; 11 juillet 1851, S. 51, 2, 508 ; astia, 8 décembre 1834, P. chr. [2].

Il nous faut cependant avouer que le système qui a uccombé nous paraît seul logique. On nous permetra de l'exposer ici avec quelque développement.

130. — C'est surtout au point de vue rationnel ue nous voulons d'abord nous placer. S'il est raisonnable d'exiger la condition que nous avons indi-

---

1. « S'il suffisait, dit cet arrêt, d'avoir intérêt de détruire un ugement pour être recevable à l'attaquer par la voie de la tierce position, on ne serait jamais assuré de la stabilité d'un jugeent obtenu de bonne foi. »
2. V. aussi les motifs d'un arrêt de la Cour de cassation du 22 ars 1864, S. 74, 1. 184.

quée, — étant donné, d'ailleurs, que c'était celle de l'ancien droit, que le droit actuel ne la repousse pas, que l'article 474 pourrait plutôt être invoqué en sa faveur, puisqu'il exige un préjudice causé *aux droits*, ce qui laisse entendre que le tiers opposant doit avoir un droit sur la chose qui a fait l'objet du procès et, qu'il devait, par suite, être appelé pour le défendre, — notre solution sera presque justifiée.

A ce premier point de vue, il nous semble nécessaire d'établir une ligne de démarcation entre les *tiers* admis à attaquer un jugement par voie de tierce opposition, et les *penitus extranei* qui doivent rester en dehors de cette voie de recours : on ne peut l'établir qu'en exigeant la condition d'avoir dû être appelé. Si on n'adopte pas ce criterium, il faut dire qu'il suffit d'un intérêt sérieux. La tierce opposition sera à la merci des mêmes personnes qui peuvent intervenir. Ce n'est pas la solution de la loi. L'article 466, C. proc. civ., en exigeant pour intervenir *en appel* qu'on ait le droit de faire tierce opposition, démontre bien qu'en général, il faut, pour former tierce opposition, quelque chose de plus que pour une simple intervention (V., en ce sens, Cass., 29 décembre 1841, S. 42, 1, 252) [1]. C'est précisément la condition d'avoir dû être appelé qui différencie l'intervention de la tierce opposition. Pour la première, il suffit d'un intérêt ; pour la seconde, il faut un droit

1. Comp. en ce sens Paris, 21 décembre 1863 (D. 63. 5. v° *Tierce oppos*). Cet arrêt repousse avec raison la tierce opposition de personnes dont l'intérêt était certain, « attendu qu'elles n'avaient dans le procès aucun droit proprement dît à défendre ».

M. Laferrière (t. 2, p. 537) dit que « la corrélation du droit d'in- » tervention et de tierce opposition dans les matières contentieuses

violé ; et lorsqu'on peut dire que son droit est lésé par une décision à laquelle on n'a pas été appelé, cela revient à dire qu'on aurait dû être appelé. Il est fort raisonnable, d'ailleurs, de décider que certaines personnes auront le droit d'intervenir, mais n'auront pas celui de faire tierce opposition ; le premier est moins grave que le second. Proudhon disait, en termes très exacts : « Si on ne doit admettre quelqu'un à » former tierce opposition à un jugement qu'autant » qu'il n'y a pas été appelé, il faut bien supposer qu'il » ait eu le droit d'y figurer comme partie, et qu'on » aurait dû l'y appeler, parce qu'il serait tout à fait » inconséquent d'établir une voie d'exception, rigou- » reuse comme celle de la tierce opposition, et de lui » donner pour fondement l'omission d'une formalité » qu'on regarderait comme inutile. » (n° 1289.)

Les auteurs et les arrêts qui rejettent ce système s'appuient sur le silence du texte, et sur les travaux préparatoires qui, d'après eux, en donnent l'explication. Le texte primitif du projet disait, en effet : « Une partie peut former tierce opposition à un juge- » ment qui préjudicie à ses droits, et lors duquel ni » elle ni ceux qu'elle représente n'ont été appelés, en- » core qu'ils eussent dû l'être. A l'égard des jugements » lors desquels la partie n'a pas dû être appelée, elle ne » pourra les attaquer qu'en prouvant la collusion, la

---

» ordinaires est d'ailleurs facile à justifier car celui qui avait le » droit d'intervenir pour empêcher qu'un jugement fut rendu doit » avoir aussi le droit de critiquer ce jugement quand il a été rendu » à son insu et à son préjudice. » C'est en effet à cette solution ou plutôt à cette confusion qu'aboutit la théorie aujourd'hui pré- dominante ; cela doit suffire pour la faire écarter, en présence de l'art. 466, C. proc. civ.

» fraude et le dol.» Ce texte était, au fond, fort raisonnable. Il distinguait, comme nous nous efforçons de le faire dans ce travail, les deux applications très différentes de la tierce opposition. Le second alinéa de l'article visait spécialement ceux qui n'ont pas dû être appelés, parce qu'ils sont ayants cause, ou d'une façon plus générale, ont été représentés par une des parties. Le premier alinéa avait pour effet d'exclure de la tierce opposition proprement dite tous ceux qui n'ont pas dû être appelés, soit comme étant des *penitus extranei*, soit comme étant représentés. Mais, dans la discussion, comme nous l'avons déjà fait remarquer (n⁰ˢ 24 et 34), on ne s'entendit pas sur le sens de ces mots « avoir dû être appelé ». Il régna, sur ce point, une confusion extrême. Les uns, croyant que le second alinéa de l'article proposé visait les personnes absolument étrangères aux plaideurs et au procès, ceux que nous appelons les *penitus extranei*, s'étonnaient qu'on parlât de fraude ou de dol à leur préjudice, se demandaient comment on pouvait songer à leur ouvrir la voie de la tierce opposition, alors qu'elles n'étaient pas dans le cas d'être appelées. Les autres, confondant ceux qu'on n'avait *pas dû* appeler avec ceux qu'on n'avait *pu* appeler, parce qu'on ignorait leur existence, voulaient maintenir le droit de tierce opposition sans parler de dol ou de fraude. On ne sût pas s'accorder à reconnaître que le projet visait très sagement ceux qui étant aux droits d'une des parties devaient, à moins de fraude, subir l'effet des jugements rendus contre lui. On peut, dans une certaine mesure, comprendre cette méprise, si on observe que l'ancien droit ne connaissait guère cette application de la tierce opposition des ayants cause du plaideur basée sur l'allégation de dol ou de fraude. Finalement, après que le Ministre eut répété plusieurs fois qu'on doit être reçu à faire tierce opposition toutes les fois *qu'ayant intérêt et qualité* on n'a pas été appelé, on rejeta le deuxième alinéa de l'article proposé.

Ce rejet ne pouvait avoir des conséquences bien graves, car le texte retranché formulait une règle si certaine que, même sans disposition précise, elle a toujours été admise et appliquée. Mais, en même temps qu'on écarta la disposition finale du projet, par suite d'une nouvelle confusion, on retrancha dans la partie conservée de l'article, les mots « *encore qu'ils eussent dû l'être* ». On crût que c'était la conséquence de la suppression de la fin du texte. C'était une erreur. Ces expressions ne se rattachaient pas d'une façon absolue à la dernière partie de la disposition proposée. Ils visaient les personnes non représentées, les tiers, pour lesquels il fallait justifier d'une qualité, d'un droit rendant leur présence nécessaire au procès. Or, c'était, on vient de le voir, l'avis du Ministre, et c'était sans doute l'opinion commune, d'exiger qu'on eût intérêt et qualité. Ce fut par inadvertance que le texte fût modifié. L'erreur que nous indiquons ici est très bien expliquée par Chauveau : « Quand le principe fut rejeté, M. Boulay fit obser- » ver qu'il fallait retrancher de la partie conservée » ces mots, *encore qu'ils eussent dû l'être* ; et sa pro- » position fût adoptée. En relisant la discussion, on » ne voit pas pourquoi M. Boulay a tiré du rejet du » second principe l'amendement du premier, car le

» second n'avait aucune corrélation avec le premier.

» Dans l'un, j'ai été condamné sansavoir été entendu;

» dans l'autre j'ai été mal représenté par un individu

» qui a fait servir la fraude et la collusion à me dé-

» pouiller. Ces deux positions sont distinctes, et ce-

» pendant on semblait les confondre. »

On voit donc que la suppression, dans le projet, de ces mots : *encore qu'ils eussent dû l'être*, est le résultat d'une méprise qui ne peut avoir pour effet de modifier une solution qui est traditionnelle et qui est raisonnable. Les travaux préparatoires ne peuvent être invoqués d'une façon péremptoire puisque le changement de rédaction opéré n'a pas eu, dans l'esprit de son auteur, la signification et les conséquences qu'on veut aujourd'hui lui donner.

131. — Au surplus, il faut ajouter que notre théorie n'est pas de nature à entraîner de grands changements dans l'application de la tierce opposition. Dans bien des cas, la divergence entre le système aujourd'hui universellement admis et la nôtre n'existe guère que dans les mots, dans l'explication de la théorie, et nondans le fond des choses. Nous croyons, à cet égard, qu'on a souvent mal compris la règle qui veut qu'on ait dû être appelé, et qu'on a attaché un sens inexact à ces expressions. Plusieurs arrêts les ont pris dans le sens auquel fait allusion Rodière (v. *supra*, n° 45) quand il veut distinguer suivant qu'on a ou non appelé tous ceux paraissant devoir l'être, au jour du procès, en l'absence de toute négligence. C'est là une erreur que plusieurs orateurs commettaient aussi dans la discussion; il est clair que le point de savoir si une personne doit être appelée dépend uniquement de son droit, abstraction faite de toute question de bonne foi et de diligence, chez celui qui a introduit l'instance. Par exemple, la Cour de cassation, dans l'arrêt du 22 août 1827, admet la tierce opposition d'un légataire au jugement rendu entre un autre légataire et l'héritier bénéficiaire, et relatif au compte de ce dernier. Elle l'admet, bien que, dit l'arrêt, le tiers opposant n'ait pas dû être appelé. C'est une erreur : qu'on l'ait ou non connu, lors de l'instance, il avait un droit qui rendait sa présence nécessaire pour l'apuration définitive du compte. Dans un autre arrêt du 9 décembre 1835, précité, la Cour de Cassation, après avoir décidé qu'il n'est pas nécessaire d'avoir dû être appelé, admet la tierce opposition d'un créancier hypothécaire, inscrit sur une usine, à un jugement prononçant la résolution, pour défaut de paiement du prix de la vente d'une machine à vapeur devenue immeuble par destination. La solution est bonne, même dans notre théorie ; car ce créancier hypothécaire avait un droit propre qui empêchait le débiteur de le représenter, et, par suite, obligeait à l'appeler.

On voit donc que, en s'entendant bien sur le sens des mots *avoir dû être appelé*, notre système n'apporte pas un bouleversement bien grand dans la pratique. C'est peut-être pour les avoir mal compris que la jurisprudence s'est écartée de la solution ancienne. Cet abandon l'a, d'ailleurs, conduite à quelques décisions que nous croyons inexactes, et que nous devons examiner pour faire ressortir la portée véritable de la différence pratique des deux systèmes.

Une personne achète les immeubles d'un interdit

vendus en justice, sans avoir pris garde que le jugement d'interdiction n'était pas définitif. Il est plus tard rapporté : la vente tombe. Le tiers acquéreur pouvait-il faire tierce opposition au jugement rapportant celui qui, par défaut, avait prononcé l'interdiction ? On l'admit (Cass., 23 décembre 1838, précité n° 76.) Dans notre système, la tierce opposition aurait dû être écartée, car l'acquéreur ne pouvait dire qu'il dût être appelé au jugement statuant sur la question d'interdiction ; ce jugement avait effet *erga omnes*, à la seule condition d'être régulièrement rendu.

Devant la Cour d'Agen, un procès avait été engagé sur un cas d'exemption du service militaire, entre un individu appelé à faire partie du contingent et le Préfet représentant l'Etat. Ce dernier avait succombé. Une tierce opposition fût faite au jugement par celui des conscrits de la même classe, qui, par suite de la décision rendue, se trouvait passer de la partie du contingent libre du service, dans la portion appelée sous les drapeaux : elle fût déclarée recevable (9 août 1827). C'est certainement à tort, d'après notre système. Ce tiers opposant n'avait pas dû être appelé au jugement ; il avait un intérêt, non un droit. Il aurait pû intervenir ; il ne pouvait faire tierce opposition.

La Cour de Paris a décidé (11 juillet 1851, S. 51, 2, 508) que le syndic d'une compagnie d'agents de change, bien que n'ayant pas dû être appelé au jugement qui a ordonné la vente d'actions industrielles par le ministère d'un notaire, est recevable à faire tierce opposition dans le but de faire décider que la vente relevait du seul ministère des agents de change. Ici encore, nous admettons que le syndic des agents de change puisse intervenir, non qu'il puisse faire tierce opposition. Il n'avait pas à être appelé[1].

Nous sommes tenté d'en dire autant d'une espèce récemment tranchée par la Cour d'Angers (26 juin 1884, S. 88, 1, 355). Une personne décède, laissant un héritier et deux légataires. L'un d'eux ayant formé une demande en délivrance, l'héritier s'inscrit en faux contre le testament et triomphe. Le second légataire forme alors tierce opposition. La question de recevabilité n'a pas été soulevée dans le procès. Il nous semble qu'elle aurait pu l'être. Le second légataire n'avait pas à être appelé par le premier sur la demande en délivrance de son legs ; il aurait pu y intervenir : ne l'ayant pas fait, il n'avait qu'à former à son tour une demande en délivrance sur laquelle il aurait pu, à loisir, discuter à nouveau la question du faux, (V. *supra*, n° 74, et *infra*, n° 133)[2].

§ 3. — Il faut subir un préjudice.

132. — Cette troisième condition doit, en principe, être admise sans difficulté. Il va de soi que, eût-on dû être appelé, si on ne souffre aucun préjudice, on n'a aucun intérêt, et on est, par suite, irrecevable à former tierce opposition à un jugement.

1. V., sur cette dernière question, d'autres arrêts en sens divers dans Dutruc, *op. cit.*, n° 38. Elle était déjà controversée dans l'ancien droit (V. *supra*, n° 21).

2. Sur le point de savoir si le Ministère public à qui communication d'une affaire n'a pas été faite dans les hypothèses prévues par la loi, peut faire tierce opposition, V. Paris, 22 juillet 1815, S. chr.) — Carré, Dalloz, Bioche enseignent, contrairement à cet arrêt, et avec raison, suivant nous, que ce n'est pas un cas d'ouverture de la tierce opposition.

La question embarrassante est, ici, de déterminer ce qu'il faut entendre par le préjudice. Est-ce d'un préjudice quelconque, entièrement laissé à l'appréciation des juges, qu'il s'agit? Nous ne le pensons pas. L'article 474, C. proc. civ., parle d'un préjudice *aux droits* du tiers opposant. C'est là une expression qui nous paraît féconde en conséquences importantes, et qui établit un lien étroit entre la condition de recevabilité que nous étudions et celle que nous venons d'examiner.

133. — De ce qu'il faut un préjudice *aux droits*, nous croyons, en effet, qu'il faut conclure que le simple préjugé défavorable résultant d'un jugement qui ne peut pas, directement et d'une façon effective par son exécution, nous porter atteinte, ne suffit pas pour donner ouverture à la tierce opposition [1]. Par exemple, dans l'espèce que nous avons examinée du légataire qui fait tierce opposition au jugement décidant sur la demande en délivrance de son colégataire, que le testament est faux, nous disons qu'il y a simple préjugé, et non préjudice. Le droit du légataire qui n'a pas plaidé n'est pas atteint et ne peut pas l'être en quoi que ce soit par l'exécution du jugement. Si on ne s'en tient pas fermement à cette idée, il n'y a pas de raison pour s'arrêter à une limite quelconque. Supposons qu'à la même époque, devant les mêmes juges, la même question de droit soit soulevée dans deux procès différents, formés contre le même individu : par exemple, il est arrivé que, ruinés par le phylloxera, des fermiers

---

1. Cette règle est applicable à la tierce opposition, en matière de contentieux administratif (V. D. *Rep.*, v° *Tierce oppos.*, n. 273 et s.)

ont demandé en même temps, devant le même tribunal, la résiliation de leurs baux. Si la demande de l'un d'eux est repoussée, dira-t-on que l'autre pourra faire tierce opposition? On ne l'oserait. Et cependant il y a bien un préjugé défavorable. Le procès du second fermier subira évidemment le même sort que celui du premier ; il y aurait grand intérêt à effacer ce préjugé. Il faut, nous le répétons, s'en tenir à la nécessité d'un préjudice aux droits du tiers opposant devant résulter de l'exécution du jugement. Le préjugé défavorable ne peut jamais, avec la règle de l'article 1351, être considérée comme un préjudice[1]. Cette solution paraît celle d'un arrêt de la Cour de Cassation du 12 janvier 1814 (Comp. Cass., 31 mars 1851, S. 51, 1, 314)[2].

134. — Mais la jurisprudence est aujourd'hui bien fixée en sens contraire. Un arrêt de la Cour de cassation du 1er août 1827 a admis la tierce opposition d'un enfant contre un arrêt annulant la donation faite à sa mère comme personne interposée, et appréciant incidemment l'état de cet enfant. A raisonner strictement, il n'y avait là qu'un préjugé ne pouvant directement lui nuire : l'arrêt décide cependant que « l'état de l'enfant ayant été mis en question, il

---

1. V. *supra*, nos 21 et 28. — V. aussi le rapport de M. le conseiller Manau, sous Cass., 8 juill. 1889 (*Gaz. Pal.* du 24 nov.).

2. La Cour de cassation admet aussi, avec raison, selon nous, que celui qui doit garantie ne peut faire tierce opposition au jugement qui opère l'éviction, étant donné que l'article 1340 lui réserve ses moyens de défense. Il y a cependant bien un préjugé (Cass., 3 février 1829, 29 décembre 1841, S. 42, 1, 252 ; v. aussi Cass., 11 décembre 1888, *Gaz. Pal.* 14 décembre 1888. — V. cep., Alger, 19 février 1886, *Rec. d'Alger*, 86, 201).

» avait intérêt et qualité pour intervenir et former
» tierce opposition ».

Un autre arrêt de la Cour de cassation reconnaît le droit de tierce opposition à un héritier contre un jugement rendu entre un légataire et une personne à lui substituée concernant la validité de la substitution. « La loi a voulu, pour qu'une partie pût former
» tierce opposition, que le jugement préjudiciât à ses
» droits ; elle n'a pas exigé que le préjudice fût di-
» rect et nécéssaire ; il suffit que cette décision impli-
» que et reconnaisse un droit incompatible avec celui
» auquel prétend le tiers opposant et qu'il avait inté-
» rêt à soutenir. » (Cass., 6 août 1862, S. 62, 1, 774.) Dans deux arrêts plus récents des 3 janv. 1883 (S. 83, 1, 349) et 8 juillet 1889 (*Gaz Pal.* du 24 nov.), la Cour de cassation va plus loin ; il suffit que la décision *ne puisse être considérée comme indifférente* pour le tiers, et « forme un préjugé contraire aux prétentions qu'il aurait intérêt à élever et à soutenir. » (V. encore Cass., 6 avril 1830 ; 14 août 1859, S. 60, 1, 127 ; 20 novembre 1860, D. 61, 1, 5 ; 17 mars 1870, S. 70, 1, 385 ; 5 janvier 1880, S. 80, 1, 174 ; Nîmes, 11 février 1887, Gaz. Pal. 87. 1, *suppl.*, 118 ; Bordeaux, 12 juillet 1888, S. 89, 2, 40) [1].

Il faut ajouter, pour réduire la portée de cette jurisprudence, que presque tous les arrêts qui la consti-

---

[1]. V. encore un arrêt de la Cour de cassation du 13 juillet 1870, S. 71, 1, 105, admettant la tierce opposition du légataire d'un immeuble contre un jugement dans lequel une partie prétend puiser un droit de copropriété sur l'immeuble légué. En admettant la jurisprudence sur l'effet des jugements statuant sur les droits de propriété, cette solution de l'arrêt deviendrait exacte ; il y aurait plus qu'un préjugé ; la décision aurait un effet direct contre le légataire. (V. *supra*, n° 43 et 44.)

tuent ont eu pour objet de statuer sur la recevabilité de l'intervention en cause d'appel, pour laquelle l'art 466, C. proc. civ., exige qu'on ait le droit de faire tierce opposition. En fait, et en autorisant l'intervention de personnes intéressées à éviter un préjudice défavorable, ces décisions sont peut-être utiles et raisonnables. En droit, elles ont le tort certain d'étendre d'une façon démesurée l'idée du préjudice nécessaire pour qu'on puisse se rendre tiers opposant à un jugement.

La plupart des auteurs disent, en général, que la tierce opposition ne peut être admise contre les motifs d'un jugement. Cette solution nous paraît exacte, en effet, et se rattache à la règle que nous venons de poser. Les motifs n'ordonnent rien, et ne peuvent, en général, constituer qu'un préjugé. Cela reste vrai, quand même on admettrait, avec une jurisprudence assez discutable, qu'on peut se référer, pour rendre un jugement, aux motifs d'un jugement précédemment rendu entre d'autres parties. D'ailleurs, dans les cas exceptionnels où on peut considérer que les motifs d'une décision constituent la chose jugée [1], il y a lieu à tierce opposition. Par exemple, les motifs d'un jugement peuvent admettre une compensation, ou la repousser ; c'est là une décision qui, pour n'être pas expressément contenue dans le dispositif, n'en est pas moins une appréciation d'un droit soumis au juge, susceptible, par suite, de tierce opposition.

135. — Il faut un préjudice direct et déterminé. Un préjudice même éventuel nous paraît d'ailleurs suffire, pourvu qu'il s'agisse toujours d'une atteinte effective aux droits, non d'un simple préjugé dé-

1. V., sur ce point, Griolet, p. 9 ; Bonnier, t. II, p. 450.

favorable. Il nous semble, quoi qu'on ait dit [1], que ces deux idées, préjudice éventuel, préjugé défavorable, ne se confondent pas. Dans le second cas, il est certain qu'il n'y a pas d'atteinte directe aux droits du tiers opposant.

L'appréciation de ce préjudice est, en principe [2], laissée aux juges du fait (Cass. 15 juin 1885, S. 85, 1, 416). La jurisprudence nous fournit cependant des solutions intéressantes sur les règles qui doivent diriger cette appréciation.

Il est certain d'abord que le juge doit surtout considérer l'effet immédiat et direct de la décision attaquée sur les droits du tiers opposant. Il doit rechercher si cette décision est de nature à atteindre ces droits. Il ne suffirait pas, pour écarter la tierce opposition, de dire qu'en fait, à raison des circonstances spéciales qui sont intervenues après le jugement, le dommage que le tiers pouvait redouter ne peut se produire. On a décidé avec raison, à ce point de vue, que la tierce opposition d'un cohéritier formée contre un jugement ordonnant, en son absence, la licitation d'un immeuble de la succession, ne peut être écartée par une fin de non recevoir tirée du défaut d'intérêt, et basée sur des circonstances extrinsèques au jugement attaqué. « Ni. J., ni ceux qu'il » représente, dit l'arrêt de la Cour de cassation, n'a- » vaient été appelés, soit au jugement qui a ordonné » la licitation des immeubles, soit au jugement d'ad- » judication qui en a été la suite et l'exécution ; ces

____

1. Sirey, 89, 2, 40, *ad notam*.
2. La Cour de cassation conserve toujours le droit de déterminer les caractères légaux qu'il doit présenter.

» jugements qui dépossédaient J., sans son concours,
» d'une chose à lui appartenant, préjudiciaient évi-
» demment à ses droits ; dès lors, les deux condition-
» exigées pour l'admission de la tierce opposition
» étaient justifiées ; la Cour de Lyon n'a pas pu, par
» une appréciation faite après coup des circonstances
» au milieu desquelles ces jugements avaient été
» rendus, et sous le prétexte du défaut d'intérêt de J.
» à en obtenir la rétractation, créer contre la tierce
» opposition de celui-ci, arbitrairement et en dehors
» des prescriptions de la loi, une fin de non recevoir
» qui ne résultait pas de ses dispositions. » (Cass.,
22 novembre 1859, S. 60, 1, 775 ; v. aussi Grenoble,
28 novembre 1860, S. 61, 2, 20 ; Caen, 1ᵉʳ juillet 1856
S. 58, 2, 205.) Cette solution nous paraît exacte. En
général, il faut se garder de rechercher le préjudice
en se plaçant au point de vue du résultat final, en se
livrant à une série de déductions plus ou moins arbitraires et hypothétiques. S'il apparaît d'une manière
immédiate, au premier plan, cela doit suffire. Dans
un autre ordre d'idées, c'est cette même règle qu'applique une jurisprudence constante, quand elle admet un héritier à attaquer un testament, même si on
prouve qu'il en existe un autre qui l'exhérède.

La Cour de cassation n'est d'ailleurs pas toujours
restée fidèle à la règle que nous venons de lui emprunter. Deux de ses arrêts nous paraissent l'avoir quelque peu enfreinte. Dans une première hypothèse, un
créancier hypothécaire avait fait tierce opposition à un
jugement ordonnant que sur le prix d'un immeuble
mis en vente, on prélèverait de quoi désintéresser un
créancier, muni d'un privilège et d'une action résolu-

toire qu'il menaçait d'exercer. Cette tierce opposition
a été déclarée non recevable, et la Cour de cassation a
décidé qu'on avait, au contraire, sauvegardé les droits
du tiers opposant en empêchant l'exercice de l'action
résolutoire (Cass., 1er juin 1858, S. 58, 1, 795). Ne
peut-on pas dire que l'arrêt se préoccupe ici d'autre
chose que de l'effet direct et immédiat du jugement?
Ce créancier avait dû être appelé, il avait intérêt à ce
que le privilége du vendeur fût constaté contradictoirement avec lui ; cela suffisait. Peut-être l'action
résolutoire n'eût-elle pas été intentée, malgré les me-
naces de l'autre créancier; peut-être n'eût-elle pas
été admise. La solution nous paraît difficile à concilier avec celle de l'arrêt du 22 novembre 1859.

Une autre espèce, assez curieuse, mettait aux prises un créancier antichrésiste et un créancier hypothécaire. Le premier avait fait ordonner contradictoirement avec le débiteur la vente de l'immeuble et
le prélèvement sur le prix du montant de sa créance.
Le créancier hypothécaire fit tierce opposition et
soutint qu'il aurait dû être payé par préférence. Sa
prétention, admise par le tribunal et par la Cour de
Douai, fût repoussée par la Cour de cassation, qui
déclara d'abord qu'en droit, l'antichrésiste pouvait
retenir la chose ou se faire payer sur le prix par préférence, et qui décida, d'ailleurs, que la tierce opposition du créancier hypothécaire était non recevable
pour défaut d'intérêt. A ce second point de vue, l'arrêt
dit que le créancier hypothécaire ne pouvait scinder
le jugement qui ordonnait à la fois la vente et le prélèvement de la créance de l'antichrésiste pour ne s'attaquer qu'à cette seconde partie de la décision ; pour

apprécier le préjudice, il fallait, d'après lui, prendre le jugement dans son ensemble; or, considéré ainsi, « en se replaçant dans les circonstances dans lesquel- » les il était intervenu, le créancier hypothécaire n'a- » vait pas d'intérêt à l'attaquer; s'il avait voulu » vendre lui-même, il aurait dû accorder le prélève- » ment que le jugement avait ordonné, subir la même » réduction dans sa créance. Sa tierce opposition » n'ayant pu avoir et n'ayant pas eu pour objet de » faire annuler et réputer non avenu le jugement et » ce qui en avait été la suite pour replacer les cho- » ses dans l'état où elles étaient auparavant, il » acceptait par cela même la situation nouvelle créée » par ce jugement, et n'avait, dès lors, à se plaindre » d'aucun préjudice, puisque, par le maintien de l'an- » tichrèse imposé aux adjudicataires, le prix se fût » nécessairement réduit dans la proportion de la » durée de la privation de la jouissance des adjudi- » cataires, c'est-à-dire dans la proportion de la dette » à laquelle l'antichrèse servait de sûreté. » (Cass., 31 mars 1851, S. 51, 1, 305.)

Cette solution, intervenue d'ailleurs contraire- ment aux conclusions de M. l'avocat général Nicias Gaillard, est encore bien douteuse et peu en har- monie avec la règle que nous avons posée. L'in- divisibilité entre les deux parties de la décision n'est pas d'abord bien sûre; le créancier hypothé- caire déclarait n'attaquer que le second chef du ju- gement portant sur le prélèvement du prix, au pro- fit de l'antichrésiste, parce que, disait-il avec assez de raison, le premier chef ne décidait rien en réalité, n'ordonnait pas la dépossession, mais constatait

simplement l'abandon de la possession consenti par
l'antichrésiste. De plus, il nous paraît au moins déli-
cat de conclure que le créancier hypothécaire ne subissait pas un préjudice : on ne pouvait le faire qu'en
se livrant à des appréciations hypothétiques, à l'examen de ce que les circonstances auraient pu amener,
si la tierce opposition avait été déclarée recevable.
Nous croyons plus sûr de décider, dans cette hypothèse comme dans la précédente, que la tierce opposition, peut-être mal fondée d'ailleurs, devait, en la
forme, être admise.

136. — C'est une règle en tout cas certaine que le
préjudice résultant de la négligence du tiers opposant
ne peut lui ouvrir la voie de la tierce opposition. Par
exemple, un créancier hypothécaire qui a encouru la
déchéance prononcée par l'article 755, C. proc., civ.,
pour n'avoir pas produit à un ordre dans le délai légal, ne peut faire tierce opposition au jugement qui
colloque les créanciers plus diligents (Cass., 2 mars
1881, S. 83, 1, 52)[1]. De même, un tiers acquéreur
qui n'a pas purgé ne peut attaquer par cette voie
un jugement rendu entre le débiteur et un créancier,
et dont l'effet sera de l'obliger à payer au-delà de son
prix (Alger, 28 juin 1875, S. 77, 2, 319). Cette dernière solution, qui nous paraît cependant fort exacte,
n'est pas très fermement admise par la jurisprudence
(V. Cass., 26 mars 1838, S. 38, 1, 757 ; 4 novembre
1845, S. 46, 1, 155)[2].

---

1. V. *supra*, n. 74.

2. V. encore sur l'appréciation du préjudice, Cons. d'État, 28 no-
vembre 1884, D. 86, 3, 59 ; Alger, 7 déc. 1885, *Rec. d'Alger*, 86, 74 ;
Trib. civ. Lyon, 26 janv. 1888, *Mon. Lyon*, 20 avr. 1808. — V. aussi
Dalloz. *C. proc, annoté*, art. 474, n. 74 et s.

137. — L'article 548, C. proc. civ., s'occupe des jugements « qui prononcent une main-levée, une radiation d'inscription hypothécaire, un paiement, ou » quelque autre chose à faire par un tiers ou à sa » charge ». On a fait remarquer avec raison[1] que *les tiers* dont il s'agit ici ne doivent pas être confondus avec *les tiers* dont nous nous occupons, à propos de la tierce opposition. L'expression est prise ici dans un sens spécial : les personnes qu'elle vise sont en réalité des *penitus extranei* ; elles n'ont pas d'intérêt personnel au procès ; « elles ne peuvent qu'exiger les » justifications nécessaires pour mettre leur respon- » sabilité à couvert ». Nous ajouterons qu'il pourrait, dans des hypothèses spéciales, en être autrement. Un conservateur des hypothèques pourrait vouloir se refuser à l'exécution d'une mesure lésant ses droits. Il y aurait lieu de revenir aux règles ordinaires[2].

138. — Un préjudice causé à l'honneur ou à la considération est-il de nature à légitimer la tierce opposition à un jugement ? Les auteurs sont assez obscurs sur ce point, et se contentent en général de l'écarter, sans autre développement. La vérité est qu'en principe, on ne peut refuser à celui qui éprouve, par suite de l'exécution d'une décision, un préjudice dans son honneur ou dans sa considération, le droit de l'attaquer. Il y a atteinte à son droit ; l'honneur, la considération professionnelle,

---

1. V. M. Garsonnet, t. III, § 565.

2. Les tiers détenteurs paraissent rentrer dans les termes de l'art. 548, C. proc. civ., et en principe il n'est pas nécessaire de les mettre en cause. Leur tierce opposition ne peut être admise que si leur droit personnel est atteint. (V. cep. un arrêt de la Cour d'Angers du 17 juin 1825.)

sont des biens, qu'on est en droit de faire respecter. Mais il n'en est pas moins vrai que le plus souvent de pareilles atteintes ne résultent que des motifs d'un jugement, ne constituent qu'une sorte de préjugé insuffisant pour rendre la tierce opposition recevable[1]. Le seul recours possible, dans des hypothèses de ce genre, est le pourvoi du Garde des Sceaux, dans l'intérêt de la loi[2].

De cette dernière solution découle une conséquence importante, dont l'exactitude nous paraît peu contestable, mais dont les effets pratiques ne sont pas heureux : il faut dire, en effet, par suite de la règle de l'article 466, C. proc. civ., que le tiers, lésé dans son honneur ou sa considération par les motifs d'un jugement de première instance ne peut intervenir en appel, pour en demander la réformation. La Cour de Poitiers l'a jugé ainsi par un arrêt récent du 17 novembre 1886 (S. 88, 2, 57)[3]. Elle admet bien que l'intervention en appel peut avoir lieu pour demander la suppression des conclusions prises, même en première instance, et contenant des expressions injurieuses ou diffamatoires pour le tiers intervenant ; elle admet même que des dommages-intérêts pourront être accordés de ce chef, mais elle se prononce ainsi, par application de l'article 41 de la loi sur la

---

1. C'est d'après cette distinction qu'il faut statuer sur la recevabilité de la tierce opposition de l'individu acquitté au criminel et qu'un jugement au civil, auquel il n'a pas été partie, déclare cependant l'auteur du fait incriminé. V. Colmar, 6 nov. 1811.

2. C'est ainsi que récemment la Cour de cassation a cassé les motifs d'un arrêt de la cour d'Aix disant que la compagnie des chemins de fer de P. L. M. « se faisait un jeu de la vie des voyageurs » et ne prenait aucune précaution dans leur intérêt ». (S. 86, 1, 491).

3. Conp. Cass., 2 juillet 1866 (S. 66, 1, 318).

presse du 29 juillet 1881, laquelle constitue une dérogation au principe de l'article 466, C. proc. civ. Quant aux motifs du jugement, cet article 41 n'en parle pas ; la Cour d'appel ne peut donc les apprécier, l'intervention du tiers n'étant pas recevable, du moment que le dispositif du jugement ne l'atteint pas et qu'il ne pourrait y faire tierce opposition. Cette solution qui paraît théoriquement très exacte [1], est, comme résultat, assez peu satisfaisante. On concevrait facilement que, lorsqu'un jugement est remis en question, il soit permis de se disculper, de démontrer l'erreur de ses motifs, d'empêcher qu'ils ne servent à propager des allégations mensongères. C'est une anomalie que de permettre, avec la loi de 1881, de revenir sur les conclusions des parties, mais non sur les motifs du jugement qui en sont la conséquence, sinon la reproduction.

SECTION II. — TIERCE OPPOSITION POUR DOL OU FRAUDE

139. — La tierce opposition, nous l'avons vue, est la voie nécessaire que doivent suivre les personnes qui, ayant été représentées par un des plaideurs, allèguent le dol ou la fraude pour se soustraire à l'effet des jugements rendus contre lui. Le dol ou la fraude sont les circonstances qui empêchent de leur faire subir les actes de leur représentant, et, si l'existence en est démontrée par l'exercice de la tierce opposition, les placent pour un instant dans la situation

---

1. Elle est cependant critiquée par l'annotateur de Sirey (S. 88, 2, 57). V. aussi les conclusions de l'avocat général Fabre devant la Cour de cassation, lors de l'arrêt du 2 juillet 1866, précité.

des tiers, celui dont elles sont ayants cause n'ayant eu mission de les représenter qu'à la condition d'agir de bonne foi.

Les conditions que doit remplir ici le tiers opposant pour être recevable, diffèrent complètement de celles que nous venons d'étudier. Elles se rattachent à un autre théorie bien connue, celle de l'action paulienne. Le tiers opposant n'est recevable que dans les mêmes cas où le créancier l'est en matière de conventions, quand il veut user de l'article 1167, C. civ. ; il doit donc démontrer :

§ 1. — Qu'il n'a pas été présent au jugement ;

§ 2. — Qu'il est ayant cause d'un des plaideurs ;

§ 3. — Que le jugement lui cause un préjudice ;

§ 4. — Qu'il a été victime d'une fraude.

Il nous suffira de quelques explications sommaires sur chacune de ces conditions.

§ 1er. — Il faut n'avoir pas été partie au jugement.

140. — Il est clair que s'il était intervenu au procès, il ne saurait songer à y faire tierce opposition. Nous avons déjà eu l'occasion de remarquer que le droit d'intervention est plus large que celui de tierce opposition [1]. Des tiers, dans le sens propre du mot, peuvent intervenir, sans pouvoir attaquer le jugement par tierce opposition. Nous pouvons ajouter ici que les ayants cause d'un plaideur qui ne peuvent faire tierce opposition que s'il y a eu dol ou fraude, peuvent toujours intervenir ; leur intervention a précisément pour objet d'empêcher la fraude qu'ils

1. V. *supra*, nᵒˢ 129 et s.

redoutent. C'est l'intervention *conservatoire* que M. Garsonnet oppose d'une façon très précise à l'intervention *agressive* des tiers qui ont un droit distinct [1]. Tous les jours on voit des créanciers intervenir dans un partage ou dans une séparation de biens, pour éviter des fraudes à leur préjudice. En pareil cas, ils peuvent user des voies de recours mises à la disposition de ceux qui ont été parties à un jugement ; ils ne peuvent faire tierce opposition.

§ 2. — Il faut être ayant cause de l'un des plaideurs.

141.— Les personnes à la disposition desquelles est mise la tierce opposition, dans la seconde des applications que nous étudions ici, sont précisément celles auxquelles la tierce opposition proprement dite est fermée. Suivant qu'on est tiers ou ayant cause, l'une ou l'autre des deux voies, tierce opposition facultative, tierce opposition nécessaire, peut être ouverte [2].

Il n'est pas, d'ailleurs, indispensable que le créancier qui fait tierce opposition démontre que son droit est antérieur au procès dans lequel il se prétend victime d'une fraude. De même qu'on admet l'action paulienne, à l'encontre d'aliénations antérieures qui n'ont été qu'une précaution contre des créanciers à venir,

---

1. M. Garsonnet, t. II, p. 674. V. aussi *supra*, p. 96, note 1.
2. V. comme application de la tierce opposition basée sur le dol ou la fraude, en ce qui concerne les créanciers : Cass., 8 juil. 1850 (S. 51, 1, 38); 6 décembre 1881 (S. 84, 1, 19); Nimes, 14 avril 1842; Lyon, 2 mars 1825; Aix, 3 juillet 1810; Toulouse, 21 avril 1819; Bourges, 27 juin 1822; Paris, 30 juillet 1829; — en ce qui concerne la caution, si on la considère, en principe, comme représentée par le débiteur principal, V. Cass., 11 décembre 1834 (S. 35, 1, 576).

ou d'obligations frauduleusement consenties, dans un but analogue, on doit admettre la tierce opposition formée contre des jugements qui ont eu pour effet de réaliser des aliénations ou des obligations ayant les mêmes conséquences. (V. *supra*, n. 80. V. aussi Cass., 14 juillet 1852, D. 52, 1, 244.)

§ 3. — Il faut subir un préjudice.

142. — La preuve du préjudice est une condition de recevabilité commune aux deux actions réunies sous le nom de tierce opposition. En ce qui concerne celle basée sur le dol ou la fraude, la preuve peut seulement varier suivant les cas. S'il s'agit d'un créancier, la preuve à fournir par lui n'est, comme au cas de l'action paulienne, que celle de l'insolvabilité du débiteur. S'il s'agit d'une personne qui était représentée par un mandataire, il lui faut faire la preuve d'un préjudice, quant au droit spécial que le mandataire avait mission de défendre. Tous les deux, créancier ou mandataire, soutiennent bien que le maintien du jugement leur nuit. Seulement, au premier cas, il n'est pas absolument nécessaire que le créancier démontre que c'est le jugement attaqué qui a amené l'insolvabilité. « Si, au moment » de l'action, il y a insolvabilité du débiteur, les » juges peuvent et doivent annuler tout ce qui a » pu contribuer à ce résultat [1]. » Au second cas, au contraire, il est évident que c'est dans le jugement attaqué que doit se rencontrer le préjudice allégué.

1. Bédarride, *Traité du dol et de la fraude*, t. IV, n° 1426.

§ 4. — Il faut qu'il y ait dol ou fraude.

143. — Le tiers opposant doit enfin démontrer le dol ou la fraude. Chez le débiteur, il y aura fraude suffisante s'il y a eu négligence grossière. Le mari qui laisse prononcer un jugement de séparation de biens, pour arriver à mettre le patrimoine commun à l'abri des poursuites des créanciers, en le faisant passer à la femme en paiement de ses reprises, se rend coupable de dol et de fraude, s'il n'y a pas réellement péril de la dot [1]. Le débiteur qui, sans essayer de se défendre, rendu apathique et négligent par une multiplicité de poursuites contre lesquelles il ne songe plus à résister, laisse prendre des jugements contre lui par des personnes qui ne sont pas sérieusement créancières, peut aussi être considéré comme coupable de fraude, au préjudice des autres créanciers. « La fraude peut consister, non-seulement dans la » collusion ayant créé un droit qui n'a jamais existé, » mais encore dans l'omission d'un moyen de défense » péremptoire, comme si le condamné avait négligé » de se prévaloir d'une quittance ou d'un jugement » précédent [2]. »

Ainsi il a été jugé qu'un créancier peut faire tierce opposition contre le jugement qui condamne son dé-

---

1. V. comme application de la tierce opposition formée par les créanciers d'un mari contre un jugement de séparation de biens; Cass., 30 août 1808; 2 février 1870 (S. 70, 1, 191); 19 novembre 1872 (S. 73, 1, 193); 16 novembre 1879 (S. 79, 1, 293); Paris, 7 janv. 1867 (S. 68, 2. 31); Trib. civ. Lyon 12 juillet 1888, *Mon. Lyon*, 12 déc. 1888. — Sur l'exception résultant, au point de vue du délai, de l'article 873 C. proc. civ., V. *infra*, n° 166.

2. Bédarride, t. IV, n° 1813.

biteur, en vertu d'un titre vicié de nullité, alors que ce vice avait été dissimulé (Rennes, 9 avril 1851, S. 52, 2, 261). Mais il ne faut pas exagérer la portée de notre solution. Une simple négligence à se défendre, si elle ne constituait pas un dol ou une faute lourde, ou encore l'omission de certains moyens de défense, en l'absence de circonstances de nature à lui donner un caractère dolosif, ne suffiraient pas pour qu'il y ait fraude. (Cass., 30 mars 1875, S. 75, 1, 341.)

144. — Le tiers opposant devrait-il démontrer aussi la fraude des autres personnes parties au procès ? Nous ne le pensons pas. On ne peut voir chez l'autre plaideur qui profite de la fraude une situation analogue à celle d'un acquéreur à titre onéreux attaqué par l'action paulienne. Il n'a fait aucun sacrifice ; il ne lutte pas *de damno vitando*. On peut dire de lui ce que dit M. Bédarride de l'acquéreur à titre gratuit : « Il n'a aucun droit légitime sur le bien qu'il a gra- » tuitement reçu et qu'il ne pourrait garder sans oc- » casionner un préjudice grave aux créanciers de ce- » lui dont il le tient : son insistance à le retenir le ren- » drait, en quelque sorte, complice de la fraude [1]. »

145. — Quant à la preuve de la fraude, elle se fera, suivant les règles ordinaires, par tous les moyens possibles, même par de simples présomptions lais- sées à l'appréciation du juge et qu'il pourra tirer, par exemple, de l'état d'insolvabilité du débiteur, de la qualité des personnes qui ont figuré au jugement, du caractère clandestin de son exécution [2].

1. V. en sens contraire, M. Garsonnet, *Précis de proc. civ.*, n. 797.
2. Sur les règles exceptionnelles de l'art. 882, C. civ., pour les ju- gements en matière de partage, V. *supra*, n° 82. — V. aussi, au cas

APPENDICE

Peut-on toujours assigner en déclaration de jugement commun celui dont on veut prévenir la tierce opposition ?

146. — Nous avons dit, à propos de l'une et l'autre application de la tierce opposition, que celui qui a été présent à l'instance, qui y est intervenu, se rend par là non recevable à prendre, plus tard, la qualité de tiers opposant contre le jugement. De là est née la question de savoir si, soit en première instance, soit en appel, on peut toujours forcer à intervenir une personne qu'on veut empêcher d'attaquer ultérieurement le jugement ou l'arrêt.

Depuis longtemps, sans trop discuter sur son mérite, les auteurs et les tribunaux ont admis ce qu'on appelle l'assignation en déclaration de jugement commun, ou l'intervention forcée. D'une façon générale, semble-t-il, on peut obliger une personne à prendre part à un débat pour que le jugement lui soit opposable.

S'il fallait en croire certains auteurs, l'application de cette idée s'étendrait au delà de ceux qui peuvent faire tierce opposition. Dalloz dit (v° *Intervention*, n. 42) que « l'intervention forcée est la conséquence de » l'intervention volontaire ; les deux droits sont cor- » rélatifs. » Carré (quest. 1271), présente aussi l'hypothèse de ceux qui peuvent faire tierce opposition

de faillite, les art. 446 et s. C. com. Si, pendant la période suspecte, des jugements avaient eu pour effet de réaliser les actes que ces articles prévoient, le syndic pourrait les attaquer par tierce opposition (V. Cass. 27 avril 1869, S. 69, 1, 253).

comme exemple de l'application du principe de l'intervention forcée. De même, le projet de réforme du Code de procédure civile présenté à la Chambre des Députés, le 29 octobre 1886, porte : « Toute personne » peut être assignée à la requête de l'une ou l'autre » des parties, pour voir déclarer commun avec elle le » jugement à intervenir[1]. » Enfin un arrêt récent de la Cour de Poitiers du 4 novembre 1889 (*Gaz. Pal.* du 13 nov.), dont nous ne voulons critiquer que les motifs et non la solution qui est très exacte, décide : « qu'à la différence de l'intervention en cause d'appel » qui aux termes de l'art. 466, C. pr. civ., ne peut être » reçue que de la part de ceux qui auraient le droit » de former tierce opposition, l'intervention en pre- » mière instance n'est soumise par l'art. 339 dudit » Code, d'après les règles du droit commun, qu'à la » condition que l'intervenant justifie d'un intérêt » dans le débat dont le tribunal est saisi, intérêt qu'il » appartient au juge d'apprécier ; que la dame R. eût » été fondée à intervenir spontanément, que, par un » droit correlatif, B. a pu valablement l'appeler dans » l'instance, même malgré sa volonté, afin de faire » déclarer commun avec elle le jugement à interve- » nir. »

Cette solution est cependant, de l'avis même de la généralité des auteurs qui admettent l'intervention forcée, trop large et trop étendue. On paraît d'accord

---

1. Ce texte a été maintenu par la commission extraparlementaire de révision du Code de procédure civile. — Le texte par elle adopté ajoute : « Le tiers assigné en déclaration de jugement commun ne peut décliner la compétence du tribunal saisi de la demande originaire, à moins qu'il ne prouve que cette demande n'a été formée que pour le distraire de ses juges naturels. »

our reconnaître qu'il n'y a pas à parler ici de ceux qui peuvent intervenir, parce qu'ils ont un *intérêt*, mais qui ne pourraient faire tierce opposition, parce qu'ils n'ont pas un *droit* (V. *supra*, n. 129 et s.). Il n'y a pas de raison pour les obliger d'assister à un jugement contre lequel, même absents, ils ne pourraient protester. Il nous semble aussi qu'il est impossible de songer à appliquer l'ntervention forcée à ceux qui, étant représentés au procès, pourraient bien y intervenir pour conserver leurs droits, mais ne pourraient, plus tard, faire tierce opposition que si une fraude était commise à leur préjudice. Ils ne peuvent être astreints à répondre à une assignation en déclaration de jugement commun ; elle ne saurait se comprendre, d'ailleurs, puisque juridiquement le jugement sera commun avec eux, sauf le cas de fraude et que, jusqu'à ce que la fraude existe, ils ne forment pas, au point de vue du procès, une personne distincte de leur représentant ; ils n'ont pas de droit propre ; on ne peut songer à les astreindre à venir, même quand ils ne le veulent pas, surveiller leur représentant, à peine d'être déchu du droit d'attaquer le jugement par tierce opposition. En résumé, on ne peut réellement, et c'est dans ces termes qu'il nous faut discuter la question, soutenir la légitimité de l'intervention forcée qu'à l'égard de ceux qui pourront, plus tard, si le jugement porte atteinte à leurs droits, opposer qu'il est pour eux *res inter alios acta*, ou l'attaquer directement par la tierce opposition.

La plupart des auteurs s'attachent d'ailleurs à cette seule application de l'assignation en déclaration de

jugement commun. Berriat-St-Prix (t. 1, p. 293) dit
qu' « on a le droit d'exercer cette action contre tout
» particulier qui pourrait avoir celui de former tierce
» opposition au jugement qu'on espère obtenir. »
Bourbeau, contin. de Boncenne, dit aussi qu'on
l'emploie afin d'éviter qu'une personne « puisse atta-
» quer par tierce opposition le jugement qui lui serait
» étranger ». M. Garsonnet (t. II, p. 722) enseigne de
son côté qu' « on ne peut assigner à cette fin qu'une
» personne contre qui la chose jugée serait opposable
» en fait et qui aurait le droit d'y former tiercé op-
» position ». Enfin nous trouvons cette solution encore donnée dans une étude de M. Valabrègue sur la
loi *diffamari* et sur l'action de jactance (*Rev. crit.*
1888, p. 43) « Ce droit est exceptionnel; il est abso-
» lument restreint au cas où la personne assignée
» aurait le droit de former tierce opposition au ju-
» gement qui serait rendu en son absence. » Cette
solution résulte également de la jurisprudence [1]. C'est
donc bien dans la seule hypothèse des personnes aux
droits desquelles un jugement sollicité peut porter
préjudice que la question de l'intervention forcée
doit être examinée.

147. — Dans cette mesure, comment justifie-t-on
le droit d'assignation en déclaration de jugement
commun? Pour éclaircir un peu la discussion, nous
laissons, pour le moment, de côté l'hypothèse où elle
se produit au cours de l'instance d'appel.

Les auteurs donnent à l'appui de leur solution des

1. V. not. Cass. 19 nov. 1818 (D. *Rép.* v° *Tierce oppos.* n° 150);
4 mars 1834 (D. *Rép.* v° *Interv.* n° 116) ; 19 nov. 1873 (D. 74, 1, 200);
Pau, 24 janv. 1887 (D. 87, 2, 278).

raisons qui ne nous semblent pas très péremptoires. « L'intervention forcée, dit Dalloz, est fondée sur la » nécessité et sur la nature même des choses. » Berriat-Saint-Prix dit que « c'est une règle dérivée du » grand principe de l'abréviation des procédures admise par tous les tribunaux et non abrogée par » les lois modernes. » On avouera que, jusque-là, ce ne sont pas des arguments bien sérieux. M. Garsonnet est plus net et plus précis. Pour lui l'intervention forcée « n'a point d'inconvénients, car ce n'est pas » une surprise pour le défendeur qui est assigné par » ajournement, suivant les formes ordinaires. Elle a » de très grands avantages, car en rendant la décision » qui interviendra commune entre le défendeur et les » parties déjà en cause, elle l'empêche d'y former » tierce opposition ou de prétendre que la chose ju- » gée est, quant à lui, *res inter alios acta* » [1]. Cette justification est-elle absolument satisfaisante? Dire que l'intervention forcée présente des avantages et n'a pas d'inconvénients, est-ce montrer qu'elle est licite, alors qu'aucun texte n'en parle? Nous pensons fermement que la légitimité de l'intervention forcée n'est pas absolument établie par les considérations que nous venons de rappeler et qu'elles ont besoin d'être complétées.

148. — Le défaut de l'argumentation des partisans de l'intervention forcée a été mis en relief d'une façon vive et originale par M. van Boneval Faure, professeur à la Faculté de Leyde, dans une étude récente sur cette question (*Rev. crit.*, 1888, p. 463).

1. V. encore l'exposé des motifs de la commission de révision de 1886 qui s'appuie uniquement sur des motifs d'utilité pratique.

Sans que nous acceptions sa conclusion, et sa proscription de l'assignation en déclaration de jugement commun qu'il considère comme abusive et contraire à la règle *nemo invitus agere cogatur*, nous pensons qu'il y a dans son raisonnement une certaine part de vérité, quand il signale le caractère peu décisif des raisons alléguées par la plupart des auteurs et par la jurisprudence. « Ne s'est-on pas aperçu, dit-il, qu'on allait violer un des principes les plus élémentaires de la procédure civile, voire s'attaquer à ce qui fait l'essence de la défense des droits privés? N'est-ce pas un principe essentiel que chacun soit parfaitement libre de décider s'il veut ou non défendre ses droits méconnus ou violés ?... Il est parfaitement correct, quand on entre en litige avec un adversaire, de tâcher de lui enlever les armes dont il compte faire usage, de s'efforcer de réfuter à l'avance les arguments que l'on prévoit qu'il avancera, de lui casser les dents avant qu'il ne morde, comme on dit en Hollande. Mais que celui qui ne montre pas les dents, qui n'y pense même pas, soit appelé à se les faire arracher, afin qu'il ne puisse pas nous attaquer à un moment donné, comme il pourrait en avoir le droit, cela ressemble moins à la justice et à l'équité qu'à une transformation de la puissance en droit. Ce qui est agréable et commode à celui à qui ce droit excessif est conféré est absolument inique envers les tiers. Il me semble difficile d'imaginer une violation plus grave de la maxime *nemo invitus agere cogatur*. »

149. — Cette argumentation n'est cependant pas absolument péremptoire. Sans doute, il ne suffit pas de

dire que l'intérêt qu'on a de rendre un jugement opposable à un tiers autorise à l'assigner en déclaration de jugement commun. Parce que ce tiers pourrait intervenir volontairement, ou pourrait plus tard écarter le jugement comme lui étant étranger, ou, enfin, pourrait l'attaquer par tierce opposition, ce n'est pas une raison pour qu'on l'oblige à suivre une de ces voies, de préférence aux autres. C'est à lui à choisir, suivant son intérêt. On veut, dit-on, prévenir une tierce opposition. Cela ne prouve pas qu'on puisse le faire ; et M. Van Boneval Faure répond justement : « Est-il ac-
» ceptable que la tierce opposition, institution dont la
» valeur est, en soi, très problématique, puisse impli-
» quer l'admission d'un moyen de droit dénué de
» toute valeur intrinsèque ? »

Mais ce qu'il faut répondre, c'est que la règle *nemo invitus agere cogatur* n'est jamais violée, du moment qu'on admet, et nous avons essayé de l'établir, que, pour être recevable à faire tierce opposition, il faut avoir dû être appelé. Ceux-là seulement pourront attaquer le jugement qui pourront se plaindre de n'avoir pas été appelés, alors qu'ils devaient l'être : c'est donc qu'on a le droit de les assigner en déclaration de jugement commun ; ils ont, de par leur droit ou leur qualité, le rôle de contradicteurs au procès ; on les appelle, non pour les obliger à avancer l'heure de leur attaque, à exercer leurs droits plus tôt qu'ils ne le voulaient, mais pour qu'ils défendent à l'attaque qu'on introduit contre eux, à la contestation que l'on soulève, quant à leurs droits.

La critique du professeur de Leyde porte bien, évidemment, contre ceux qui admettent l'intervention forcée, d'une façon générale, sans limites, l'élargissant autant que l'intervention volontaire (V. *supra*, n° 146). Elle porte aussi, dans une certaine mesure, contre la solution donnée par les auteurs et la jurisprudence qui admettent qu'on peut faire tierce opposition, sans avoir dû être appelé, et, par suite, qu'on peut assigner en déclaration de jugement commun ceux desquels on ne peut dire qu'ils auraient dû être présents à l'instance. Nous croyons, nous aussi, qu'on ne peut forcer à plaider celui qui ne prétend pas à un droit sur la chose qui fait l'objet du procès : l'intervention forcée ne pourrait donc être permise dans les hypothèses où nous avons vu que l'on admet à tort la tierce opposition.

Mais la critique qui a été faite n'est plus exacte et ne porte plus dès qu'on se trouve dans l'hypothèse de celui qui a dû être appelé, c'est-à-dire, pour nous, dans les seuls cas où on peut redouter une tierce opposition. L'assignation en déclaration de jugement commun n'est plus, M. Garsonnet le dit avec infiniment de raison, qu'une action ordinaire dans laquelle le tiers assigné joue le rôle de défendeur. Lorsque, dans le cours d'un procès, venant à apprendre l'existence sur l'immeuble en litige d'une hypothèque ou d'une servitude, ou venant à apprendre l'aliénation de cet immeuble par mon adversaire, j'assigne en déclaration de jugement commun le créancier hypothécaire, le titulaire de la servitude, ou le nouvel acquéreur, je ne fais qu'intenter contre eux une action de droit commun ; ils jouent le rôle de défendeurs dans un procès que j'ai, d'après les règles ordinaires, le droit de diriger contre eux [1].

Si l'explication que nous fournissons ici est exacte, nous y trouvons un nouveau motif de nous en tenir à la théorie que nous avons soutenue avec nos anciens auteurs, en exigeant, comme condition de la tierce opposition, qu'on ait dû être appelé au jugement. Elle nous permet de faire concorder, sans créer des règles arbitraires et exceptionnelles, le droit d'intervention forcée avec le droit de tierce opposition.

150. — Nous avons supposé, jusqu'ici, l'hypothèse où l'intervention forcée se produit en première instance. En appel, la question change d'aspect : il s'agit de savoir si on peut enfreindre la règle qui ne permet pas de priver une personne des deux degrés de juridiction. La doctrine et la jurisprudence, après quelques hésitations, admettent ici encore le droit d'assignation en déclaration de jugement commun [2].

---

1. Le projet de 1866 allait jusqu'à permettre au tribunal d'ordonner la mise en cause d'un tiers pour « déjouer tous les calculs et assurer à ses décisions une force définitive ». Des législations étrangères l'admettent. Il nous semble que c'est une solution malheureuse. Il ne convient pas de faire sortir le juge de son rôle passif pour lui donner le soin d'organiser le débat entre telles et telles personnes. C'est avec raison que la commission de 1886 a repoussé cette disposition.

La jurisprudence s'est pourtant engagée dans cette voie. Un arrêt de la Cour de Cassation du 2 août 1876, D. 77, 1, 224, et un arrêt de la Cour de Nancy du 9 janvier 1880, D. 82, 2, 138, admettent l'intervention forcée ordonnée d'office par le juge. C'est une solution mauvaise en législation, en tous cas inacceptable dans l'état actuel de notre droit. L'arrêt de la Cour de cassation dit simplement que « le Tribunal a pris une mesure d'instruction » nécessaire pour lui permettre de statuer sur la demande dont il » était saisi et qu'il n'a commis aucun excès de pouvoir ». C'est là une simple affirmation.

2. V. en ce sens : Cass., 13 octobre 1807 ; 18 août 1808 ; 17 février 1812 ; 25 janvier 1832, S. 32, 1, 153 ; 1er août 1859, S. 60, 1, 67 ;

Le projet de réforme paraît le comprendre dans la généralité de ses termes. En législation, c'est une solution qui nous paraît bien délicate. Dans l'état actuel du droit, nous la repoussons absolument. Merlin dit que le droit qu'a d'intervenir en appel, d'après l'article 466 du Code de procédure civile, la personne qui pourrait faire tierce opposition entraîne nécessairement pour les parties principales le droit de la forcer à intervenir. Chauveau trouve aussi que c'est la compensation naturelle du droit d'intervention volontaire ; les droits d'une partie en cause, dit-il, ne peuvent demeurer indéfiniment exposés aux attaques d'une personne étrangère sans que cette partie ait le moyen de provoquer le combat. Ce ne sont pas des raisons péremptoires, et nous répétons qu'il n'y a pas de corrélation nécessaire entre le droit d'intervenir volontairement et l'obligation d'intervenir, sur l'injonction des parties en cause. La partie n'a pas que le droit d'intervention, ni que celui de tierce opposition. Quand Merlin dit qu'on ne la prive pas d'un premier degré de juridiction, parce que si elle faisait tierce opposition, elle devrait porter son recours devant la Cour d'appel et qu'on ne fait que hâter le moment de sa comparution, il ou-

5 novembre 1877, D. 80. 1. 79 ; Colmar, 19 décembre 1810 ; Florence, 1er février 1811 ; Besançon, 29 août 1817 ; Rouen, 13 juin 1881, D. 83. 2. 110 ; Pau, 9 février 1885, D. 86. 2. 173 ; Bordeaux, 12 juillet 1888, S. 89. 2. 40 ; Nancy, 28 juillet 1888 (*Gaz. Pal.* 88, 2, 415). Merlin, *Rép.*, v° *Intervention* ; Carré et Chauveau, quest. 1682 ; Thomine Desmazures, t. 1, n° 517 ; Bioche, v° *Degré de juridiction*, n° 22 ; Crépon, de l'*Appel*, n° 791. — V. cependant : Rennes, 27 février 1818 ; Bordeaux, 5 février 1825 ; 31 mai 1843, S. 43, 2, 545 ; 15 mai 1846 S. 47, 2, 43 ; Rouen, 9 novembre 1843 S. 44, 2, 265 ; Dalloz, *Rép.*, v. *Intervention*, n°s 147 et 148.

lie que la tierce opposition, comme l'intervention, est une voie facultative. Le tiers n'est pas obligé de s'en servir. Il peut intenter les actions ordinaires destinées à assurer l'exercice de son droit, aller devant le tribunal de [première instance, en se réservant, si on lui oppose l'arrêt rendu en dehors de lui, de l'écarter comme lui étant étranger, sans l'attaquer par la tierce opposition. Il n'est pas douteux qu'on porte atteinte ici à la garantie des deux degrés de juridiction. Si, au point de vue de la réforme législative, on peut concevoir qu'il soit utile de pouvoir forcer à intervenir, même en appel, tous ceux dont on redoute la tierce opposition, cela ne nous paraît pas admissible dans l'état actuel de notre procédure civile.

CHAPIRE V.

RÈGLES DE COMPÉTENCE ET DE PROCÉDURE

SOMMAIRE

151. — Nous réunissons dans ce chapitre les règles relatives à la compétence, au délai dans lequel la tierce opposition doit être formée, à l'effet de la tierce opposition une fois introduite, enfin à la procédure proprement dite de cette voie de recours. Ces règles seront, en principe, sauf dans les cas où nous établirons des distinctions, communes à l'une et à l'autre des deux applications de la tierce opposition.

SECTION I. — RÈGLES DE COMPÉTENCE

152. — Pour déterminer la compétence des tribunaux chargés de statuer sur la tierce opposition [1], il est nécessaire de distinguer avec les articles 475 et 476, C. proc. civ., deux hypothèses différentes : celle où, en dehors de toute autre instance, une tierce opposition est introduite, comme instance principale, et celle où une tierce opposition est formée, au cours d'un autre procès, incidemment à cet autre procès. Dans le premier cas, on dit que la tierce opposition est principale ; dans le second, elle est incidente. La compétence n'est pas la même dans l'une et l'autre hypothèses ; mais, dans tous les cas, elle est déterminée par une règle d'ordre public qui peut être proposée, pour la première fois, devant la Cour de cassation (Cass., 1er août 1865, S. 65, 1, 407. V. aussi Cass., 12 août 1818).

153. — *a*). *Tierce opposition principale.* La tierce opposition principale se porte devant le juge qui a rendu la décision attaquée (art. 475, C. proc. civ.). C'est là une règle simple, logique, et raisonnable. Elle déroge, sans doute, et au principe *actor sequitur forum rei*, et au principe d'après lequel un plaideur doit avoir droit à tous les degrés de juridiction organisés par la loi [2]. Mais il fallait éviter que des juridictions égales ou même inférieures fussent

---

1. Nous laissons de côté les questions d'incompétence *ratione materiæ* qui dominent cette matière comme toutes les autres. Il est certain que les juridictions administratives ne peuvent connaître des tierces oppositions aux décisions judiciaires. (Trib. conflits, 6 décembre 1884, D. 86. 3. 44). Il est certain aussi que le Conseil d'Etat ou un tribunal administratif quelconque ne peut, étant saisi d'une tierce opposition, statuer sur la question de propriété qu'elle soulève. Ce n'est là que l'application du droit commun (D. *Rép.*, v° *Tierce oppos.*, n°ˢ 306 et 310).

2. « Les principes sur les deux degrés de juridiction ne sont point applicables en pareil cas » (Cass., 16 février 1830).

saisies d'un recours contre le jugement émanant d'une autre juridiction. D'un autre côté, c'est bien le juge qui a déjà statué qui est le mieux à même d'apprécier la recevabilité de la tierce opposition, quant au préjudice éprouvé, quant au dol où à la fraude alléguée, d'apprécier aussi le bien fondé du recours et, s'il y a lieu, dans une mesure quelconque, de modifier le jugement attaqué.

Dans l'exposé des motifs, Bigot Préameneu disait à cet égard : « Il peut sans doute en résulter que le » tiers opposant soit obligé de plaider devant les ju- » ges dont autrement il n'eut pas été justiciable ; mais » une tierce opposition principale ne peut être con- » sidérée que comme une intervention pour arrêter » ou prévenir l'exécution d'un jugement ; or, nulle » intervention ne peut se faire que devant le tribunal » où la cause principale est portée ». Ces considérations ne sont pas absolument exactes. Nous avons dit plus haut (n° 28) que la tierce opposition est plus qu'une difficulté soulevée dans l'exécution d'une décision judiciaire. C'est un véritable recours, remettant en discussion et en question, relativement au tiers opposant, ce qui a été jugé.

154. — Cette observation est intéressante à faire. Si la tierce opposition n'était qu'une intervention dans l'exécution, il en résulterait qu'une juridiction exceptionnelle, ne connaissant pas de l'exécution de ses décisions, ne pourrait connaître de la tierce opposition formée contre elles. Il en résulterait aussi que lorsqu'un jugement de première instance serait confirmé en appel, le tribunal serait cependant compétent pour connaître de la tierce opposition au jugement maintenu par l'arrêt confirmatif, puisque, d'après l'article 472 du Code de procédure civile, « Si le jugement est confirmé, l'exécution appartiendra au tribunal dont est appel ».

Ces deux solutions ne sont cependant exactes ni l'une ni l'autre. Il est certain d'abord que les Tribunaux de commerce et, d'une façon générale, les juridictions d'exception, sont compétentes pour connaître de la tierce opposition formée contre leurs décisions. L'article 475, 1° C. proc. civ., ne distingue pas.

155. — D'un autre côté, si une tierce opposition est formée contre un jugement qui a été confirmé par un arrêt de Cour d'appel, c'est devant la Cour d'appel qu'elle doit être portée. Cette solution nous paraît s'imposer : le recours est en réalité formé contre l'arrêt qui s'en est approprié les motifs et qui constitue la décision définitive : suivant les expressions de la Cour de cassation, « la Cour d'appel substitue sa » propre décision à celle des premiers juges. » En un mot, le jugement est absorbé dans l'arrêt; il ne forme plus le titre des parties. On peut ajouter que ce serait troubler l'ordre des juridictions que de permettre à un tribunal d'apprécier le recours formé contre la décision d'une Cour, et d'aboutir peut être à son annulation. C'est là, au surplus, la jurisprudence et la doctrine très généralement admises aujourd'hui (V. en se sens, Cass., 21 juin 1882, S. 84, 1, 259 ; Florence, 26 décembre 1809 ; Limoges, 13 février 1816 ; Paris, 22 novembre 1825 et 22 novembre 1835, S. 35, 2, 262 ; Riom, 2 décembre 1839, S. 40, 2, 55 ; Nimes, 4 mai 1840, S. 40, 2, 540 ; Bordeaux, 19 août 1840. S. 41, 1, 27 ; Amiens, 5 juillet 1842, S. 45. 2

43 ; 30 août 1844, S .45,2, 44 ; Rennes, 20 avril 1850,
S. 50, 2, 655 ; Aix, 14 novembre 1865. S. 66, 2, 51 ;
Douai, 5 juin 1866, S. 67, 2, 257 ; Orléans, 29 juillet
1880, D. 81, 2, 161 [1]. — V. en sens contraire, Cass.,
25 brumaire an V. ; 14 octobre 1806 ; Bruxelles,
9 avril 1808 ; Douai, 20 juillet 1816 et 14 janvier 1825 ;
ces arrêts avaient été approuvés par Carré, Pigeau,
Favard, Poncet, Rodière).

Il faudrait en dire autant de l'hypothèse où une
sentence de juge de paix aurait été confirmée par un
tribunal de première instance.

La règle ne doit, d'ailleurs, s'appliquer qu'à l'égard
de celles des parties qui avaient fait appel ; à l'égard
des autres, le jugement est le seul titre qui les oblige
ou leur crée un droit ; c'est devant le tribunal qu'il
faudrait agir contre eux : on ne pourrait les priver
des deux degrés de juridiction sur la tierce opposition, en leur opposant une règle qui serait rendue
applicable par le fait seul de leurs cointéressés (V. en
ce sens, Bordeaux, 3 août 1843, S. 44, 2, 310.) De
même, si le jugement n'avait été frappé d'appel que
sur certains chefs, le tribunal resterait compétent
pour connaître de la tierce opposition concernant
les autres chefs (Bordeaux 25 avril 1833, P. chr.)

A l'inverse, si plusieurs jugements ont été rendus
dans une affaire, qu'un seul ait été frappé d'appel et
confirmé par la Cour, la tierce opposition formée contre tous ces jugements est de la compétence de la Cour
d'appel, s'il y a connexité entre eux (Bourges, 28
déc. 1836, P. chr.)

1. Il en est ainsi alors même que la tierce opposition aurait été
formée avant l'appel. (Paris, 22 juin 1846, D. 52. 5. 536).

156. — *b). Tierce opposition incidente.* L'article 475 § 2, C. proc. civ., dit que « la tierce opposi-
» tion incidente à une contestation dont un tribunal
» est saisi, sera formée par requête à ce tribunal, s'il
» est égal ou supérieur à celui qui a rendu le juge-
» ment. » Cette règle a pour but d'empêcher les plaideurs de faire trop longtemps obstacle au jugement
d'un procès, en soulevant des tierces oppositions qui
obligeraient leur adversaire à aller plaider devant
un autre tribunal. On considère la tierce opposition
comme un simple incident que le tribunal apprécie.
Il y a là une dérogation à la règle qui n'admet pas
qu'une juridiction ait à statuer sur le recours formé
contre la décision d'une autre juridiction d'un rang
égal. Bigot Préameneu avait signalé cette solution
anormale : on a considéré que, dans un but de célérité, il valait mieux la maintenir, les parties ayant
l'avantage de ne pas changer de prétoire et de trancher leur procès d'un seul coup[1].

On peut, devant la Cour d'appel, faire tierce opposition à un jugement qui est opposé par l'adversaire.
On le peut même si le jugement avait été déjà opposé
en première instance ; il n'y a pas là une demande
nouvelle, « la tierce opposition se rattache évidem-
» ment, comme moyen de défense, à celle qui a été
» l'objet du débat primitif. » (Paris, 30 juillet 1829.
V. aussi Paris, 11 mai 1812).

---

1. Il a été spécialement jugé que le tribunal saisi d'un contredit
sur un ordre est compétent pour statuer sur le tierce opposition
incidemment formée contre un jugement de séparation de biens
prononcé par un autre tribunal. (Trib. Marseille, 22 juin 1887, *Rec.
d'Aix*, 89. 2. 188).

Mais il est clair que si la juridiction égale ou supérieure se déclarait incompétente sur l'instance principale, elle serait par là même et *ipso jure* dessaisie de la tierce opposition, et ne pourrait la garder devant elle. La question s'est posée notamment dans une hypothèse où l'appel d'un jugement rendu en matière d'ordre n'était recevable qu'à l'égard de certains créanciers. La Cour de Lyon avait néanmoins admis la tierce opposition à l'égard de tous. Son arrêt fût cassé. « La Cour de Lyon ayant » déclaré l'appel non recevable contre plusieurs » créanciers, il n'y avait pas lieu de considérer la » tierce opposition comme incidente et de la juger » aux termes de l'art. 475 : la tierce opposition devait » suivre le sort de l'appel. » (Cass., 1ᵉʳ août 1865, S. 65, 1, 407.)

Dans cet arrêt, la Cour de cassation admet qu'on peut, devant la Cour d'appel, faire tierce opposition au jugement rendu par le tribunal et frappé d'appel. Cela n'est pas très exact. En pareil cas, il ne peut s'agir, suivant nous, d'une tierce opposition proprement dite, mais seulement d'une intervention dans les termes de l'art. 466, C. proc. civ. Le tiers qui intervient en appel n'a pas à former tierce opposition contre le jugement qui se trouve, par l'effet de l'appel, mis en question. Mais il ne faut pas aller jusqu'à dire que la tierce opposition ne peut atteindre qu'un jugement passé en force de chose jugée [1]. Pour nous, le tiers qui est lésé dans ses droits par un jugement frappé d'appel peut, à son choix, ou intervenir de-

1. V. cependant Trib. civ. Lyon, 24 mars 1888. (*Mon. Lyon*, 18 juill. 1888).

vant la Cour, ou attendre l'arrêt et y faire tierce opposition. Mais il ne peut pas à la fois, comme semble l'admettre l'arrêt du 1ᵉʳ août 1865, intervenir et faire tierce opposition.

Une autre question intéressante se pose. Le demandeur peut-il, incidemment à sa propre demande, former une tierce opposition à un jugement rendu par un autre tribunal et qui ne lui est pas opposé par l'adversaire? Cette question est réservée comme douteuse par un arrêt de la Cour de cassation du 25 février 1857 (D. 57, 1, 113). Mais le conseiller rapporteur prend nettement parti pour la négative, et s'inspire de raisons qui nous paraissent péremptoire : « Peut-on dire que
» la tierce opposition incidente formée par le deman-
» deur principal puisse être considérée comme inci-
» dente à sa propre demande? Il n'existait pas d'autre
» contestation que celle que le demandeur lui-même
» avait introduite. Sa tierce opposition, formée par
» acte d'avoué à avoué, était bien un accessoire de la
» demande principale, mais n'était pas un incident.
» Le décider autrement, ne serait-ce pas donner à
» une partie qui veut user de la faculté de la tierce
» opposition le moyen de porter cette tierce opposition
» devant un autre tribunal que celui qui a rendu le
» jugement et par là se soustraire à la compétence éta-
» blie par le § 1 de l'art. 475. Pour faire de l'exception
» la règle, il suffirait d'attaquer d'abord par action
» principale les actes qui n'avaient été que l'exécution
» même du jugement, et de joindre ensuite à cette
» demande une tierce opposition au jugement ».

157. — La règle ne s'applique pas, bien que le texte soit muet sur ce point, si l'instance principale se trouve portée devant une juridiction d'exception, et que la décision attaquée émane d'une autre juridiction. Par exemple, un tribunal de commerce saisi d'une contestation ne pourrait statuer sur la tierce opposition formée, au cours du procès, contre un jugement d'un tribunal civil. Il faudrait alors revenir à la règle de l'article 475 1° C. proc. civ. A l'inverse, il a été soutenu qu'un tribunal civil, juridiction de droit commun, pourrait connaître de la tierce opposition incidente dirigée contre un jugement d'un tribunal de commerce. L'opinion contraire nous paraît préférable. Il y a en pareil cas incompétence du tribunal civil. La seule différence avec l'hypothèse précédente résulte de ce que l'incompétence du tribunal civil doit être demandée *in limine litis*[1].

158. — Si la juridiction saisie est de rang inférieur à celle qui a rendu la décision attaquée, l'article 476, C. proc. civ., dispose que c'est devant cette dernière que la tierce opposition doit être portée. On a trouvé ici que l'ordre des juridictions serait trop gravement atteint, si on laissait à un juge inférieur le pouvoir d'annuler directement une décision d'un juge plus élevé. La tierce opposition ne pourrait donc être formée devant un tribunal contre un arrêt confirmant un jugement de ce même tribunal. (Bourges, 7 juillet 1824. V. *supra* n° 155).

Au surplus, les règles spéciales de compétence des art. 475 et s. C. proc. civ, n'ont rien à faire en matière administrative. La tierce opposition, même in-

---

1. *Sic.*, Metz, 30 mars 1833 ; Riom, 30 août 1849 ; Bioche, n° 83 ; Dalloz, n° 293 ; Dutruc, n° 163. — *Contra*, Rodière, p. 430. — V. au surplus *supra*, p. 242, note 1.

cidente, doit toujours être portée devant le tribunal qui a rendu la décision attaquée [1].

159. — *c).* *Règle commune à la tierce opposition principale et à la tierce opposition incidente.* Les règles de compétence tracées par la loi en matière de tierce opposition qui ont, nous l'avons vu, un caractère dérogatoire aux principes ordinaires, s'appliquent non-seulement en ce qui concerne l'examen de la recevabilité de la tierce opposition [2], mais aussi en ce qui concerne son bien ou mal fondé. Le juge qui en est saisi est appelé à l'apprécier au fond. Tout n'est pas terminé, en effet, quand le tiers opposant a satisfait aux conditions que nous avons analysées plus haut, au chapitre IV ; il reste à savoir si le jugement a été bien rendu.

Nous ne trouvons pas ici la division de la procédure en deux phases distinctes, se terminant par deux jugements séparés, l'un décidant si la tierce opposition est recevable, l'autre s'il y a lieu de rétracter, de réformer, ou d'annuler le jugement attaqué : la loi n'a pas admis, comme pour la requête civile, la distinction du rescindant et du rescisoire. Les textes n'en font pas mention, et l'ensemble des dispositions du titre de la tierce opposition indique bien qu'il y a une simple procédure, un seul débat, un seul jugement. Cette différence traditionnelle tient sans doute à ce qu'on a voulu entourer de plus de garanties la procédure de la requête civile qui suppose

1. V. en ce sens D. *Rép.*, v⁰ *Tierce oppos.*, n⁰ˢ 296, 304 et suiv.
2. Toute personne intéressée peut contester le recevabilité de la tierce opposition, et notamment la qualité de créancier dont se prévaut le tiers opposant (Paris, 3 févr. 1853, D. 55. 2. 334).

des faits graves et exceptionnels ; celui qui justifie
être dans les conditions déterminées par les articles 480 et s. C. proc. civ. voit sa requête civile admise ; il est déchargé de son amende ; le jugement
tombe, et les parties sont remises au même état qu'a-
vant le jugement : le débat doit recommencer au fond.
Il n'est pas besoin de démontrer que s'il n'y avait
pas eu dol ou fraude, par exemple, le jugement eut
été différent. En matière de tierce opposition au con-
raire, il faut pour réussir, qu'il y ait mal jugé au
fond, qu'il soit prouvé que le jugement eut été autrement rendu si le tiers opposant avait été partie au
procès. C'est la même juridiction qui devra en même
temps se prononcer sur la recevabilité et sur le bien
fondé de la tierce opposition : si c'est une juridiction
statuant en dernier ressort, on sera, même quant à
l'appréciation du fond, privé du droit d'appel. (V.
Cass., 16 février 1830).

160. — Proudhon est, à notre connaissance, le
seul auteur qui ait enseigné une théorie différente.
Dans son traité *de l'usufruit* (n° 1379) il s'exprime
ainsi : « La demande du tiers opposant prise dans
» son ensemble, renferme deux parties et deux cho-
» ses bien distinctes l'une de l'autre, le rescindant
» et le rescisoire ; le rescindant qui n'a pour objet
» que de replacer les parties au même état où elles
» étaient avant le premier arrêt, sans toucher à leurs
» droits respectifs sur la chose litigieuse ; le resci-
» soire qui ne vient qu'en deuxième ordre et ne peut
» être prononcé que postérieurement pour statuer
» sur ses droits ; le rescindant par lequel la Cour dé-
» clare que le premier arrêt n'est point applicable à

» la cause du tiers opposant et que cet arrêt sera ré-
» tracté à son égard, et le rescisoire par lequel il
» reste à se prononcer sur le fond des droits des par-
» ties, après avoir examiné le mérite de leurs titres
» respectifs à la chose litigieuse ; le rescindant pour
» lequel il suffit que la Cour ait simplement vérifié si
» l'opposant est une personne tierce qui n'ait pas été
» représentée dans le premier procès, le rescisoire
» pour lequel il faut descendre dans l'examen de
» tous les titres et moyens du fond et peut-être ordon-
» ner des interlocutoires et autres moyens d'instruc-
» tion qui feront le développement d'une procédure
» entièrement étrangère à celle du rescindant. Après
» le rescindant prononcé, il n'existe plus de juge-
» ment à la charge du tiers opposant ; il est restitué
» en entier même contre les suites de l'exécution du
» jugement retracté ; il est rétabli dans le même état
» où il serait si ses droits n'avaient encore été l'ob-
» jet d'aucun procès ».

161. — Cette théorie n'est pas exacte. Proudhon a
pris surtout comme hypothèse le cas de la tierce opposition incidente, pour laquelle certainement il
semble bien que le tribunal saisi de l'instance principale devrait se borner à rechercher si le jugement
opposé est bien applicable au tiers qui le repousse,
sans qu'il ait, s'il juge que ce tiers est recevable à
écarter le jugement, à en apprécier l'exactitude au
fond. On peut se demander en effet pourquoi ce tribunal, saisi d'un procès entre deux plaideurs dont
l'un argumente d'un jugement antérieur auquel l'autre déclare faire tierce opposition, devrait, après avoir
décidé que ce jugement est *res inter alios judicata*,

continuer à le laisser discuter, et statuer sur le point
de savoir s'il faut le modifier. Proudhon a considéré
qu'il n'avait à statuer que sur la qualité du tiers opposant et il a étendu cette solution à la tierce opposition principale. Il est facile de lui répondre que la loi
n'a pas tracé deux règles sur ce point, et que, dans
tous les cas elle fait de la tierce opposition une voie
de recours, obligeant le juge qui en est saisi à maintenir la situation établie par le jugement attaqué ou
à la modifier en lui substituant une situation nouvelle : il doit la modifier, si elle est mauvaise, la maintenir si elle est juste. Il est facile aussi de répondre
qu'au cas de tierce opposition incidente, Proudhon
raisonne en considérant, suivant sa théorie, que c'est
la seule voie que l'on puisse employer pour démontrer qu'on est un tiers à la décision opposée. La vérité est que cette question se posera et se discutera
presque toujours en dehors de toute tierce opposition
incidente, quand la partie à qui on voudra appliquer
un jugement voudra l'écarter comme lui étant étranger. Mais lorsque cette partie fera tierce opposition
incidente (ce qui arrivera bien rarement, car il est
difficile, sauf le cas de dol ou de fraude, d'en voir
l'intérêt), il n'en reste pas moins exact qu'incidemment le tribunal aura à statuer au fond sur le droit
qu'ont déjà apprécié les juges qui ont rendu la décision attaquée. Autrement il n'y aurait pas de différence entre la tierce opposition incidente et l'exception de relativité. La solution que nous venons d'indiquer est celle de la Cour de cassation. Dans un arrêt du 31 mai 1837 (S. 37, 1, 997), elle décide que
si le tiers opposant a triomphé dans son action por-

tée devant uneCour d'appel, la partieadverse ne peut
soutenir qu'elle aurait dû au fond être renvoyée devant les juges ordinaires : la Cour d'appel était compétente, même pour statuer au fond.

SECTION II. — DÉLAI DANS LEQUEL LA TIERCE OPPOSI-
TION DOIT ÊTRE FORMÉE.

162. — Les textes du Code de procédure ne s'occupent pas de cette question et les auteurs qui l'ont
examinée sont en désaccord ; les uns n'admettent
aucun délai comme mettant obstacle à la tierce opposition ; les autres parlent de prescription extinctive,
les autres de prescription acquisitive.

Avant d'aborder sommairement ces difficultés, il
est aisé d'éliminer certaines hypothèses peu embar-
rassantes.

Il n'est pas douteux que la tierce opposition soit
recevable, même après l'exécution du jugement par
la partie condamnée (Cass., 26 frim. an IV. V. aussi
supra, n°ˢ 28 et 47).

Il n'est pas douteux non plus qu'il n'y a pas à faire
intervenir ici les délais fixés pour l'opposition des
parties défaillantes. (Nimes, 5 frim, an IX ; Cons.
d'Etat, 28 mars 1821). Une solution différente a cependant parfois été admise en matière administrative où, comme nous l'avons vu, l'opposition et la
tierce opposition sont souvent confondues. On a jugé
que la tierce opposition doit être formée dans le délai de trois mois à partir de la notification où même
de la simple connaissance de la décision rendue (V.
D. *Rép.*, Vᵒ *Tierce opposition*, nᵒ 299 et 300.)

Enfin il est certain qu'un tiers ne peut faire tierce opposition à un jugement auquel il a acquiescé, expressément ou d'une façon tacite. (V. Cass., ch. réun., 20 janvier 1838, S. 38. 1.541 ; Rennes, 19 février 1879, D. 79. 2.65). Il peut seulement se présenter des difficultés sérieuses sur le point de savoir s'il y a eu ou non acquiescement. La Cour de Rennes a jugé qu'un créancier ne pouvait, après avoir produit à une faillite ouverte à l'étranger, attaquer le jugement d'exequatur de la décision étrangère qui avait déclaré la faillite. C'est là une solution délicate et qui n'est pas d'accord avec tous les arrêts précédemment rendus sur ce point (V. not. Bordeaux, 2 juin 1874, D. 75 2. 209)[1].

163. — Le droit de tierce opposition s'éteint de plus, suivant nous, par l'expiration d'un délai de trente ans : l'art. 2262 C. civ. contient une disposition générale. Ce délai court du jour du jugement. Si nous supposons qu'il s'agisse d'un tiers à qui le jugement préjudicie et qui jusque-là en a ignoré l'existence ou ne s'est pas rendu compte de sa portée, il est facile à ce tiers de repousser le jugement comme lui étant étranger ; la prescription du droit de tierce opposition ne lui nuit pas d'une façon bien grave, puisque ce droit a un caractère facultatif. Si nous supposons qu'il s'agisse d'un ayant cause victime d'un dol ou d'une fraude, nous ne faisons qu'appliquer ici une règle analogue à celle de l'action paulienne.

---

1. Le Conseil d'Etat, a décidé qu'un individu, ayant fait des travaux d'exploration dans une mine ensuite concédée à un tiers, ne peut faire tierce opposition à l'arrêté de concession, alors qu'en s'appuyant sur cet arrêté, il a formé devant le Tribunal civil une demande en indemnité contre le tiers concessionnaire de la mine (11 mai 1872, S. 74. 2. 93). — V. *supra*, n. 61.

Cette opinion était celle de Carré, Pigeau, Berriat-Saint-Prix ; elle a été admise par la Cour de cassatiou dans un arrêt du 17 germinal au IV, et par la Cour de Poitiers dans un arrêt du 2 mars 1822. La Cour de Toulouse a plus récemment fait application de cette règle à la tierce opposition formée contre une ordonnance définitive de collocation (16 mars 1882, *Gaz. Pal* 82, 2, 441). Il faut écarter sans hésitation l'idée qu'on a pu avoir d'appliquer ici la prescription décennale de l'article 1304, C. civ. Il faut écarter aussi la solution qui n'admet pas que la tierce opposition puisse s'éteindre par un délai quelconque. « La tierce opposition, disait Poncet, est une action » perpétuelle par sa nature ; car, quoiqu'elle soit ori- » ginaire ou introductive d'instance, elle n'a toujours » pour objet que de repousser les inductions qu'on » aurait tirées ou qu'on voudrait tirer contre nous » du jugement rendu sans nous » (t. 2, n°s 429 et 430). Thomine Desmazures et Chauveau se sont aussi prononcés dans ce sens, et nous rappelons que l'arrêt de la Cour de cassation du 17 janvier 1870, analysé plus haut (n°s 66 et 67) déclare « cette voie » extraordinaire sans aucune limitation de durée »[1]. Il n'y a pas de motifs sérieux à l'appui de cette solution : eeux de Poncet n'ont pas trait à la tierce opposition basée sur le dol ou la fraude, et ne pourraient même s'appliquer exactement à l'autre que sí elle avait un caractère nécessaire.

164. — Cette prescription extinctive de trente ans doit être appliquée à la tierce opposition incidente

---

1. V. aussi D. *Rép.*, n° 298.

comme à la tierce opposition principale. Poncet a cependant soutenu qu'en admettant qu'il y eût, en principe, un délai à observer, cela ne peut s'appliquer à la tierce opposition introduite incidemment. « Quel » que soit le temps écoulé depuis la reddition du ju- ». gement, comme il n'a pu l'attaquer avant de le con- » naître et d'y avoir intérêt, aucune prescription ne peut avoir couru contre le tiers opposant ». On a naturellement dans cette théorie fait intervenir la règle : *Quæ sunt temporalia ad agendum perpetua sunt ad excipiendum*. On n'a pas manqué non plus d'invoquer le vieux principe : *Contra non valentem agere non currit præscriptio*. Il est à peine besoin de répondre que ce ne sont plus là des règles de notre droit positif, que la tierce opposition incidente dût-elle être considérée comme une exception, elle n'en devrait pas moins périr après trente ans ; l'article 2262, C. civ., comprend les exceptions et les actions, car tout droit qui fait l'objet d'une exception pouvait se traduire sous forme d'action. Mais d'ailleurs la tierce opposition même incidente, n'est pas une exception. C'est une voie d'attaque contre un jugement. Le tiers opposant est sur le terrain de l'exception quand il oppose l'effet relatif de la chose jugée, en repoussant le jugement sans vouloir directement s'attaquer à lui. Il forme une action quand, en dehors ou au cours d'un procès, il veut le faire rétracter. L'article 476 C. proc. civ., dit très bien, en parlant de cette tierce opposition incidente au cas où elle est formée devant un juge inférieur, qu'elle « sera portée, par action principale, au tribunal qui aura rendu le jugement ».

Cependant la Cour de cassation a admis la solution

contraire en ce qui concerne la tierce opposition à un jugement statuant sur une question de propriété : « La tierce opposition incidente, dit son arrêt, est ad- » missible, à titre d'exception perpétuelle *en matière* » *réelle* contre les jugements auxquels elle s'attaque, » quelle que soit leur date, tant que celui qui les a » obtenus n'a pas prescrit l'objet litigieux entre lui et » les tiers opposants. » (Cass, 11 mars 1873, D. 73, 1, 54). Cet arrêt ne se prononce pas sur la question de principe. Il peut se concilier avec notre théorie, si on admet que l'action en revendication ne se prescrit pas par le seul délai de trente ans, et que, d'autre part, la tierce opposition est une voie nécessaire contre un jugement tranchant une question de propriété. C'est alors une exception au principe. Cette exception doit suivant nous être rejetée si on admet que l'action en revendication s'éteint par la prescription de trente ans, ou même simplement si on se décide, comme nous, pour le caractère facultatif de la tierce opposition dans tous les cas. (V. *supra*, n°s 42 et s.)

165. — La prescription acquisitive peut, d'ailleurs, quelle que soit l'opinion admise sur la question qui précède, apporter un obstacle à l'exercice du droit de tierce opposition. Si on suppose un jugement attribuant la propriété d'un immeuble à un tiers, le jour où la personne au profit de laquelle ce jugement aura été rendu aura prescrit l'immeuble, la tierce opposition n'aura plus d'intérêt et n'aura plus d'objet ; ce ne sera plus le jugement qui nuira au propriétaire, mais l'accomplissement de la prescription.

Nous croyons, d'ailleurs, qu'il ne peut s'agir ici que de la prescription acquisitive de trente ans, en matière immobilière : le jugement n'est pas un véritable titre pour prescrire. Cependant cette dernière question est controversée; la jurisprudence paraît admettre que c'est un juste titre (Cass., 14 juillet 1835, S. 35, 1, 754) [1].

166. — L'article 873, C. proc. civ., introduit une disposition spéciale en ce qui concerne la tierce opposition que les créanciers du mari peuvent former pour dol ou fraude, contre un jugement prononçant la séparation de biens au profit de la femme de leur débiteur. Cette disposition est raisonnable. D'une part, il y a eu publicité, les créanciers ont dû être prévenus. D'autre part, il est d'un intérêt supérieur que le régime matrimonial ne reste pas longtemps dans un état d'instabilité, et que la situation des époux soit fixée dans un délai rapproché à l'égard de tous.

La portée de la règle exceptionnelle de l'article 873, C. proc. civ., doit être bien comprise. Elle ne s'applique pas, à notre avis, au droit que les créanciers ont de faire prononcer la nullité de la séparation de biens pour inobservation des formes prescrites. Cette action en nullité, qui n'a pour nous aucun rapport avec la tierce opposition, dure trente ans [2]. (Cass., 13 août

1. La doctrine se prononce généralement dans le sens indiqué au texte. M. Colmet de Santerre résume nettement l'opinion des auteurs. « Le jugement n'est pas un fait générateur du droit. Ou » bien il repousse simplement une prétention sans déclarer que le » possesseur est propriétaire, ou bien il reconnaît la préexistence » du droit de propriété chez le demandeur, mais il ne transmet » pas ce droit. Il n'est pas une cause d'acquisition ; dans ses rap- » ports avec le vrai propriétaire étranger au procès, le possesseur ne » peut prétendre trouver un titre dans ce jugement. » (t. VIII n° 372 *bis* IV). V. encore *supra* p. 43, note 2.

2. L'art. 873, C. proc., civ. semble cependant laisser croire que c'est aussi par voie de tierce opposition qu'en pareil cas les créan-

1818 ; Grenoble, 11 février 1819 ; Bourges, 15 février 1823 ; Bordeaux, 22 janvier 1834, S. 34, 2, 540). Elle ne s'applique pas non plus au droit des créanciers d'attaquer le jugement qui fixe les reprises de la femme : il ne s'agit plus ici de jugement de séparation. Ni le texte, ni les motifs de la solution donnée ne trouvent leur application. (Cass., 20 mars 1833, S. 33, 1, 274 ; 28 août 1833, S. 33, 1, 744 ; Rouen, 12 mars 1817 ; Bordeaux, 20 juin 1826 ; Paris, 25 avril 1835, S. 35, 2, 241 ; 21 janvier 1858, S. 58, 2, 565.)

Cette dernière solution reste vraie même si la liquidation des reprises de la femme est faite par le jugement qui prononce la séparation de biens. Il faut distinguer dans le jugement les deux chefs qui sont bien différents, et qui, rapprochés ou non, doivent être soumis à leurs règles respectives. C'est aujourd'hui l'opinion généralement admise par les auteurs (V. aussi Cass., 11 novembre 1835, S. 36, 1, 116 ; Rouen, 12 mars 1817 ; Grenoble, 3 juillet 1828, et 6 juin 1829 ; Limoges, 20 décembre 1828 ; Poitiers, 18 juin 1838, S. 38, 2, 442 ; Riom, 9 juin 1845, S. 45, 2, 499 ; Grenoble, 7 juin 1851, S. 51, 2, 813 ; Paris, 7 janvier 1867, S. 68, 2, 21.— *Contra*, Cass., 4 décembre 1815 ;Dijon, 6 août 1817 ; Riom, 26 décembre 1817 ; trib. civ. Marseille, 22 juin 1889, *Rec. d'Aix*, 89, 2, 188)[1].

---

ciers devraient procéder. C'est aussi l'avis de plusieurs auteurs (V. not. Guillouard, *Contr. de mar.* t. 3, n. 1155). Nous pensons plutôt qu'il s'agit d'une action en nullité qui peut être formée d'après les régles ordinaires, et sans qu'il y ait à faire intervenir celles de la tierce opposition.

1. Le délai de l'article 873 C. proc. civ. serait, semble-t-il, oppo-

SECTION III. — DES EFFETS DE LA TIERCE OPPOSITION FORMÉE.

167. — La tierce opposition une fois formée, indépendamment du jugement qui interviendra, peut avoir deux effets importants ; le premier est de suspendre l'exécution du jugement attaqué ; le second, qui n'a trait qu'à la tierce opposition incidente, est de suspendre la marche de l'instance principale au cours de laquelle elle est introduite.

168. — *a.) — Effet de la tierce opposition concernant l'exécution du jugement attaqué.* Il arrivera souvent que la tierce opposition sera formée avant que la décision qui en est l'objet ait reçu son exécution complète ; le tiers opposant ne manquera pas, dans ce cas, (ce sera en général le seul intérêt de son recours) de demander au tribunal de suspendre l'exécution du jugement attaqué. D'après l'article 478 2° C. proc. civ., « les juges pourront, suivant les circonstances, suspendre l'exécution du jugement ». Il leur appartient donc, d'une façon discrétionnaire, de se prononcer sur ce point, d'après les vraisemblances du droit allégué par le tiers, les inconvénients plus ou moins grands d'une exécution immédiate ou retardée. Il nous semble que ce ne sera que dans des cas exceptionnels qu'ils ordonneront la

sable aux tiers acquéreurs des biens du mari menacés d'exécution par suite de l'exercice de l'hypothèque légale. (Dijon, 6 août 1817. — *Contra*, Angers, 19 août 1824.) — Cet article n'a d'ailleurs aucune application à recevoir à la séparation de biens résultant d'un jugement de séparation de corps (Paris, 21 janvier 1858, S. 58, 2, 565). V. *supra* nos 75 et 80.

suspension de l'exécution. La tierce opposition n'est parfois que le moyen d'un plaideur aux abois de prolonger un procès dans lequel il a épuisé les voies de recours ordinaires. Le texte du projet (art. 409) voulait que jamais l'exécution ne fût arrêtée entre les parties. On a mieux fait de laisser les juges libres. Mais c'est une faculté dont ils useront peu.

169. — A l'exemple de notre ancien droit, l'article 478 1°, C. proc. civ., refuse aux juges le pouvoir de suspendre l'exécution du jugement attaqué quand il s'agit de « jugements passés en force de chose jugée, « portant condamnation à délaisser la possession « d'un héritage ». On a fait remarquer qu'il n'y a pas de danger ici à laisser exécuter le jugement : la chose ne court pas de grands risques : on aurait pu, autrement, entraver pendant de longues années, par des tierces oppositions de complaisance, l'exercice d'une revendication [1].

L'article 478 1°, C. proc. civ. doit être appliqué d'une façon restrictive. Il ne faut pas l'étendre aux jugements statuant sur un droit immobilier, mais sans porter condamnation à délaisser la possession. Il faut, d'un autre côté, que le jugement soit passé en force de chose jugée. Dans le cas contraire, l'exécution pouvant être suspendue par suite de l'opposition ou de l'appel, il n'y avait guère à redouter des tierces oppositions formées par complaisance. Il ne faut pas assimiler, bien qu'on ait soutenu le contraire, le jugement dont l'exécution provisoire a été ordonnée

---

1. Ces raisons n'ont pas une très grande valeur juridique, et on pourrait simplifier cette matière, en ne maintenant que la première règle, suffisante pour tous les cas.

(art. 135, C. proc. civ.), à celui qui est passé en force de chose jugée. L'identité de situation ne doit pas conduire à l'extension du texte bien formel de l'art. 478, § 1.

170. — Le tribunal saisi de la tierce opposition nous paraît être le seul compétent pour statuer sur la suspension de l'exécution du jugement attaqué. Ainsi un tribunal de première instance ne peut ordonner qu'il sera sursis à l'exécution d'un arrêt frappé de tierce opposition (Paris, 7 janv. 1812). Le juge des référés ne pourrait non plus le faire, en considérant cette mesure comme ayant un caractère provisoire: ce serait un empiètement d'attribution [1].

171. — *b.)* — *Effet de la tierce opposition incidente sur l'instance principale.* L'article 477, C., proc. civ. dispose que « le tribunal devant lequel le jugement attaqué aura été produit pourra, suivant les circonstances, passer outre ou surseoir ». C'est encore à l'appréciation discrétionnaire des juges qu'est laissé le point de savoir s'il faut continuer le débat au cours duquel la tierce opposition est formée (Cass., 14 février 1834). Il pourrait arriver qu'il n'y eut aucun intérêt à attendre la solution de la tierce opposition pour statuer sur le procès en litige. Le sursis ne sera pas alors prononcé. Il

---

1. V. cependant M. de Belleyme, t. I, 486, qui cite des décisions en sens divers sur ce point. Un arrêt plus récent de la Cour de Paris (2 janvier 1883, D. 83, 2, 141) se prononce dans notre sens. Au surplus, en législation, nous ne verrions pas d'inconvénient, à ce que, supprimant la tierce opposition facultative, on réservat au juge du référé le droit, en cas d'urgence, quand un jugement lui paraîtrait préjudicier aux droits d'un tiers sur le point d'intenter une action en justice, de suspendre provisoirement l'exécution du jugement.

semble bien, au cas de tierce opposition proprement dite, que ce doive être de beaucoup l'hypothèse
la plus vraisemblable; étant donnée la règle *res inter
alios judicata*, on ne voit guère pourquoi le juge at-
tendrait la solution du recours contre un jugement
qui n'a pas d'autorité dans le débat.

S'il arrivait qu'un sursis ayant été refusé, il y eût
contradiction entre le jugement rendu sur l'instance
principale et celui rendu, plus tard, sur la tierce opposition, il pourrait y avoir lieu à pourvoi en cassation
(art. 504, C. proc. civ).

SECTION IV. — PROCÉDURE PROPREMENT DITE.

172. — On s'est demandé contre qui la tierce opposition doit être formée. En général, il sera nécessaire de mettre en cause tous ceux qui auront été parties au jugement attaqué. Cela est toujours vrai, quand
il s'agit de la tierce opposition basée sur le dol ou la
fraude. Dans l'hypothèse de la tierce opposition facultative, s'il s'agit d'empêcher l'exécution du jugement, il sera nécessaire de mettre en cause et la partie qui oppose le jugement, et celle contre laquelle il
a été rendu (V. Besançon, 16 juin 1809). Si la tierce
opposition n'avait pas ce but, il semble qu'il suffirait
d'assigner celui qui a obtenu le jugement attaqué.

173. — Quant au point de savoir comment on for-
mera la tierce opposition, il y a une distinction facile qui résulte des textes et des règles ordinaires de
la procédure. Si la tierce opposition est principale,
ou si, étant incidente, elle doit être formée par action
principale, elle ne peut être introduite que par voi

d'assignation. Si elle est incidente et de la compétence du tribunal saisi de la contestation principale, elle sera formée par requête (art. 475 C. proc. civ.). Ce n'est pas là, au surplus, une disposition de rigueur. D'une part, il n'y aurait pas de nullité si on procédait par voie d'assignation. D'autre part, on admet qu'elle peut être contenue dans de simples conclusions. (V. Colmar, 9 août 1814 ; Toulouse, 18 août 1827 ; Douai, 23 mars 1831, S. 31, 2, 244.)

En matière administrative, plusieurs textes déterminent les formes à observer. Devant le Conseil d'État, les art. 37 et s. disposent que l'opposition des tiers sera formée « par requête en la forme ordinaire, et sur » le dépôt qui en sera fait au secrétariat du Conseil, il » sera procédé conformément aux dispositions du ti- » tre 1er ». Ce sont aussi les formes ordinaires auxquelles renvoie l'art. 85 du décret du 5 août 1881 sur les Conseils du contentieux aux colonies. Enfin l'art. 56 de la loi du 22 juillet 1889 relative à la procédure devant les conseils de préfecture renvoie également aux règles ordinaires établies par les dispositions précédentes.

174. — On a beaucoup agité autrefois la question de savoir si la tierce opposition doit être précédée du préliminaire de conciliation. Elle n'est pas comprise, en effet, dans les cas qui en sont formellement dispensés par l'article 48, C. proc. civ.

Il est bien certain d'abord qu'on ne peut poser la question que pour la tierce opposition principale, ou pour la tierce opposition incidente formée par action principale. Lorsque la tierce opposition est incidente et jugée par le tribunal déjà saisi de la contestation

au cours de laquelle elle est survenue, elle s'en trouve dispensée par le texte de l'article 48 qui ne l'impose qu' « à toute demande principale, introductive d'ins-
» tance ».

Dans les autres hypothèses, qui seules ont pu être discutées, il faut donner la même solution. Si la tierce opposition est incidente et portée par action principale devant un autre tribunal, il est bien clair encore qu'elle n'en conserve pas moins le caractère d'incident à un autre procès pour lequel le préliminaire de conciliation a eu lieu sans succès. Mais d'une façon plus générale, et dans tous les cas, il nous paraît certain que la loi n'a pas voulu imposer au tiers opposant cette formalité. Ce n'est pas qu'il soit bien exact de dire que ce soit une intervention à laquelle on doive appliquer l'article 49 3° C. proc. civ., ni qu'il soit toujours vrai de soutenir qu'elle requière célérité ; mais la vérité est que c'est une voie de recours, et que le préliminaire de conciliation est requis pour une instance qui va s'ouvrir, non quand il s'agit du recours contre un jugement qui l'a terminée. Si l'on est d'ailleurs en présence de la tierce opposition contre un arrêt d'une Cour d'appel, il est évident qu'on ne voit pas comment il pourrait être nécessaire, avant d'aller *de plano* devant la Cour, de comparaître devant le juge de paix. Cette théorie, enseignée autrefois par Pigeau, Thomine Desmazures et Rauter, est celle de M. Garsonnet (t. 2, § 238) [1] et est admise par la jurisprudence (Rennes, 24 juillet 1823 ; Bordeaux, 14 mai 1831, S. 31, 2, 217 ;

---

1. M. Gársonnet s'est rallié cependant à l'opinion contraire dans son précis (1885) n° 796.

17 août 1852, S. 53, 2, 384 ¹ ; Paris, 24 janvier 1873, S. 75, 2, 335). L'opinion contraire a cependant été soutenue par Chauveau, Boitard, Carré, Berriat-Saint-Prix.

175. — Il nous reste à examiner deux questions plus délicates et plus intéressantes. L'une a trait au point de savoir à qui incombe la charge de la preuve du mal fondé du jugement attaqué ; l'autre consiste à se demander si le tribunal saisi de la tierce opposition peut, pour la juger au fond, se servir des résultats de l'instruction à laquelle il a pu être procédé lors du débat terminé par ce jugement.

Nous distinguerons, pour la première de ces deux questions, le cas de la tierce opposition ordinaire, et le cas de la tierce opposition basée sur le dol ou la fraude.

b). Nous avons vu qu'il n'y avait pas à distinguer deux phases dans la procédure de notre voie de recours et que la tierce opposition doit être examinée, en la forme et au fond, par le tribunal auquel elle est portée. Le jugement attaqué ne doit pas être rétracté ou réformé par cela seul que le tiers opposant prouve qu'il est un tiers, qu'il souffre un préju-

---

1. L'arrêt de la Cour de Bordeaux du 17 août 1852 invoque deux motifs : « Dans aucun cas, la tierce opposition ne saurait constituer une demande introductive d'instance dans les termes de » l'article 48 C. proc. civ. ; elle doit être dispensée du préliminaire » de conciliation, comme se liant à une instance pour laquelle ce » préliminaire avait déjà été inutilement tenté. Considérée comme » une intervention dans une instance ou dans l'exécution d'un juge-» ment, soit qu'on la forme par exploit ou par requête, elle rentre » dans l'exception prévue par le § 3 de l'article 49 C. proc. civ. » Le premier de ces motifs nous paraît seul péremptoire. La tierce opposition ne peut être, dans l'état actuel des textes, assimilée à une simple intervention ni à une difficulté d'exécution (V. *supra* nº 28).

dice et qu'il aurait dû être appelé. Il reste à voir, au fond, si le jugement a été mal rendu, à apprécier les prétentions de ce tiers opposant, à dire si elles sont de nature à faire rétracter le jugement. Un créancier hypothécaire ou le titulaire d'une servitude n'a pas été appelé à un jugement prononçant la résolution ou la nullité du titre de la personne avec laquelle ils ont traité : leur tierce opposition sera recevable. Le jugement va-t-il être rétracté sans autre examen ? Evidemment non. S'ils n'ont pas d'autres moyens à opposer que ceux déjà appréciés, le tribunal maintiendra la décision relativement à eux. Pour qu'elle tombe, il faut qu'elle soit mal rendue. Mais une fois la recevabilité de la tierce opposition établie, à qui incombe la charge de démontrer le mal fondé, l'erreur du juge ?

Dans la théorie de Proudhon, cette question se tranche facilement. La recevabilité de la tierce opposition démontrée, le jugement disparaît, les parties sont remises dans l'état où elles étaient avant le jugement. Dans notre théorie qui laisse au juge le soin de statuer au fond, faut-il dire que le tiers opposant aura rempli sa tâche quand il aura établi qu'il réunit les conditions de recevabilité, et qu'il pourra alors garder le rôle de défendeur et attendre qu'on soutienne le bien fondé du jugement à son égard ? Ne sera-ce pas à lui à conserver jusqu'au bout le fardeau de la preuve ? Cette question est délicate, et les auteurs ne l'ont pas examinée.

Dans un arrêt du 26 juin 1884 (sous Cass., 3 juin 1885, S. 88, 1, 355), la Cour d'Angers, sur la tierce opposition formée par un légataire contre le jugement qui avait déclaré le testament entaché de faux, à

la suite d'un procès soutenu par son colégataire, a décidé que, « le tiers opposant, à titre de demandeur,
» prend à sa charge de démontrer les erreurs qu'il
» impute à la décision attaquée et qui seraient, d'a-
» près lui, de nature à la faire rétracter au moins en
» ce qui le concerne, qu'il doit établir en un mot que,
» s'il y eût été partie, elle ne serait point intervenue
» relativement à lui ». La chambre des requêtes a admis ce système et rejeté le pourvoi formé contre l'arrêt. Cette solution se rencontrait déjà dans un arrêt de la Cour de cassation du 21 novembre 1882, (S. 83, 1, 277). Il s'agissait de la tierce opposition formée par un acquéreur contre un jugement rendu après son acquisition contre son vendeur et déclarant périmée une instance commencée par ce dernier. La tierce opposition de l'acquéreur fut déclarée recevable; il voulût alors *de plano* reprendre l'instance : on décida qu'il devait *au fond* établir que la décision admettant la péremption avait été mal rendue.

176. — M. Glasson a très vivement et très habilement critiqué la solution admise par la Cour d'Angers (note dans D. 86, 1, 81). Il la croit contraire au texte et à l'esprit de la loi. Elle revient, dit-il, au système de M. Naquet, le jugement ayant contre le tiers la valeur d'une présomption qu'il lui incombe de détruire. Elle conduit à des conséquences regrettables. Si la tierce opposition est formée longtemps après le jugement, comment le tiers pourra-t-il en démontrer le mal jugé, même en limitant cette preuve à ses intérêts personnels ? « On sait de plus que la loi punit
» d'une amende relativement élevée celui qui fait à
» tort tierce opposition, tandis qu'il n'existe aucune

» amende contre la partie défaillante, si elle suc-
» combe dans son opposition, et que l'amende de
» fol appel est à peu près insignifiante. Comment
» comprendre toutes ces dispositions si le tiers doit
» faire contre le jugement attaqué la même preuve
» que la partie ? On ne punit pas cette partie ou tout
» au moins on ne lui inflige qu'une amende insigni-
» fiante, si, nécessairement au bout d'un temps très
» limité, elle ne parvient pas à établir le mal jugé de
» la décision attaquée. Mais la loi réserve toutes ses
» rigueurs pour les tiers ; qu'ils forment tierce op-
» position, peut-être après plusieurs années à partir
» du jugement, contre une décision qu'ils n'avaient
» jamais connue auparavant, ils devront prouver
» qu'il y a eu mal jugé à leur égard, et, s'ils n'y
» parviennent pas, ils encourent une amende élevée.
» Un pareil système ne saurait être celui de la loi,
» car il consacrerait parfois de révoltantes injusti-
» ces [1]. »

177. — Nous ne sommes pas convaincu, quant à nous, par cette argumentation. Notre opinion très ferme est que la solution de la jurisprudence est la seule vraie. Nous voulons d'abord faire remarquer qu'il n'est pas exact de croire que cette solution se confonde avec le système de M. Naquet et en implique

---

1. L'annotateur de l'arrêt de la Cour de cassation du 3 juin 1885, dans le recueil Sirey (S. 88, 1, 355), a également critiqué la solution admise, comme contraire à la règle *res inter alios judicata*, d'après, laquelle, suivant lui, le tiers opposant n'a à établir que sa qualité de tiers et peut ensuite écarter le jugement comme lui étant étranger. Que devient alors la distinction ordinaire que l'on a toujours faite, de la question de recevabilité et de la question du fond ? La tierce opposition réussira toujours à la seule condition qu'elle soit recevable.

l'adoption. Dire que le tiers opposant devra prouver le mal fondé de la décision qu'il attaque, ce n'est pas dire qu'il soit obligé de l'attaquer. La tierce opposition est facultative. Il dépendait du tiers d'agir autrement et d'écarter le jugement par la règle *res inter alios judicata*. Il a préféré faire tierce opposition ; sa situation change. Il devra prouver l'erreur de la décision qu'il attaque directement, et qu'il veut faire rétracter. Nous sommes loin, on le voit, du système de M. Naquet ; notre question est étrangère à sa théorie. L'arrêt de la Cour de cassation de 1885 se concilie facilement avec l'arrêt de 1871 qui admet le caractère facultatif de la tierce opposition. On peut même dire que c'est surtout en admettant ce caractère qu'on doit se montrer plus exigeant pour le tiers opposant. Rien ne l'oblige à agir par cette voie ; il dépend de lui d'échapper à toute preuve, à toute amende. N'est ce pas plutôt en prenant l'idée de la tierce opposition obligatoire qu'on pourrait être amené à soutenir la solution présentée par M. Glasson ; le reproche adressé généralement à Proudhon ne consiste t-il pas à dire qu'il ne fait de la tierce opposition qu'une voie d'interprétation, et ne l'avons-nous pas vu d'ailleurs aboutir sur cette question de preuve à la solution que nous combattons ?. En distinguant

---

1. M. Naquet dit aussi : « Le demandeur doit prouver que le jugement ne s'applique pas à sa personne, quoique statuant sur ses droits, mais, une fois cette preuve fournie, le tribunal rend une sentence qui écarte l'autorité du premier jugement en ce qui concerne le tiers. » Cette solution nous paraît d'ailleurs peu d'accord avec les idées sur lesquelles il appuie son système (V. *supra* nᵒˢ 33 et 34). Elle est notamment en contradiction avec les passages que nous avons rapportés *supra*, p. 54 et 61.

donc cette difficulté spéciale de celle qui est relative à la nature de la tierce opposition, nous disons qu'il est conforme aux textes et aux principes de laisser au tiers opposant tout le fardeau de la preuve. Les textes, dans leur ensemble, paraissent bien faire porter sur ce tiers la charge de démontrer qu'il y a lieu à rétractation, et par suite, d'établir que la décision est mal rendue. D'un autre côté, le principe général des voies de recours est que celui qui les introduit doit les justifier; le tiers opposant n'a pas, à notre avis, justifié son recours tant qu'il n'a pas démontré que le jugement rendu entre d'autres personnes eût dû être rendu autrement.

L'erreur de la théorie que nous critiquons est de confondre le droit de faire tierce opposition avec celui d'opposer l'exception de relativité. Le tiers opposant ne se contente pas d'écarter le jugement comme étranger ; il entend le faire rétracter ; il en attaque directement les dispositions ; il veut que leur exécution soit arrêtée ou même qu'on revienne sur ce qui a été fait. Or, du moment qu'il ne se borne pas à opposer l'exception de relativité, on ne viole pas cette règle en lui imposant une preuve qu'il lui était facile d'éviter. Ce serait, au contraire, une chose étrange que de voir rétracter ou réformer les dispositions d'un jugement, rendu sans fraude, d'après les règles les plus exactes du droit, uniquement parcequ'une partie aurait dû être appelée, sans qu'il y ait pour celle-ci à montrer que sa présence aurait pu modifier le débat, et que réellement, au fond, ses droits ont été sacrifiés. Dans l'hypothèse de la Cour d'Angers, rien n'obligeait le légataire à faire tierce opposition ;

il pouvait former sa demande en délivrance, attendre qu'on lui oppose le jugement rendu et l'écarter comme lui étant étranger. Il a voulu prendre l'initiative de l'attaque directe, il ne peut se plaindre s'il n'a plus les privilèges et les immunités de la situation défensive à laquelle il a renoncé. Il n'y a pas là de révoltante injustice, et l'argument tiré de la comparaison avec la situation de la partie, au point de vue de l'amende, ne nous paraît pas péremptoire, puisque la partie est obligée de faire opposition ou appel pour éviter l'application du jugement. Le tiers n'est pas tenu de faire tierce opposition. Et c'est parce qu'il ne l'est pas qu'on peut, sans injustice, le punir, si sa tierce opposition est téméraire ; aux yeux de la loi, la situation normale du tiers vis-à-vis un jugement réside dans l'application simple de l'exception *res inter alios judicata*. La tierce opposition doit jouer un rôle exceptionnel ; c'est une voie de recours extraordinaire : celui qui l'introduit ne mérite pas autant de sollicitude.

La théorie que nous repoussons va même plus loin que celle de Proudhon. Cet auteur dit qu'après le rescindant, les parties sont remises en état. On suivra les règles de droit commun sur la preuve. Suivant la possession, la situation de fait, l'une ou l'autre des parties prendra l'initiative du débat dans la seconde phase. Il semble que la doctrine que nous combattons ne veuille jamais laisser au tiers opposant le fardeau de la preuve. Elle ne propose pas de distinctions. Si l'autre partie était en possession légale de l'objet litigieux, lors du procès, si la tierce opposition est formée par une personne à qui le demandeur, lors du jugement attaqué, avait déjà conféré des droits, il paraît cependant bien impossible de ne pas mettre dans ce cas la preuve à la charge du tiers opposant. Ce n'est pas à celui qui a eu, lors du premier procès, le rôle de défendeur, à se voir obligé, pour garder le bénéfice de sa situation, de démontrer que son adversaire était mal fondé, et de faire cette preuve contre un tiers que son adversaire a commis la faute de ne pas appeler.

Il y aurait donc tout au moins des distinctions à faire. Elles seraient si difficiles et si délicates que nous y trouvons un motif nouveau de nous en tenir à a seule solution qui nous paraisse raisonnable, la charge de la preuve imposée à celui qui fait tierce opposition, ne se borne pas à écarter le jugement, à agir comme s'il n'existait pas, mais veut que ses dispositions soient modifiées en ce qui le concerne.

178. — *b)*. Quant à la tierce opposition basée sur le dol ou la fraude, il ne saurait non plus être douteux que le tiers opposant doit démontrer que c'est à la fraude qu'est due la décision, qu'elle aurait été différente si le procès avait été soutenu victorieusement[1]. La preuve de la fraude, condition de recevabilité de la tierce opposition, et la preuve du mal fondé de la décision attaquée, sont très intimement liées. La seconde n'est que la continuation de la première ; le créancier, ayant démontré la fraude et le préjudice,

---

1. Nous raisonnons toujours d'après l'état actuel des textes. En législation il serait peut-être préférable d'assimiler cette hypothèse à celles de la requête civile. (V. *infra*, n° 205.)

n'a plus qu'à établir qu'il y a entre eux un rapport de cause à effet.

179. — Le juge, pour l'appréciation du bien fondé de la tierce opposition, peut-il tenir compte des éléments de preuve apportés au cours du premier procès? S'il s'agit de la tierce opposition proprement dite, nous ne le pensons pas. Le procès s'engage à l'égard d'une partie nouvelle, qui est restée absolument étrangère à tout ce qui s'est passé lors de l'instance précédente. Elle n'a pas été présente aux mesures d'instruction, elles ne peuvent rationnellement lui être opposées. Une expertise à laquelle elle n'a pas été appelée, une enquête faite en dehors d'elle avec des témoins qu'elle n'a pas été à même de connaître, de récuser, d'entendre, de discuter, ne peuvent être produites contre elle. Nous avons cité plus haut un arrêt de la Cour de cassation, du 11 décembre 1888 (*Gaz. Pal,*. 14 décembre 1888), jugeant que l'expertise ordonnée, hors la présence d'un garant, par un jugement non commun avec lui, ne pouvait lui être opposée, et servir, à son égard, de base à une condamnation (V. aussi Cass., 30 juin 1863, S. 63, 1, 475). La même solution doit être donnée dans notre hypothèse. Il y a les mêmes raisons.

On peut cependant citer des décisions qui n'ont pas admis cette opinion. Dans un débat sur la tierce opposition formée par un acquéreur contre le jugement qui rescindait pour cause de lésion le titre de son vendeur, on opposait au tiers opposant l'expertise ordonnée lors du procès sur la rescision. La Cour d'Agen, dans un arrêt du 2 juin 1818, décida « qu'il y » avait tout lieu de croire qu'une nouvelle opération

» ne ferait que confirmer la première et entraîner
» les parties dans un procès interminable et rui-
» neux…, que le rapport avait été deux fois homolo-
» gué, qu'on avait plaidé pendant de longues années,
» sans articuler la moindre chose contre l'existence
» de la lésion. » Sur le pourvoi en cassation, le tiers
opposant soutint, comme nous venons de le faire,
qu'on ne pouvait puiser des éléments de conviction
contre lui que dans des actes faits contradictoirement
avec lui. Son pourvoi fut cependant rejeté. L'arrêt de
la Cour de Cassation du 1er août 1821 dit que « l'effet de
» la tierce opposition n'est pas d'anéantir de plein
» droit les actes d'instruction qui ont précédé et pré-
» paré le jugement attaqué. Le tiers opposant a le
» droit d'attaquer ceux de ces actes qu'il prétend ou
» irréguliers dans leurs dispositions ou suspects de
» collusion et de fraude ; mais ses critiques restent
» soumises à la décision des juges ». Ces solutions,
heureuses sans doute, au point de vue pratique de
l'économie des frais et de la brièveté des procès,
nous paraissent théoriquement difficiles à justifier.
Il n'y a pas à exiger du tiers opposant la preuve
que l'instruction qu'on lui oppose est due à la fraude
ou à la collusion, du moment qu'il est un tiers
et n'a pas été représenté aux actes qui la constituent.

180. — Notre solution serait différente, en ce
qui concerne la tierce opposition basée sur le dol ou
la fraude. Il s'agit d'une personne qui, en principe,
a été représentée à la procédure et au jugement. Il
ne lui suffirait pas d'établir la fraude, lors du jugement pour empêcher qu'elle ait été représentée dans

les divers actes de la procédure. Ils lui seront opposables, tant qu'elle n'aura pas démontré qu'ils sont également entachés du même vice que le jugement qu'elle attaque.

CHAPITRE VI

JUGEMENT RENDU SUR LA TIERCE OPPOSITION

SOMMAIRE

181. — Nous avons à distinguer l'hypothèse où la tierce opposition est admise, et celle où elle est rejetée. Nous aurons ensuite, pour les deux hypothèses, à nous demander quelles sont les voies de recours ouvertes contre le jugement rendu sur la tierce opposition.

SECTION I. — JUGEMENT ADMETTANT LA TIERCE OPPOSITION

182. — Si la prétention du tiers opposant est admise, le jugement attaqué doit être l'objet d'une rétractation, d'une réformation, ou d'une annulation, suivant que le jugement attaqué émane du même tribunal, d'un tribunal inférieur, ou d'un autre tribunal du même rang[1].

Les parties ne sont pas remises au même état qu'auparavant. Au jugement attaqué est substitué une décision nouvelle qui détermine quelle doit être la situation juridique du tiers opposant et des parties au premier jugement, relativement à l'objet litigieux.

183. — Le jugement attaqué n'est modifié qu'en tant que cela intéresse le tiers opposant. Il subsiste, en dehors de lui, entre les personnes qui y ont été parties ou représentées. La raison n'en est pas, comme dit M. Amigues[2], que le jugement rendu sur la tierce opposition est pour elle, *res inter alios acta* ; le plus souvent elles y seront parties ; mais c'est que le jugement attaqué a établi pour elles d'une façon irrévoca-

1. La rétractation du jugement entraîne, bien entendu, la résolution des actes qui ont pu en être la conséquence : s'il s'agit, par exemple, d'un jugement qui avait prononcé la résolution d'une vente, les actes faits par le vendeur, à la suite de ce jugement, doivent tomber, si, plus tard, la décision est rétractée.

2. *Thèse doct.*, p. 204.

ble et définitive la situation de droit. Quand il s'agit de la tierce opposition basée sur le dol ou la fraude, notre règle n'est, d'ailleurs, que la reproduction de celle admise sur l'application de l'article 1167, C. civ. Ce principe du caractère relatif ou restreint de la décision qui donne gain de cause au tiers opposant est admis sans difficulté par la jurisprudence. (V. Cass., 24 germinal au VI ; 15 pluviôse au IX ; 5 juillet 1810 ; 28 août 1811 ; 12 janvier 1814 ; 5 décembre 1882, S. 83, 1, 193 ; Nimes 28 février 1807 ; Rouen, 23 mars 1874, D. 75, 2, 213 ; Nancy, 1ᵉʳ février 1884, D. 85, 2, 180 ; Toulouse, 31 juillet 1884, S. 88, 1, 119 ; Trib. Loudun 4 août 1883, *Gaz. Pal.*, 83, 2, 154.)

184. — L'application peut en être parfois difficile. Il arrive souvent qu'il y a impossibilité de concilier l'exécution du nouveau jugement, même en la restreignant aux droits du tiers, avec celle du premier jugement. M. Glasson cite l'exemple péremptoire d'un jugement enjoignant à un fermier de payer ses fermages à un autre que le propriétaire ; celui-ci a fait tierce opposition et triomphé : le premier jugement ne pourra continuer à s'exécuter entre les personnes qui y ont été parties. Il cite aussi le cas du propriétaire riverain d'un cours d'eau faisant tierce opposition au jugement donnant au propriétaire d'un fonds supérieur le droit d'avoir un barrage ; s'il triomphe et fait juger que le barrage ne doit pas être maintenu, le premier jugement ne pourra s'exécuter. D'une façon générale, quand il y a incompatibilité d'exécution des deux décisions, indivisibilité dans les effets du jugement modifié au regard du tiers opposant, l'admission de la tierce opposition entraîne en fait, même vis-à-vis des parties, une rétractation ou réformation du jugement rendu. Ce jugement ne subsiste qu'à l'état de vérité spéculative. (V. Cass., 6 frimaire an X ; 17 juin 1863, D. 63, 1, 457).

M. Labbé (S. 83, 1, 393) expose cette solution avec sa précision et son élégance ordinaires : « En principe,
» le résultat d'une tierce opposition triomphante doit
» être de sauvegarder les intérêts du tiers opposant
» et non pas d'améliorer la position d'une partie qui,
» présente, a été condamnée. Mais il n'est pas inouï
» que la position de la partie condamnée soit amélio-
» rée, en apparence du moins, dans la mesure de l'in-
» térêt du tiers opposant. Cela se rencontre lorsqu'un
» débiteur s'est laissé condamner de connivence avec
» le créancier demandeur en fraude de ses autres
» créanciers. Ces derniers forment tierce opposition
» et font relever le débiteur de la condamnation par
» lui encourue dans la mesure où ils ont intérêt à
» éviter le concours de ce créancier fictif ou dont la
» créance a été exagérée. »

La jurisprudence est dans ce sens, mais exige une incompatibilité absolue pour qu'on puisse anéantir *inter partes*, dans une mesure quelconque, l'effet du premier jugement. La cour de cassation a ainsi cassé un arrêt de la Cour de Limoges qui, sur une tierce opposition admise, avait rapporté d'une façon complète un précédent jugement statuant sur une difficulté de partage ; elle a décidé que rien n'était si facile que de procéder au partage, d'après les différents modes que les jugements avaient établis entre les divers intéressés. (Cass., 28 août 1811) [1].

1. Sur cette solution spéciale, il semble bien que la jurisprudence

Elle a de même cassé un arrêt de la Cour de Poitiers, et décidé, avec raison, que le paiement des arrérages d'une rente n'était pas une chose indivisible, et que, si un codébiteur des biens grevés avait fait rétracter le jugement qui ordonnait le paiement de cette rente, les autres, déjà condamnés, devaient continuer à la payer. (Cass., 5 juillet 1810).

Dans une espèce récente, un jugement était intervenu entre le cédant et le cessionnaire d'une concession de tramways ; d'après ce jugement, il y avait lieu à résiliation de la concession, sans indemnité ni restitution de prix. Un tiers auquel le cessionnaire avait rétrocédé son entreprise aux conditions de la cession, et qui n'avait pas été appelé au jugement, l'ayant attaqué par tierce opposition, l'arrêt avait décidé que le cédant ne pouvait rentrer en possession qu'à charge de restituer ce qu'il avait reçu et d'indemniser le cessionnaire. La Cour de cassation a jugé au contraire qu'il n'était pas possible de revenir sur le premier jugement et qu'on ne pouvait statuer que dans les rapports du cédant et du sous-cessionnaire. (Cass., 5 décembre 1882, S. 83, 1, 193. V. encore, dans le même sens, Nancy, 1er février 1884, précité; Toulouse, 31 juillet 1884, précité ; Trib. Loudun, 4 août 1883, précité.)

Cette règle est appliquée en matière de tierce opposition formée par les créanciers du mari contre le jugement qui prononce la séparation de biens. La rétractation ne doit avoir lieu qu'au regard de ses créan-

ait changé de physionomie; elle paraît aujourd'hui considérer volontiers une action en partage comme indivisible (V. Cass., 5 décembre 1887, S. 88, 1, 429, avec une note de M. Ed. Meynial).

ciers. Les obligations et les droits de la femme sont susceptibles d'être divisés (Cass., 10 mai 1875, S. 75, 1, 292 ; Orléans, 14 décembre 1840, S. 41, 1, 356).

On trouve dans la jurisprudence administrative l'application de la même règle. Un arrêt du conseil d'État du 27 juin 1855, S. 56, 2, 61, juge qu'un conseil de préfecture qui a fixé, contradictoirement, entre l'État et une commune, la subvention due par suite de dégradations causées à un chemin vicinal, ne peut, sur la tierce opposition d'une autre personne, revenir sur la répartition faite, et fixer autrement la part due par l'État.

185. — Cette idée du maintien du premier jugement ne s'applique qu'entre les personnes qui ont été parties au jugement attaqué. Vis-à-vis le tiers opposant, la tierce opposition une fois déclarée recevable, tout au fond est remis en question ; en résulte-t-il que la personne à laquelle le tiers s'attaque puisse étendre les conclusions qu'elle avait prises dans le premier procès et demander plus que le jugement ne lui avait alloué ? Par exemple, un débiteur a été condamné, à la suite d'un procès sur un compte à rendre, à payer une certaine somme ; un codébiteur solidaire fait ensuite tierce opposition, le créancier peut-il reprendre ses prétentions antérieures qui n'avaient pas été entièrement admises, ou bien en formuler de nouvelles ? Au premier abord, il semble que la tierce opposition ne doit remettre en question que ce qui a été jugé au préjudice du tiers, puisqu'elle est organisée dans son intérêt, et qu'elle ne doit pas se retourner contre lui. C'est la solution donnée par un arrêt de la Cour de cassation du 26 février 1861 (S.

61, 1, 849). Cet arrêt décide, dans une hypothèse analogue à celle que nous avons prise, que la situation d'un tiers opposant ne peut être aggravée par le fait d'un recours organisé en sa faveur.

Nous serions disposé à admettre la solution contraire. La tierce opposition, au fond, remet tout en question. C'est une voie de recours, mais d'un caractère particulier; le recours se combine avec une action toute nouvelle devant donner lieu à un débat nouveau. Le point de départ de la tierce opposition, comme de l'exception de relativité, c'est que le jugement est pour le tiers opposant *res inter alios judicata*. Seulement, au lieu de se contenter de rester sur la défensive pour opposer, au jour venu, la relativité de la chose jugée, le tiers opposant prend l'offensive et veut faire modifier les dispositions du jugement. S'il démontre qu'il a été mal rendu, le jugement sera rétracté vis-à-vis de lui, parce qu'il est un tiers ; si l'adversaire démontre que ce jugement non seulement n'a pas mal jugé au préjudice du tiers, mais qu'il a été rendu avec une erreur dont il demande la rectification, ne pourra-t-il pas l'obtenir, puisque le tiers opposant est un tiers auquel le jugement ne doit ni profiter ni nuire ? La solution admise par la Cour de Cassation nous paraît aboutir à une idée de représentation imparfaite, à l'avantage du tiers opposant, qui doit être repoussée (V. *supra*, n° 121 et s.). Au surplus, on peut se demander si elle est facilement conciliable avec la jurisprudence constante de la Cour de cassation d'après laquelle celui qui intervient en appel devient partie en cause et peut élever dans son intérêt personnel des prétentions particulières, pourvu qu'elles se rattachent aux conclusions déjà prises par les parties[1]. Si on admet que l'intervention en appel n'est qu'une tierce opposition anticipée, cela ne veut-il pas dire que le tiers opposant peut remettre en question autre chose que ce qui a été jugé ? Comment, dès lors, refuser un droit analogue à la partie adverse ?

SECTION II. — JUGEMENT REJETANT LA TIERCE OPPOSITION

186. — Le tiers opposant, s'il succombe, est condamné à une amende « qui ne pourra être moindre » de cinquante francs, sans préjudice des dommages-» intérêts de la partie, s'il y a lieu » (art. 479, C. proc. civ.). Le décret du 22 juillet 1806 fixe l'amende, en cas de tierce opposition à une décision du Conseil d'Etat, à 150 francs. Celui du 5 août 1881 sur les conseils du contentieux coloniaux dit que l'amende ne peut excéder cent francs[2].

Cette peine contre les tiers opposants téméraires est un reste de notre ancien droit, que l'on paraît d'accord pour supprimer dans le prochain Code de procédure. Il suffit et il est plus rationnel d'établir simplement la faculté pour le juge de condamner à des dommages-intérêts au profit de la partie qui a pu être lésée par la tierce opposition introduite mal à propos.

On nous permettra de ne pas nous arrêter longtemps

---

1. V. notam. Cass., 8 juill. 1889 (*Gaz. Pal.* du 24 nov.) ; 5 janvier 80 (D. 80, 1, 112).

2. La loi du 22 juillet 1889, sur la procédure devant les conseils de préfecture, n'édicte aucune amende.

aux difficultés qu'on a soulevées sur cette amende. On
a fait remarquer d'abord qu'il n'y a pas de maximum
établi par la loi. Merlin en a conclu que le juge pouvait élever arbitrairement le chiffre de l'amende. On
s'accorde à rejeter cette solution. Il s'agit d'une peine
pour laquelle il est imprudent de ne pas s'arrêter au
chiffre expressément fixé par le législateur. M. Bonnier a observé avec raison que le règlement de 1738,
sur la procédure devant la Cour de cassation, fixe l'a-
mende à 150 francs, en ajoutant qu'elle ne pourra
être modérée, mais pourra être augmentée ; et il est
cependant sans exemple que la Cour de cassation ait
jamais usé de cette faculté. A plus forte raison faut-il
décider ici que le juge doit s'en tenir au chiffre de
l'article 479, C. proc. civ.

187. — L'amende doit-elle être prononcée d'office ? Le texte semble formel en ce sens, et on peut
encore argumenter de l'article 1029, C. proc. civ.

Doit-elle être consignée au préalable ? Les textes ne
l'exigent pas.

Doit-elle être prononcée aussi bien si la tierce opposition est écartée comme non recevable que si
elle est rejetée au fond ? Le texte ne paraît pas distinguer (Cass., 17 juillet 1849, S. 50, 1, 529 ; Nîmes,
11 février 1887 (*Gaz. Pal.* 87, 1, 118)[1]. Cependant
un arrêt de la Cour de cassation du 26 juin 1808 décide que la tierce opposition devant un juge de simple police, incompétent pour la juger, ne doit pas
donner lieu à une amende (V. aussi Bruxelles, 9 avril

---

1. V. aussi, en ce sens, les conclusions du commissaire du gouvernement devant le Conseil d'Etat, lors de l'arrêt du 12 juin 1883
(S. 85, 3, 28).

1808). En tous cas, il semble assez raisonnable de décider, avec la Cour de Paris (22 janvier 1810), qu'il n'y a pas lieu à amende si la tierce opposition était inutile, le jugement attaqué étant périmé, faute d'exécution dans les six mois après son obtention par défaut[1].

188. — Outre l'amende, le tiers opposant doit être condamné aux dépens[2], et peut l'être même à des dommages-intérêts[3]. On a jugé qu'il pouvait être condamné à tous les dépens de l'instance que sa tierce opposition incidente avait eu pour effet de compliquer et de prolonger (Cass., 21 juillet 1879, S. 80, 1, 409).

Le Conseil d'Etat peut-il condamner lui-même à des dommages-intérêts ? La jurisprudence paraît l'admettre (Cons. d'Et. 31 octobre 1821 ; 1er juin 1883, S. 85, 3, 28). On a notamment invoqué en ce sens la disposition du décret de 1804 qui réserve les dommages-intérêts. Mais il est clair que cette réserve ne tranche pas la difficulté et ne préjuge rien sur la compétence. Nous serions plutôt disposé à considérer les juges administratifs comme incompétents pour statuer sur la réparation du préjudice que peut causer la tierce opposition[4].

1. Jugé aussi qu'elle doit être restituée, au cas de désistement du tiers opposant (Rennes, 17 mars 1862, D. 63, 5, 376).

2. Un préfet qui, au nom de l'Etat, a formé tierce opposition et a été déclaré non recevable, doit être condamné aux dépens (Trib. conflits, 6 déc. 1884, D. 86, 3, 44).

3. Il a été jugé avec raison qu'un juge de paix compétent pour connaître de la tierce opposition formée contre un jugement par lui rendu ne l'est pas pour statuer sur la demande en dommages intérêts formée par le tiers opposant, si le chiffre excède le taux de sa compétence. (Trib. paix Paris, 8 déc. 1887, *La loi*, 15 janvier, 88.)

4. V. dans le sens de la jurisprudence, Chauveau et Tambour, t. II, n° 785 *bis* ; Serrigny, t. I, n° 356. — *Contra*, Cormenin, t. I, p. 79 ; Macarel, t. I, n° 121 ; Dalloz, *Rép.*, v° *Tierce oppos*, n° 302.

SECTION III. — VOIES DE RECOURS CONTRE LE JUGEMENT RENDU SUR LA TIERCE OPPOSITION

189. — Le principe est que le jugement rendu sur la tierce opposition est susceptible des voies de recours établies par le droit commun : opposition (Agen, 21 février 1810), appel (Nimes, 24août 1810), et même tierce opposition.

Ce principe peut subir des restrictions, par suite des règles exceptionnelles de compétence que nous avons déterminées, et qui peuvent avoir pour effet d'enlever au tiers opposant le bénéfice d'un second degré de juridiction.

Il en sera ainsi quand la tierce opposition sera formée contre un arrêt de Cour d'appel, ou quand, étant formée contre une décision d'un juge inférieur, elle sera incidemment jugée par une Cour d'appel. Il en pourra être ainsi encore au cas de tierce opposition contre une décision de juge de paix, si la tierce opposition est incidemment portée devant un tribunal, ou, au cas de tierce opposition contre le jugement d'un tribunal statuant sur un appel de justice de paix.

190. — Mais cependant, lorsqu'on est en présence d'une juridiction qui ne statue pas nécessairement en dernier ressort, il peut arriver que, bien que le jugement attaqué ait été définitif, non susceptible d'appel, le litige soulevé par la tierce opposition soit d'une valeur supérieure au taux du dernier ressort. Dans cette hypothèse nous croyons qu'il y a lieu à appel. En d'autres termes, pour savoir si l'on est en

premier ou en dernier ressort, il faut considérer la valeur réelle du litige mis en question par la tierce opposition, et non le caractère du jugement attaqué. Si ce jugement est définitif, et que le débat sur la tierce opposition soit d'une valeur supérieure au taux du dernier ressort, l'appel sera possible. Il sera irrecevable si le débat porte sur une somme inférieure au taux du dernier ressort, bien que le jugement attaqué ne soit pas définitif. C'est l'avis de Pigeau et de Carré. « Qu'importe, dit ce dernier auteur, que le
» jugement entrepris par la voie de la tierce opposi-
» tion ait été rendu en premier ou dernier ressort, dès
» que la demande qui donne lieu à ce pourvoi est au-
» dessus ou au-dessous du dernier ressort ? Il ne peut
» résulter du caractère du jugement attaqué par un
» tiers, et rendu sur une demande formée par une
» autre partie, que ce tiers puisse être privé de l'avan-
» tage du premier ressort ou de l'avantage du dernier,
» avantage dont il eût incontestablement joui, si, au
» lieu de se pourvoir par tierce opposition, il avait
» formé une demande principale et dans la forme ordi-
» naire. » Ce dernier argument n'a rien de bien péremptoire. Ce qui nous détermine, c'est que la tierce opposition, bien qu'ayant le caractère d'une voie de recours, amène aussi, quand elle est recevable, celui qui l'a intentée à faire valoir ses droits au fond ; elle est alors combinée avec l'exercice de l'action proprement dite, et du moment qu'il est possible, sans heurter les règles de compétence en matière de tierce opposition, d'admettre l'appel, il y a pas de raison de le rejeter. (V. en ce sens, Cass., 29 novembre 1820. Comp. Besançon, 16 juin 1809).

Poncet et Chauveau admettent l'opinion contraire. Ils sont surtout touchés par le caractère de voie de recours qui appartient à la tierce opposition ; la valeur du litige est pour eux une chose accessoire. Mais ils nous semblent pousser trop loin une idée qui n'est exacte que dans une certaine mesure.

CHAPITRE VII

NOTIONS SOMMAIRES DE LÉGISLATION COMPARÉE

SOMMAIRE

191. — Les législations étrangères ne s'accordent
pas sur les mesures au moyen desquelles les tiers
doivent être protégés contre les jugements qui leur
préjudicient. Nous n'en donnons qu'une analyse
sommaire, nous occupant uniquement des principes
admis, sans vouloir étudier le détail de leur application dans chaque pays. La connaissance des légis-

lations étrangères sur la procédure n'est guère utile, d'ailleurs, qu'à la condition de s'en tenir aux grandes lignes et aux généralités; l'analyse minutieuse du fonctionnement de chaque principe en cette matière n'a pas un grand intérêt : une même règle une fois admise, plusieurs législations peuvent l'appliquer d'une façon différente, sans qu'il y ait une comparaison utile à établir entre elles; l'important pour chacune d'elles est d'avoir des dispositions simples et pratiques.

Nous pouvons diviser les législations étrangères auxquelles nous nous sommes reporté en trois groupes :

a). — Le premier comprenant les législations analogues à la nôtre.

b). — Le second celles qui n'appliquent la tierce opposition que dans le cas de dol ou de fraude.

c). — Le troisième celles qui ne connaissent pas la tierce opposition comme voie de recours.

SECTION I. — LÉGISLATIONS ANALOGUES A LA LÉGISLATION FRANÇAISE

192. — *Belgique*. La législation belge, sur ce point, est encore aujourd'hui la même que la nôtre; notre Code de procédure civile (art. 474 à 479) est toujours en vigueur.

Mais on sait qu'un Code de procédure nouveau est en préparation, et que la première partie en est promulguée. Dans celle qui reste encore à discuter, de graves modifications sont apportées à notre matière. La tierce opposition proprement dite disparaît comme inutile. On admet seulement, sous le nom de revision, le recours pour dol et fraude des personnes que celui qui devait les représenter au procès a trompées et qui éprouvent un dommage, par suite du jugement rendu. Ce projet admet d'ailleurs l'intervention ordonnée d'office par le juge.

193. —*Grand duché de Luxembourg.* Notre Code de procédure y est aussi resté en vigueur. Une loi du 18 février 1885, a seulement supprimé l'amende prononcée par notre article 479.

194. — *Hollande.* Le Code neerlandais contient des dispositions sensiblement analogues à celles du Code de procédure français, plus claires cependant et plus complètes. Nous nous bornerons à les reproduire :

Art. 376. Une partie peut former tierce opposition à un jugement qui préjudicie à ses droits, si elle n'a pas été partie en cause, ni en personne, ni par mandataire légal, et si ceux qu'elle représente n'ont pas été mis en cause ou ne sont pas intervenus.

377. Cette opposition sera portée devant le juge qui a rendu le jugement. Elle sera faite par une assignation de toutes les parties entre lesquelles le jugement est rendu, et les prescriptions générales de la procédure seront applicables à cette opposition.

378. Si pareil jugement est opposé à un tiers dans une procédure, et que l'opposition ait été faite de la manière prescrite par l'article précédent, le juge devant lequel ce procès est porté pourra, s'il y a lieu, ordonner la suspension de la procédure jusqu'à ce qu'il ait été statué sur l'opposition.

379. Le juge qui connaît d'une tierce opposi-

tion pourra, suivant les circonstances, suspendre l'exécution du jugement attaqué, jusqu'à ce qu'il ait été statué sur l'opposition.

380. Si l'opposition est fondée, le jugement attaqué ne sera réformé qu'en ce qui concerne les droits des tiers, à moins que l'indivisibilité de la sentence n'en rende nécessaire l'entière réformation.

381. (Cet article qui prononçait une amende contre le tiers opposant, au cas d'échec, a été abrogé par une loi du 7 avril 1869.)

195. — *Italie.* Le Code de procédure italien de 1865 a rétabli entièrement la tierce opposition que le Code sarde (art. 581 à 585) n'avait maintenue qu'en cas de dol ou de fraude. Les articles 510 à 516 du Code italien ne sont pas cependant la reproduction des dispositions de notre Code. Ils peuvent être ainsi traduits :

Art. 510. Un tiers peut faire tierce opposition à la sentence prononcée contre d'autres personnes, quand elle préjudicie à ses droits.

511. L'opposition du tiers sera portée devant la juridiction qui aura prononcé la sentence attaquée et pourra être jugée par les mêmes magistrats.

512. Si la sentence est attaquée par le créancier d'une des parties alléguant le dol ou la collusion, l'opposition devra être portée dans le délai fixé pour l'appel par l'art. 485 (30 jours ou 60 jours, suivant les cas), lequel courra du jour où il aura pu connaître le dol ou la collusion.

513. L'opposition du tiers sera formée de la manière prescrite par l'article 502.

514. L'opposition du tiers n'empêchera pas l'exé-

cution de la sentence attaquée contre la partie condamnée. L'exécution sera suspendue quand il pourra en résulter un préjudice pour le tiers, sauf le droit pour les juges d'ordonner, pour des motifs graves, que l'exécution sera continuée, malgré l'opposition du tiers.

515. Quand la sentence attaquée sera opposée au cours d'un autre procès, on appliquera la disposition de l'article 504 (faculté de surseoir).

516. Quand l'opposition sera non recevable ou mal fondée, on appliquera les dispositions de l'article 507 (amende variant suivant les cas).

Dans les travaux préparatoires de ce Code, on n'a pas, à notre avis, donné de raisons bien péremptoires du rétablissement de la tierce opposition. Le garde des sceaux s'est borné à dire que l'exception de relativité n'était pas une protection suffisante. « Sans descen- » dre dans le détail, dit-il, il suffit d'observer que l'ex- » ception se tient dans les termes de la défense, tandis » que le tiers peut avoir intérêt à agir. » Nous croyons, ainsi que M. Albéric Allard [1], à qui nous empruntons cette citation, que ce n'est pas là une raison sérieuse. Le tiers peut toujours procéder par voie d'action ordinaire ou directe. En dehors du cas de dol et de fraude, la tierce opposition ne peut avoir qu'une rare et faible utilité, insuffisante pour compenser toutes les difficultés auxquelles nous avons vu qu'elle donne lieu.

D'ailleurs, le Code de procédure italien contient une règle heureuse et qu'il serait bon de lui emprunter : il

---

1. *Etude critique sur le Code de procédure italien.* — M. Allard était, d'ailleurs, un des auteurs les plus remarquables de l'avant projet de revision du Code de procédure belge.

limite à un délai très bref la tierce opposition basée sur le dol ou la fraude, pour laquelle notre délai de trente ans est sans doute excessif. En revanche, il innove d'une façon regrettable en admettant l'intervention d'office des tiers, sur simple décision du tribunal.

196. — *Haïti*. Le Code de procédure d'Haïti de 1835 reproduit dans ses articles 410 à 415 les dispositions de notre législation sur la tierce opposition.

Faisons cependant observer que formulant expressément une règle qui nous paraît devoir être admise dans notre droit et que nous avons développée plus haut (n°s 129 et s.), il dit, dans l'art. 410, qu' « une » partie peut former tierce opposition à un jugement » qui préjudicie à ses droits et lors duquel ni elle ni » ceux qu'elle représente n'ont été appelés, *encore* » *qu'ils eussent dû l'être* ».

197. — *Maurice*. Notre Code de procédure est toujours en vigueur à l'île Maurice où il a été promulgué en 1808. Il n'a pas, à notre connaissance du moins, été modifié sur ce point [1].

Sainte Lucie. Le Code de procédure de 1881 admet aussi les mêmes règles que le nôtre sur la tierce opposition.

SECTION II. — LÉGISLATIONS N'ADMETTANT LA TIERCE OPPOSITION QU'AU CAS DE DOL OU DE FRAUDE

198. — *Genève, Fribourg, Neufchâtel*. Le Code de procédure de Genève, de 1819, qui, à notre avis,

---

1. Sur certains points très spéciaux, des restrictions ont seulement été apportées au droit de tierce opposition. V. *Collection of ordonnances of Mauritius.*

est le meilleur et le plus simple qui existe actuellement, n'admet la tierce opposition que dans la seconde des deux applications qu'elle reçoit dans notre droit, c'est-à-dire au cas de dol ou de fraude, au préjudice d'un ayant cause de l'un des plaideurs. « Notre recours, dit l'exposé des motifs très remar-
» quable, fait par Bellet, diffère de celui qu'admet le
» Code français ; il est en même temps plus étendu en
» ce qu'il s'applique aux créanciers que la rédaction du
» Code paraissait exclure ; plus restreint à deux égards,
» le premier en ce qu'il n'est accordé qu'aux créan-
» ciers et ayants droit, le second en ce qu'il est borné
» aux cas de collusion et de fraude. »

Nous reproduisons, d'ailleurs, ici, les dispositions de la loi de Genève, auxquelles nous sommes tout disposé à donner la préférence, comme modèle de la réglementation la plus sage de cette matière. Au titre 22 « De l'interprétation et de la révision des jugements », après avoir admis, dans l'art. 285, l'action en *revision* des mineurs et des interdits, la loi ajoute :

Art. 286. Les créanciers ou ayants droit pourront attaquer par voie de revision les jugements qui seraient rendus contre leur débiteur ou leur auteur, s'il y a eu collusion frauduleuse ou atteinte à leurs droits.

292. Dans le cas de l'art. 286, les créanciers ou ayants droit auront, pour se pourvoir en révision, trois mois, à compter du jour où ils auront juridiquement acquis la connaissance du jugement.

293. La demande en interprétation et celle en revision seront formées, à peine de nullité, par exploit d'ajournement. Elles seront portées devant le tribunal qui aura rendu le jugement.

295. La demande en interprétation et celle en revision seront instruites comme toute autre demande principale. Le ministère public y sera toujours entendu.

296. La demande en interprétation et celle en revision n'arrêteront point l'exécution du jugement attaqué.

Toutefois le tribunal, si les circonstances l'exigent, pourra surseoir à l'exécution, moyennant caution, ou assujettir la partie même qui poursuit l'exécution à donner caution.

297. Si le tribunal estime qu'il y ait lieu à interprétation, il admettra la demande et il lèvera l'ambiguïté ou l'obscurité qui existait dans le jugement, sans changer le fond.

298. Si le tribunal estime qu'il y ait lieu à revision, il admettra la demande et il rétractera le jugement attaqué, en tout ou en partie, selon que les moyens de revision porteront sur la totalité du jugement ou sur quelques chefs.

299. Le tribunal, par le même jugement ou par un jugement séparé, suivant la nature de l'affaire, statuera sur le fond même de la contestation qui aura été l'objet du jugement retracté.

302. La demande en revision ne sera jamais admise contre le jugement déjà attaqué par cette voie, contre le jugement qui aura statué sur la demande en révision, contre le jugement qui, dans le cas d'admission de la demande en revision, aura statué de nouveau sur le fond de la contestation.

Les articles 751 et 753 prononcent, en outre des amendes plus ou moins fortes, sous réserve des dommages intérêts, contre ceux qui, sans légitime fondement, formeraient une demande en revision.

Enfin, au titre « Des contestations sur l'exécution » forcée », l'article 408 décide que « les demandes in- » cidentes, les oppositions et toutes les autres contesta- » tions qui s'élèveraient sur l'exécution forcée, entre » les parties elles-mêmes ou de la part des tiers inter- » venants ou opposants, seront portées devant le tri- » bunal civil et formées par exploit d'ajournement » contenant citation à trois jours ou à la première » audience après ce délai ».

Ces dispositions de la loi de procédure de Genève sont reproduites par le Code de procédure de Fribourg de 1849 (art. 539 et s.)[1], et par celui de Neufchâtel de 1876 (art. 403 et s.)

SECTION III. — LÉGISLATIONS N'ADMETTANT PAS LA TIERCE OPPOSITION

199. — *Berne, Vaud, Valais*. Plusieurs des codes de procédure de Suisse ne mentionnent pas la tierce opposition, et n'organisent pas non plus de voie de recours spéciale pour le cas où les ayants cause d'un plaideur sont victimes de dol et de fraude.

Tel est le Code de procédure de Berne (1847) qui parle seulement du droit d'intervention des tiers. Tel est aussi celui de Vaud (1869).

Le Code de procédure du Valais (1856) qui ne parle pas de tierce opposition contient, dans son article 304, la disposition suivante : « Le jugement est nul lorsqu'il » a été rendu par un tribunal incompétent ou au préju-

---

1. Le délai de la demande en revision n'y est que de 20 jours.

» dice de personnes qui n'étaient pas légalement re-
» présentées, ou de personnes autres que celles qui
» étaient parties au procès. Dans ce cas, la partie
» condamnée peut, à son choix, ou se pourvoir par
» la voie de l'appel, ou opposer l'exception de nullité
» à la demande d'exécution du jugement. »

200. — *Allemagne.* Le nouveau Code de procédure pour l'empire allemand ne parle pas non plus
de tierce opposition. Aucun des cinq recours qu'il
admet (appel, revision, pourvoi, nullité, restitution)
ne correspond à notre tierce opposition. On peut se
demander cependant si les recours en nullité et en
restitution ne comprennent pas quelques-uns des cas
de tierce opposition pour dol ou fraude : la loi alle-
mande les admet l'un et l'autre, « si une partie n'a
» pas été représentée à la procédure conformément à
» la loi » (art. 513 5° et 542 4°), et elle admet spécialement l'action en restitution « lorsque le jugement a
» été obtenu par le représentant de la partie ou par la
» partie adverse ou par le représentant de cette der-
» nière, au moyen d'un fait commis en vue du procès
» et qui donnerait lieu, par voie de poursuites crimi-
» nelles, à l'application d'une peine d'ordre public »
(art. 543). Mais il nous semble que ce sont là des hypothèses quelque peu différentes de celles que nous
avons admises comme donnant lieu à la tierce opposition des créanciers ou ayants droit.

Quant à la tierce opposition proprement dite, une
seule disposition du Code allemand vise une hypothèse où, dans notre droit, elle pourrait peut-être s'appliquer. L'art. 690 dit: « Si un tiers prétend à un
» droit sur le bien qui fait l'objet de l'exécution forcée,

» il doit faire valoir son opposition par voie d'action,
» devant le tribunal dans le ressort duquel il est pro-
» cédé à l'exécution forcée. » Les savants traducteurs
de ce Code, MM. Glasson et Lederlin, font remarquer
que ce texte exclût ici la voie de recours que nous
appelons tierce opposition et préfère celle de l'action
ordinaire. On peut même se demander si l'art. 690
vise bien réellement un cas susceptible de donner
ouverture à la tierce opposition, dans notre droit. Il
semble qu'il fasse allusion à l'hypothèse d'une saisie
comprenant des biens autres que ceux du débiteur,
hypothèse dans laquelle il n'y a pas, chez nous, à faire
tierce opposition au jugement, mais à faire opposition à la vente et à assigner en distraction ou revendication des objets saisis.

Ailleurs, MM. Glasson et Lederlin, après avoir fait
remarquer très exactement que le Code de procédure
allemand ne parle pas de la tierce opposition et qu'il
ne dit pas par quel moyen on peut attaquer un jugement auquel on est resté étranger, ajoutent que
« l'art. 66 semble renvoyer cette question au Code
» civil qui décidera vis-à-vis de quelles personnes les
» jugements peuvent avoir autorité de la chose ju-
» gée ». Or, cet article 66 dit simplement que « l'in-
» tervenant est considéré comme cointéressé de la
» partie principale, dans le sens de l'art. 58, toutes les
» fois que, d'après les règles du droit civil, la chose
» jugée qui s'attache à la décision rendue dans le pro-
» cès principal influe sur les rapports de l'intervenant
» avec l'adversaire ». Nous ne croyons pas qu'il renvoie au Code civil la question de la représentation, au
point de vue de la chose jugée, ni, par suite, celle de

la détermination des moyens d'attaquer un jugement auquel on est resté étranger. Il vise uniquement les rapports de plaideurs tous présents au procès.

Le projet du Code civil allemand ne contient, d'ailleurs, aucune règle spéciale dérogeant à celle de la relativité de la chose jugée [1].

Faisons remarquer, aussi, que le Code de procédure allemand, après des discussions savantes et complètes sur ce point, n'a pas admis l'intervention forcée d'office sur l'ordre du juge [1].

201. — *Espagne, Portugal, etc.* En Espagne, la *ley de enjuiciamento civil* de 1881 ne comprend pas la tierce opposition parmi les voies de recours. Sous le nom de *las terceiras*, elle s'occupe seulement (art. 1532 et s.) de l'intervention des tiers dans l'exécution forcée des jugements, pour revendiquer un bien saisi ou réclamer un droit préférable à celui du créancier saisissant.

On retrouve des dispositions analogues dans le *Codigo de processo civil* du Portugal (1876) qui s'occupe aussi (art. 922 et s.) de l'opposition des tiers à l'exécution forcée, dans les deux cas que nous venons de déterminer; — dans le *Codigo de injui-*

---

1. « Les règles sur les effets des jugements et l'autorité de la chose » jugée n'appellent aucune remarque particulière. » (M. Bufnoir, Communic. faite à la Société de législation comparée, sur la partie générale du projet du C. civil pour l'empire d'Allemagne.) — « Le projet » de Code civil (art. 327) repousse dans toute hypothèse l'effet de la » chose jugée, par rapport à d'autres que ceux impliqués dans le » jugement; il n'y a pour personne mandat réciproque de défendre » le droit des autres ; chacun ne représente que lui. » (Communic. de M. Saleilles à la Soc. de législ. comp., sur la théorie des obligations, d'après le projet du Code civil allemand.) — V. encore, *supra*, p. 193, note 1.

1. V. M. Van Boneval Faure, *op. cit.*

ciamentos en matiera civil du Pérou (1870), où on parle dans le même sens des *terceros oppositores,* — dans le *Codigo de procedimientos civiles* du Mexique (1880), — dans le *Codigo de procedimientos* de Guatemala (1877), — dans la législation de Costa-Rica (*Materia de procedimientos judiciales*, 1841), — dans le *Codigo de procedimientos* de la République Argentine (1880), — dans le *Codigo de procedimientos civiles* de San-Salvador (1880), — dans le Code du Brésil *(Consolidaçao das disposicoes legislativas e regulamentares concernentes as processo civil,* 1878).

202. — Enfin le Code de procédure égyptien de 1883 ne parle pas non plus de tierce opposition.

Nous avons vainement cherché aussi une voie de recours de ce genre dans la législation anglaise et dans celle des Etats-Unis de l'Amérique.

CHAPITRE VIII

PROJETS DE RÉFORME DU CODE DE PROCÉDURE. —
CONCLUSION

SOMMAIRE

203. — La tierce opposition devant la commission extraparlementaire de revision de 1865-1870.
204. — La tierce opposition devant la commission extraparlementaire de revision, en 1888.
205. — Conclusion. — Réforme proposée. — Suppression de la tierce opposition proprement dite ; maintien du recours des créanciers ou ayants droit, au cas de dol ou de fraude.
206. — Suite. — Subsidiairement, nécessité de distinguer les deux recours.
207. — Suite. — Intervention, assignation en déclaration de jugement commun.

203. — On sait que notre Code de procédure civile, malgré les importantes réformes partielles qu'il a subies, depuis 1806, est soumis depuis longtemps à des projets de refonte complète. Il est certain, en effet, qu'il est grand temps de le modifier. Sa rédaction, en 1806, a été quelque peu hâtée. Sur beaucoup de points, on s'est borné à reproduire les dispositions de l'ordonnance de 1667, laquelle fut, en son temps, un immense progrès, mais était déjà trouvée par d'Aguesseau susceptible de grandes réformes, au point de vue de la longueur, de la complication, et des frais énormes des procédures.

En 1865, une commission extraparlementaire fut

choisie pour élaborer un projet de réforme du Code de procédure civile. La tierce opposition, dans ce projet, restait ce que l'ont faite les art. 474 et s.

Quelques modifications de détail étaient seulement apportées :

a). La tierce opposition incidente devait être formée « par conclusions signifiées en l'instance » (art. 411 1°).

b). Le tribunal civil était « seul compétent pour con- » naître de la tierce opposition incidente à un juge- » ment rendu par lui et produit dans une instance » pendante devant un tribunal de commerce » (art. 411 2°).

c). Dans aucun cas, la tierce opposition principale ou incidente ne devait être soumise au préliminaire de conciliation (art. 411 4°).

d). Enfin l'amende était supprimée, le tribunal res- tant maître de condamner le tiers opposant à des dommages-intérêts (art. 414).

C'étaient des réformes sans importance. Les trois premières ne faisaient que réaliser législativement des solutions généralement admises, dans le silence de la loi, et découlant des principes généraux. Sur la quatrième, tout le monde paraît depuis longtemps s'être mis d'accord.

204. — La nouvelle commission extraparlemen- taire, chargée de reprendre, après un long inter- valle, le travail de revision du Code de procédure, et de donner son avis sur les nouveaux projets déposés, ces dernières années, a admis, en ce qui concerne la tierce opposition, le texte suivant :

Art. 1. Toute personne peut former tierce opposition à un jugement qui préjudicie à ses droits et lors duquel ni elle ni ceux qu'elle représente n'ont été appelés.

Art. 2. La tierce opposition introductive d'instance est portée par ajournement au tribunal qui a rendu le jugement attaqué.

Art. 3. La tierce opposition incidente à une contestation dont un tribunal est saisi est portée devant ce tribunal, s'il est supérieur à celui qui a rendu le jugement attaqué. — La tierce opposition incidente est formée par conclusions signifiées, si elle est portée devant le tribunal saisi, et si elle a lieu contre les parties en cause ; dans tous les autres cas, elle est formée par ajournement.

Art. 4. Dans aucun cas, la tierce opposition principale ou incidente n'est soumise au préliminaire de conciliation.

Art. 5. Le tribunal devant lequel le jugement attaqué a été produit peut, suivant les circonstances, sur la demande de la partie ou même d'office, passer outre ou surseoir à statuer.

Art. 6. Le tribunal peut suspendre l'exécution du jugement attaqué, même s'il est passé en force de chose jugée.

Art. 7. La partie dont la tierce opposition a été reconnue mal fondée peut être condamnée à des dommages-intérêts.

En comparant cette rédaction à celle du Code de procédure de 1806, on voit qu'il en résulte, en dehors des simples changements de rédaction, les modifications suivantes :

a). La tierce opposition incidente ne peut plus

être portée devant le tribunal saisi de l'instance principale, si ce tribunal est de rang égal au rang de celui qui a rendu le jugement.

b). Elle se forme par voie de conclusions, si elle est incidente et ne nécessite pas la mise en cause d'un tiers [1].

c). Elle est dispensée du préliminaire de conciliation.

d). L'exécution du jugement attaqué peut toujours être suspendue ; l'art. 478 1° est supprimé.

e). L'amende de l'art. 479 est également supprimée.

Ces réformes, très exactes, d'ailleurs, ne sont encore que des modifications de détail. Les principes de la matière n'ont pas été changés. Personne n'a demandé la suppression de cette voie de recours. Personne n'a demandé non plus qu'on disposât que, pour faire tierce opposition, il soit nécessaire d'avoir dû être appelé. Une réforme utile était cependant proposée par la sous-commission ; elle voulait spécifier que la tierce opposition est facultative. Cette proposition a été écartée, par ce motif que telle est la jurisprudence. Il aurait mieux valu, semble-t-il, s'expliquer clairement. La jurisprudence n'est pas si nettement établie qu'il ne soit nécessaire d'être fixé sur un point aussi important. D'ailleurs, quand il s'agit du sens et de la portée d'un principe sur lequel les auteurs sont en désaccord, il est préférable de les

---

1. On a longuement discuté le point de savoir si la tierce opposition formée au cours d'un procès, mais contre des personnes non parties au procès, est incidente ou principale. La commission s'est arrêtée, avec raison, cette idée que la tierce opposition reste incidente, et que le tiers doit y être appelé par voie d'ajournement.

déterminer par un texte de loi, et de ne pas s'en rapporter à la jurisprudence [1].

On a laissé aussi sans solution la question de prescription qui a été cependant agitée, et celle de la preuve à laquelle il n'a pas été fait allusion.

205. — A notre avis, la tierce opposition ne devrait être maintenue que dans la seconde des applications que nous avons étudiées, au cas de dol ou de fraude, au préjudice des créanciers ou ayants droit de l'un des plaideurs.

a). La tierce opposition proprement dite n'est pas une voie de recours qui ait sa place marquée dans une législation admettant l'effet strictement relatif de la chose jugée. Un tiers n'a pas besoin de recourir contre une décision qui doit, en droit, lui rester étrangère. Quand on veut l'exécuter contre lui, il la repousse comme tout autre trouble illégitime. Il n'y a pas à lui objecter la force exécutoire : il lui suffit, pour détruire cette force exécutoire, de montrer que le jugement est rendu en dehors de lui et qu'on ne peut le lui opposer. Dira-t-on que, précisément, la

1. Tout le monde, dans la commission, a paru d'accord pour se ranger à la théorie actuellement dominante de la tierce opposition facultative en principe, obligatoire dans certaines hypothèses comme seul moyen, *en fait*, d'empêcher le préjudice pouvant résulter de l'exécution. M. Glasson a présenté comme cas où la tierce opposition est obligatoire celui de l'arrêt d'Angers du 26 juin 1884, que nous avons déjà discuté. Un légataire ayant formé contre l'héritier une demande en délivrance, le testament est déclaré faux ; un deuxième légataire fait tierce opposition. Notre savant professeur soutient qu'il ne pouvait agir que par cette voie, la voie principale lui étant fermée. Mais pourquoi, ayant formé sa demande en délivrance, n'aurait-il pu écarter le jugement à lui opposé comme *res inter alios judicata* et discuter à nouveau la question du faux ? On admet en général que les jugements statuant sur une inscription de faux n'échappent pas à la règle de l'effet relatif (V. n° 74).

tierce opposition va avoir cet intérêt de lui permettre de discuter cette question d'exécution? Mais est-il besoin d'une voie de recours contre un jugement pour faire trancher la difficulté qui s'élève sur son exécution? Il est bon d'insister sur cette idée. Au fond, et bien que les textes fassent de la tierce opposition une voie de recours, sa seule utilité se réfère, on le reconnaît, à l'exécution qui a lieu ou va avoir lieu. L'autorité de la chose jugée étant relative, ce n'est pas pour enlever à un jugement une autorité qu'il n'a pas contre lui que le tiers ira l'attaquer. Quand les auteurs présentent l'intérêt de la tierce opposition, ils font toujours allusion au préjudice résultant ou pouvant résulter en fait de l'exécution actuelle ou éventuelle du jugement. Elle ne peut avoir d'autre intérêt. M. Valette fait remarquer avec grande raison que « le principe de l'article 1351, quant à la chose jugée, » considérée comme présomption ou preuve légale, » est presque toujours fort mal à propos présenté » dans les arrêts et dans plusieurs auteurs comme » subordonné à l'emploi de la tierce opposition, la- » quelle, pourtant, ne se rapporte pas à l'autorité de » la chose jugée, mais à la force exécutoire des ju- » gements [1] ».

Cette observation suffit pour que nous puissions conclure que c'est sans raison qu'on fait de la tierce opposition une voie de recours contre les jugements, alors que le tiers n'a besoin que d'avoir un moyen de se protéger contre leur exécution. Pour cela, il a l'exercice des actions ordinaires, combiné avec l'ex-

1. *Mélanges*, t. I, p. 230, note 1.

ception tirée de l'art. 1351, C. civ. Reste la nécessité de pouvoir suspendre l'exécution d'un jugement préjudiciant à un tiers. Il est facile d'ajouter un texte au titre « De l'exécution des jugements », et de permettre aux juges, même en référé, en cas d'urgence, de suspendre l'exécution du jugement, jusqu'à ce que le tiers ait fait valoir ses droits [1].

Notre conclusion est donc que la tierce opposition n'ayant qu'une utilité exceptionnelle en matière d'exécution des jugements, ne se référant qu'à leur force exécutoire et non à leur autorité, ne doit pas prendre place parmi les voies de recours. Notre sentiment est aussi qu'à son apparition dans notre procédure, elle n'était qu'une intervention d'un tiers dans l'exécution des sentences elles-mêmes. C'est le caractère qu'elle a conservé en Espagne, en Portugal, dans les pays de l'Amérique du Sud où la procédure canonique a laissé des traces singulièrement profondes. (V., *supra*, n. 201). Peu à peu elle a pris, par suite d'une pratique abusive, le caractère d'une voie de recours. Mais, après trois siècles, on en est à se demander, sans tomber d'accord, dans quels cas elle s'applique et quelles sont ses conditions de recevabilité.

b). Il y a lieu, au contraire, de maintenir un recours, au cas de dol ou de fraude, au profit des créanciers ou autres ayants droit victimes d'une fraude. Le plus simple serait de faire de cette hypothèse un cas d'ouverture de requête civile. On l'admettait assez volontiers, dans notre ancien droit; et il faut avouer que cette hypothèse a plus d'analogie avec les cas or-

---

1. Comp. art. 408, C. de Genève, et art. 690, C. proc. allemand.

dinaires de requête civile qu'avec les cas où une personne n'a pas été partie ni représentée à un jugement qui porte atteinte à ses droits. Il suffirait, avec cette manière de voir, d'élargir l'article 481, C. proc. civ., qui prévoit déjà certaines hypothèses de personnes victimes d'un dol ou d'une fraude de leur représentant. Ce système est, nous l'avons vu, celui de la loi de Genève. C'est, pensons-nous, le plus simple et le meilleur.

206. — Tout au moins, nous semblerait-il bon, si on veut conserver, au profit des tiers, un recours contre les jugements qui leur nuisent, sans se contenter d'un moyen permettant d'en arrêter l'exécution, de distinguer nettement, comme le faisait le projet qui a été modifié en 1806, les deux hypothèses bien différentes auxquelles s'applique la tierce opposition, et de dire que, d'une part, les personnes qui n'ont pas été parties ni représentées à un jugement auquel elles auraient dû être appelées peuvent, sans préjudice des actions ordinaires qu'elles ont à leur disposition, y faire tierce opposition, d'autre part, que les personnes qui ont à se plaindre du dol ou de la fraude de l'un des plaideurs dont elles sont les ayants droit peuvent aussi faire tierce opposition.

Dans ce système, il serait bon aussi de s'expliquer sur le délai de la tierce opposition et de réduire le délai de celle basée sur le dol ou la fraude à une période de courte durée à partir de la connaissance de la fraude.

207. — Les textes sur l'intervention et l'assignation en déclaration de jugement commun, tels qu'ils ont été rédigés par la commission extraparlementaire, sont peut-être aussi trop larges. Elle a admis, sur ce point, les dispositions suivantes :

Art. 1er. L'intervention est formée par acte de conclusions motivées, conformément à l'article 2 du titre « Des constitutions d'avoués et défenses ». Lorsqu'une partie est défaillante, l'intervention lui est notifiée par acte d'huissier contenant assignation devant le tribunal.

Art. 2. Toute personne peut être assignée, à la requête de l'une ou l'autre des parties, pour voir déclarer commun avec elle le jugement à intervenir.

Art. 3. L'assignation est donnée sans préliminaire de conciliation, en la forme ordinaire des ajournements. Elle énonce les motifs et l'objet de la demande originaire.

Art. 4. Le tiers assigné en déclaration de jugement commun ne peut décliner la compétence du tribunal saisi de la demande originaire, à moins qu'il ne prouve que cette demande n'a été formée que pour le distraire de ses juges naturels.

Art. 5. L'intervention et la demande en déclaration de jugement commun ne peuvent retarder le jugement de la cause principale, si elle est en état.

D'un autre côté, la commission est d'avis de maintenir le texte actuel de l'article 466, C. proc. civ. : « Aucune intervention ne sera reçue (en appel), si ce » n'est de la part de ceux qui auraient droit de for- » mer tierce opposition. »

Dans cet ensemble de dispositions, un point est susceptible de soulever des doutes sérieux. Le droit d'assignation en déclaration de jugement commun doit-il être accordé dans des conditions aussi étendues ? Nous ne le pensons pas, et nous croyons qu'il faut, pour le restreindre à une application raisonnable, n'admettre le droit d'intervention forcée qu'à l'égard de ceux qui pourraient faire tierce opposition, c'est-à-dire, dans notre théorie, qui auraient dû être appelés. Au-delà, un pareil droit nous paraît dangereux et excessif[1]. Il est déjà rigoureux d'admettre qu'on puisse obliger un tiers à intervenir, au cours d'une instance d'appel, en ne lui laissant qu'un seul degré de juridiction. Il ne doit pas, à notre avis, être permis de forcer à intervenir, même en première instance, celui dont la tierce opposition n'est pas à redouter, qui n'a pas sur la chose litigieuse un droit rendant sa présence nécessaire au procès.

1. Voy., *supra*, n° 146 et s.

FIN

TABLE DES MATIÈRES

FIN DE LA TABLE DES MATIÈRES

Châteauroux. — Typ. et Stéréotyp. A. Majesté.

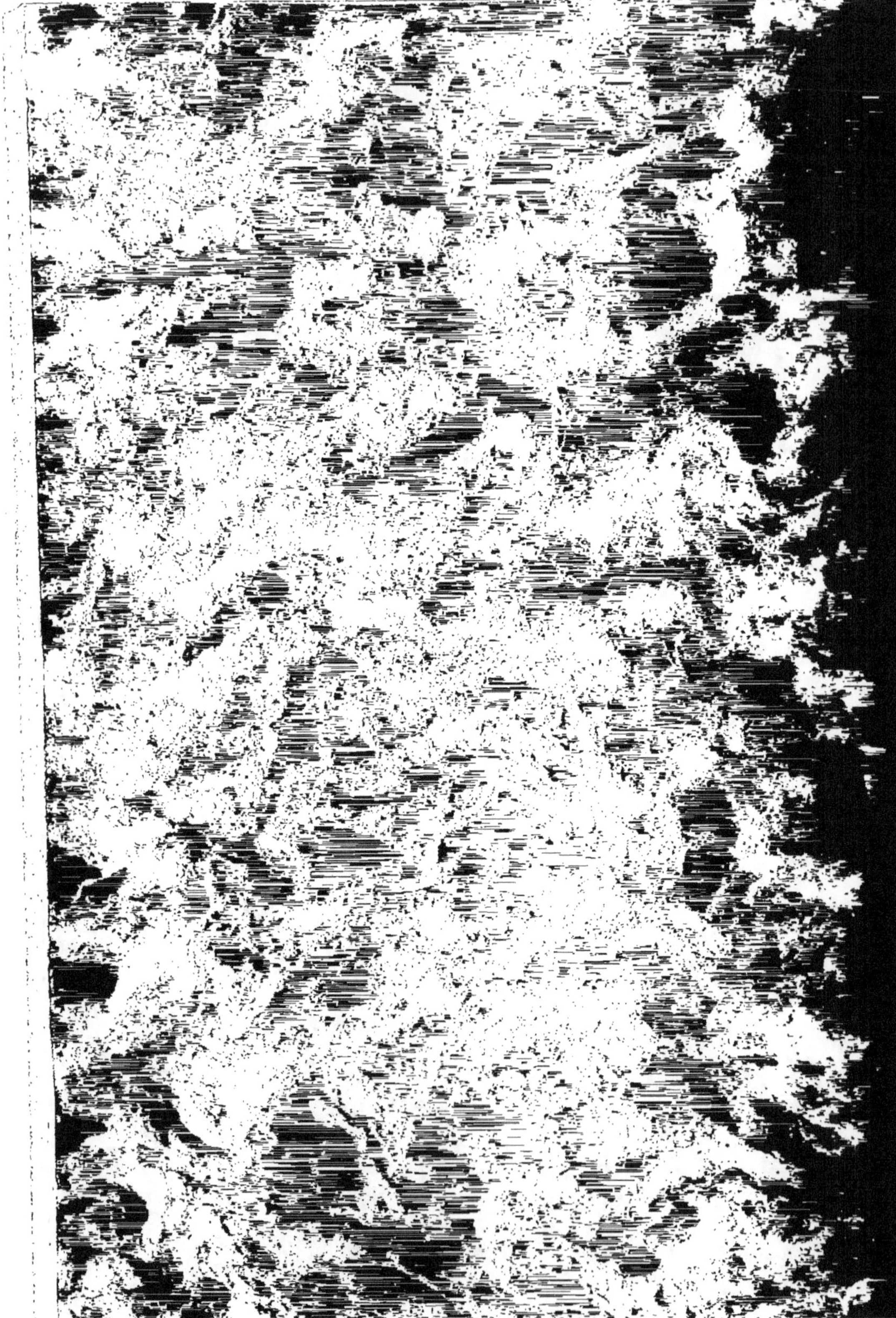

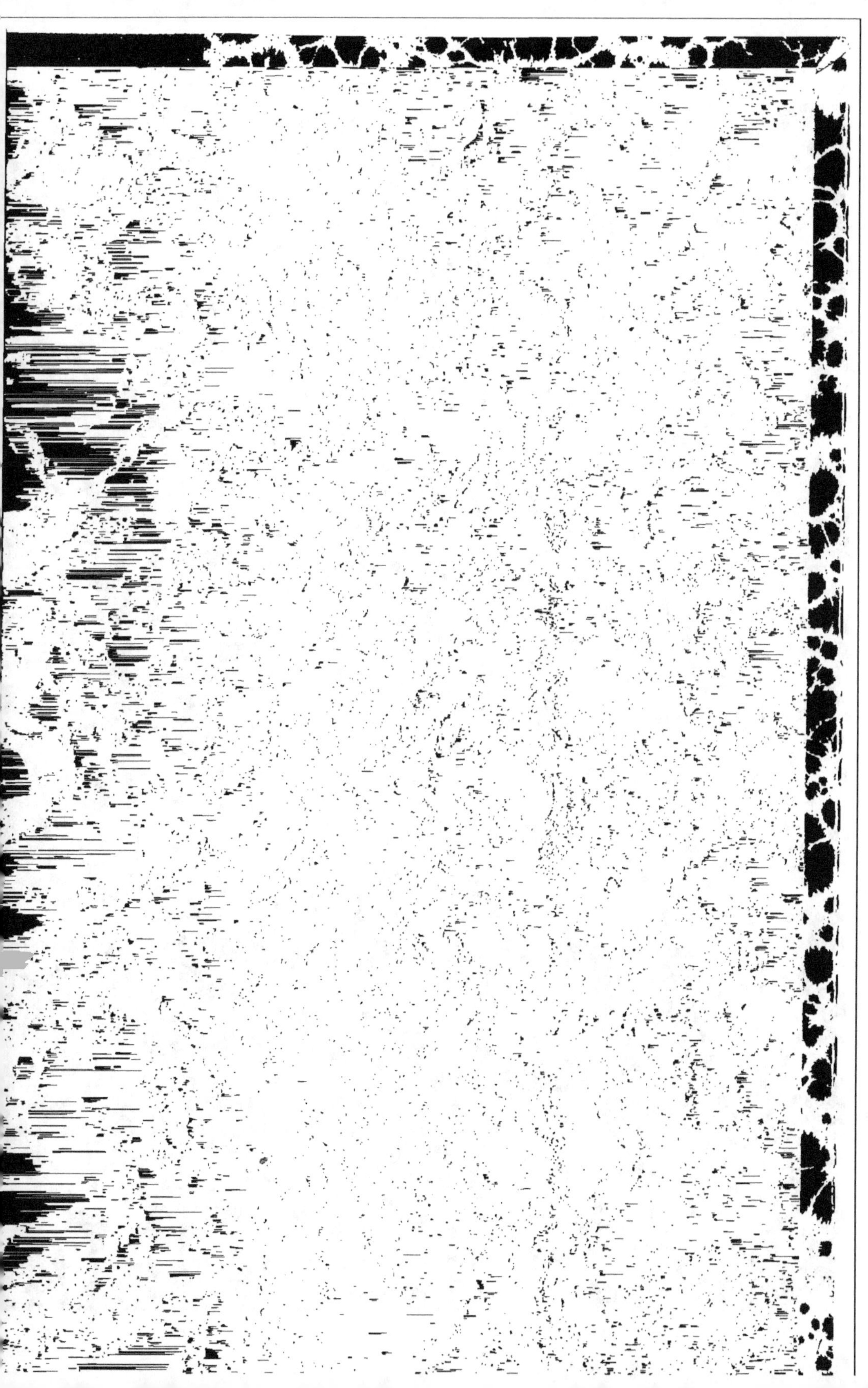

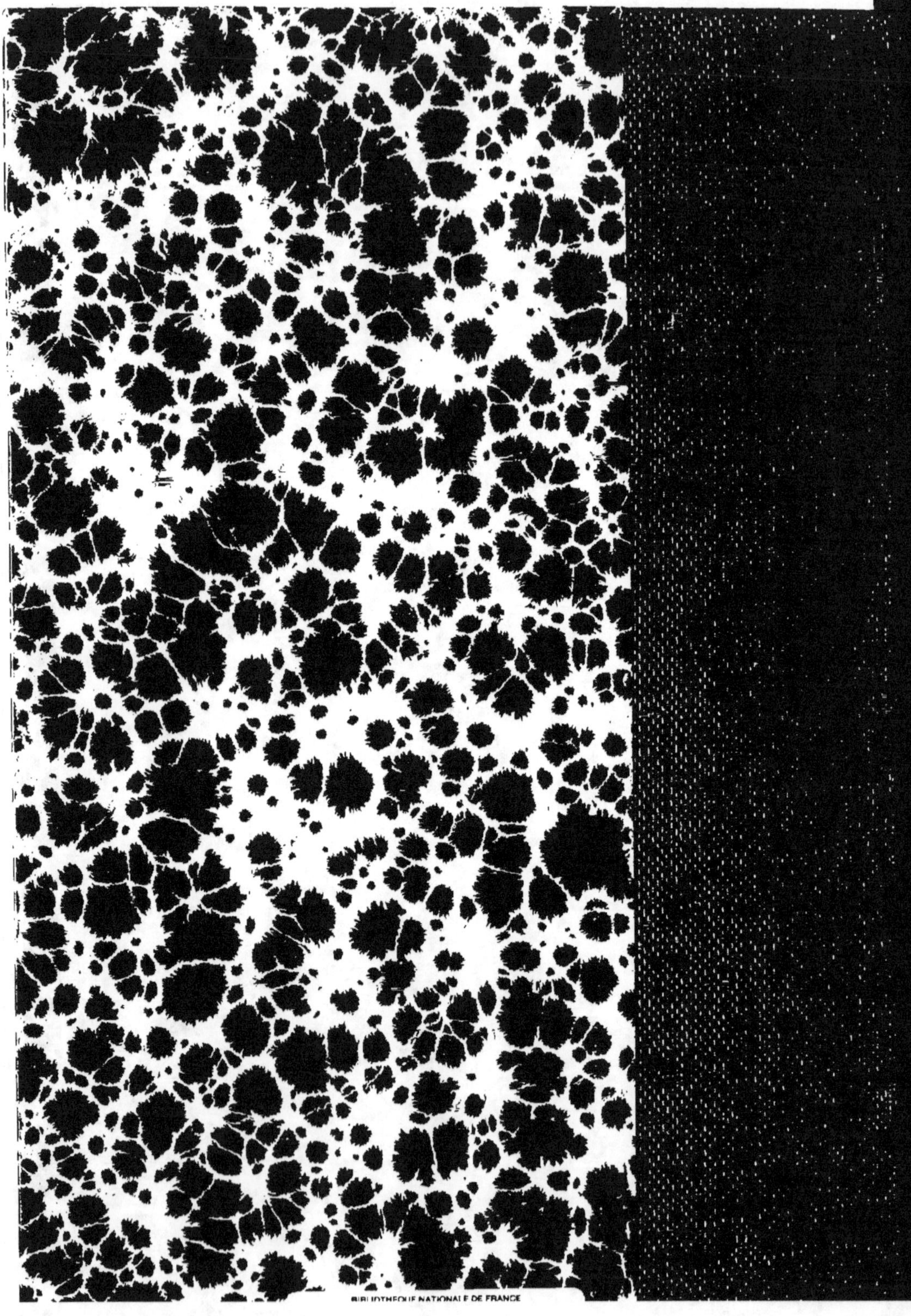